权威·前沿·原创

皮书系列为

“十二五”“十三五”国家重点图书出版规划项目

智库成果出版与传播平台

北京文化科技融合发展报告（2019~2020）

ANNUAL REPORT ON BEIJING'S CULTURE AND TECHNOLOGY INTEGRATED DEVELOPMENT (2019-2020)

主　　编／方　力
执行主编／伊　彤
副 主 编／刘　兵　于爱晶　姜念云

社会科学文献出版社
SOCIAL SCIENCES ACADEMIC PRESS (CHINA)

图书在版编目(CIP)数据

北京文化科技融合发展报告. 2019－2020 / 方力主编. －－北京：社会科学文献出版社，2020. 12
（文化科技蓝皮书）
ISBN 978－7－5201－7464－0

Ⅰ. ①北… Ⅱ. ①方… Ⅲ. ①文化事业－技术革新－研究报告－北京－2019－2020 Ⅳ. ①G127. 1

中国版本图书馆 CIP 数据核字（2020）第 201443 号

文化科技蓝皮书
北京文化科技融合发展报告（2019～2020）

主　　编 / 方　力
执行主编 / 伊　彤

出 版 人 / 王利民
责任编辑 / 吴　丹
文稿编辑 / 路　红

出　　版 / 社会科学文献出版社（010）59367194
　　　　　地址：北京市北三环中路甲 29 号院华龙大厦　邮编：100029
　　　　　网址：www. ssap. com. cn
发　　行 / 市场营销中心（010）59367081　59367083
印　　装 / 天津千鹤文化传播有限公司

规　　格 / 开 本：787mm × 1092mm　1/16
　　　　　印 张：17. 75　字 数：263 千字
版　　次 / 2020 年 12 月第 1 版　2020 年 12 月第 1 次印刷
书　　号 / ISBN 978－7－5201－7464－0
定　　价 / 158. 00 元

本书如有印装质量问题，请与读者服务中心（010－59367028）联系

《北京文化科技融合发展报告（2019～2020）》
编　委　会

主要编撰者简介

方　力　北京市第十二届市委委员，北京市科学技术研究院党组书记。曾任北京航空航天大学团委书记，北京市朝阳区科学技术协会主席，共青团北京市委员会副书记，北京市青年联合会主席，北京市环保局党组书记、局长。主要从事科技创新战略、科技创新体制机制、科技与产业融合、京津冀协同发展等方面研究，先后在《人民日报》《光明日报》《经济日报》《科技日报》《前线》等主流媒体发表多篇理论文章。

伊　彤　北京市科学技术研究院北京科学学研究中心主任、研究员，第十三届全国人大代表，北京市第十四届、第十五届人大代表，北京市人大常委会教科文卫委员会委员，北京科技战略决策咨询中心学术带头人。曾主持软科学研究项目60余项，如“北京‘设计之都’建设规划研究”“北京市文化科技创新工程纲要研究”“北京市促进文化科技融合的模式与路径研究”“基于首都发展核心要义的文化和科技融合发展研究”等。

摘　要

文化科技融合既是提升文化软实力的重要手段，又是科技创新发展的重要促因，更是实现经济高质量发展的重要途径，已成为当今全球经济社会发展的新趋势和新特点。

当前，“互联网+”正在全面重塑我国的文化产业面貌，网络科技在文化的保护和管理、生产和创新、传播和传承、展示和体验、消费和服务等各环节得到广泛应用。从代表性产业来看，文化旅游业总体呈现以场景创新为驱动、以文旅IP开发为核心、以沉浸式产业为引领、以发展产业集群为方向、以“互联网+”产业生态为支撑的高速发展态势；数字创意产业以文化创意为核心，依托数字技术进行生产、传播和服务，当前正处于技术、政策与市场多重利好的黄金发展阶段；广播影视业随着虚拟现实、物联网、大数据、人工智能等技术的不断发展以及5G时代的来临，内容生产与传播全流程呈现“技术助力、内容革新、传播创新”的新态势；在文化艺术产业，科技已成为推动艺术创新的重要“催化剂”，拓展了艺术市场的消费空间，改变了艺术创作方式，促进了艺术欣赏与创作的交流沟通。

北京作为全国文化中心、科技创新中心，拥有全国优质的科技创新资源和独一无二的首都文化资源，在文化科技融合方面具有得天独厚的综合优势，肩负着带动全国文化科技融合发展的使命。近年来，北京文化产业规模持续增长，产业结构呈现高端化、创意化特征，充分借助网络信息技术的优势，涌现了爱奇艺、掌阅科技、利亚德、新华文轩、中影集团等一批文化科技领域领军企业，有效促进了北京文化产业的创新发展。从文化科技融合发展指数来看，2014～2017年北京文化科技融合发展整体向好，无论从融合发展的规模指数还是从融合发展的速度指数来看，均呈现不断上升的趋势，尤以融合产出表现最为突出。2017 年，通过北京与上海、天津、广东、浙江、四川五省市文化科技融合发展的比较分析可以看出，北京在文化科技融合发展方面具备显著优势。与此同时，北京文化科技融合发展还存在一些不足，如文化科技融合的体制机制尚待完善、科技的支撑作用尚未充分发挥、企业创新能力总体不足、政策支持力度有待加强、文化科技融合生态环境尚需优化等。

面向未来，北京还需进一步发挥文化和科技的资源优势，努力提升文化产业的科技创新原创能力，推动文化科技融合企业的发展模式创新，打造文化知名品牌，提升文化发展内涵，完善有利于文化科技创新的资金多元投入机制，注重互联网环境下的知识产权保护与人才培养，加强相关政策与行政管理的顶层设计，从而构建优质的文化科技融合生态环境，提高科技对文化产业的支撑作用。

关键词： 文化科技融合　文化产业　数字创意产业　数字技术　北京

目录

Ⅰ 总报告

Ⅱ 产业篇

Ⅲ 评价篇

Ⅳ 政策篇

Ⅴ 案例篇

Ⅵ 附录篇

皮书数据库阅读**使用指南**

总 报 告

General Report

B.1
北京文化科技融合发展报告（2019~2020）

江光华　杨 洋*

摘 要： 文化科技融合是文化与科技的各要素相互促进、相互渗透并创造更大价值的过程，最终形成文化与科技相互作用、相互渗透、相辅相成的整体状态。从融合的意义来看，文化科技融合是提升文化软实力的有效支撑，是科技创新发展的重要促因，还是文化产业高质量发展的关键途径。从国内外发展趋势来看，“互联网+”正在全面重塑文化产业面貌，沉浸式体验日益成为文化科技融合热点领域，文化资源开放共享成为时代主题，以 IP 为核心的文化产业格局日渐显现。北京

* 江光华，博士，北京科学学研究中心副研究员，研究方向为文化科技融合、文化产业、科技政策；杨洋，北京文投华彩文化咨询有限公司总经理，研究方向为文化产业、文化管理、文化科技融合。

拥有首屈一指的科技资源和深厚多元的文化资源，为文化科技融合奠定了良好基础。近年来，北京文化产业规模持续增长，文化产业结构呈现高端化、创意化特征，文化科技融合促使文化产业创新发展，网络信息技术支撑文化产业的优势充分彰显，涌现了一批文化科技领域领军企业。同时，也存在一些不足，如文化科技融合的体制机制尚待完善、科技的支撑作用尚未充分发挥、企业创新能力总体不足、政策支持力度有待加强等。为此，北京需要进一步完善相关体制机制，激发企业的创新动力，以科技创新提升传统文化的传承能力、文化产品的生产能力、文化信息的传播能力、文化内容的呈现能力，全面提升科技对文化产业高质量发展的支撑和引领能力。

关键词： 文化科技融合　文化产业　北京

党的十九大报告提出："要健全现代文化产业体系和市场体系，创新生产经营机制，完善文化经济政策，培育新型文化业态。"① 随着新一轮科技革命的到来，以移动互联网、数字技术、人工智能、大数据等为代表的前沿科技与文化加速融合，显著加快了文化产品的更新换代，使得文化产品和服务业态不断创新，文化科技融合成为推动文化产业高质量发展的关键路径。

作为全国文化中心、科技创新中心，北京有着极为丰富的文化资源、科技创新资源，近年来在促进文化科技融合方面成效斐然，在文化旅游、数字创意、广播影视、文化艺术等领域形成了富有特色的创新成果，成为构建首

① 《习近平：决胜全面建成小康社会　夺取新时代中国特色社会主义伟大胜利——在中国共产党第十九次全国代表大会上的报告》，2017 年 10 月 27 日，http：//www.xinhuanet.com/2017－10/27/c_ 1121867529.htm。

都高精尖经济结构的重要组成部分。

本报告结合文化科技融合发展的特征和趋势，对北京文化科技融合的基础、现状和问题进行了全面概括和分析，并结合新形势、新需求，提出了进一步促进北京文化科技融合的思路和对策。

一　关于文化和科技融合

（一）文化和科技的关系

从广义视角看，科技是文化的组成部分，也是文化的重要载体。英国人类学家泰勒在其《原始文化》中指出："文化是一个复合的整体，其中包含知识、信仰、艺术、道德、法律、风俗以及人们作为社会成员而获得的任何其他的能力和习惯。"①

随着第一次科学革命和工业革命的发展，人类文明进入了科技时代，科技对文化产生了巨大的推动和重塑作用。意大利画家、科学家列奥纳多·达·芬奇说过："艺术借助科技的翅膀才能高飞。"实际上，不仅艺术如此，近代以来，几乎所有的文化门类，均与科技产生了密切的关联，需要科技助力发展。

（二）文化和科技融合的概念

关于文化和科技融合的概念和内涵，学界至今尚未形成一致看法。比如姜念云提出，文化和科技融合，是指文化的内容、形式等与科技的原理、方法两方面的有机结合，以实现文化产品价值与质量的有效提升，更好地满足人民日益增长的文化需求的过程。② 于平提出，文化科技融合其实是文化与科技的交互影响。从人类文明发展史来看，在特定的历史时段内，科技以创新驱动的形式对文化产生正影响，文化则通过"家园守望"对科技产生负

---

① 爱德华·泰勒：《原始文化：神话、哲学、宗教、语言、艺术和习俗发展之研究》，广西师范大学出版社，2005。

② 姜念云：《文化与科技融合的内涵、意义与目标》，《中国文化报》2012年12月14日。

影响。[①] 尹宏提出，从哲学角度看，文化和科技融合是一种社会文化变迁的内在机制；从经济角度看，则是一种由技术引导发展的产业模式。[②] 伊彤、江光华、黄琳认为，文化和科技融合是指文化的内容等与科技的手段等相互结合，形成新的内容、形式、功能与服务的创新过程。[③]

综上所述，可以认为，所谓文化和科技融合是指来自文化、科技方面的要素互相作用、相互渗透并创造更大价值的创新过程，最终形成文化与科技互相包容、互相促进、相辅相成的整体状态。本报告研究的文化科技融合问题，主要关注运用现代科学技术，创新文化内容在生产、呈现、服务、传播等各个层面的方式，优化用户文化体验，赋予文化产品更强的创作力、感染力、吸引力、传播力和影响力，进而实现更大价值创造的相关问题。

为简单起见，本报告中将“文化和科技融合”简称为“文化科技融合”。

二 促进文化科技融合的重要意义

（一）文化科技融合是提升文化软实力的有效支撑

习近平总书记指出：“提高国家文化软实力，要努力提高国际话语权，加强国际传播能力建设，精心构建对外话语体系，发挥好新兴媒体作用，增强对外话语的创造力、感召力、公信力，讲好中国故事，传播好中国声音，阐释好中国特色。”[④] 在经济全球化不断向纵深拓展的背景下，文化软实力的地位和作用愈加突出，成为综合国力竞争的关键因素和核心竞争力。世界

① 于平、李凤亮主编《文化科技蓝皮书：文化科技创新发展报告（2015）》，社会科学文献出版社，2015。

② 尹宏：《我国文化产业转型的困境、路径和对策研究——基于文化和科技融合的视角》，《学术论坛》2014 年第 2 期。

③ 伊彤、江光华、黄琳：《试论文化与科技融合发展的基本模式》，《中国科技论坛》2015 年第 5 期。

④ 《习近平：建设社会主义文化强国，着力提高国家文化软实力》，新华网，2013 年 12 月 31 日，http：//www. xinhuanet. com/politics/2013 - 12/31/C_ 118788013. html。

各国都在积极制定战略提升文化软实力，尤其是一些在国际竞争中处于弱势地位的发展中国家，更需要立足本国实际，提升文化软实力和竞争力，在国际竞争中寻求主动地位。

一个民族文化软实力的提升，离不开高度的文化自信和对自身文化传统的挖掘，离不开文化的融合和创新。科技已成为提升文化影响力和传播力，推动文化发展的重要支撑。在科技的强力支撑下，文化传播打破了纵向时间维度和横向空间维度，传统文化与现代文化、不同地域特色文化加速融合，激发了根植深厚的文化创新，推动了文化产业领域供给侧结构性改革，实现了优秀传统文化的创造性转化和创新性发展，使代表中华优秀文化的产品和服务走向世界，有力推动了中华文化“走出去”，扩大了中华文化辐射面，提高了国家文化软实力。

（二）文化科技融合是科技创新发展的重要促因

文化是科学技术的底蕴，是培育先进科技的土壤和气候。文化和科技的关系存在一荣俱荣、一损俱损的共生性。科学技术的持续发展，需要社会为之提供适宜的文化环境。这是因为，一定的科技只能在某一具体的文化环境中才可以存在和发展，科技的崛起往往源于文化变革而产生的强大动力。纵观科技发展史，往往是在文化、观念上有所突破才会引发科技革命；反之，文化、观念的落后，则会导致科技的落后。改革开放以来，我国的科技事业之所以蒸蒸日上，根本原因在于我国为科技的发展提供了越来越优越的社会文化环境：在价值观念层面上，科技现代化是“四个现代化”的关键，科技是第一生产力，依靠科技振兴经济和提高综合国力等思想，成为人们的共识；在制度层面上，我国在经济、政治、科技等体制方面的改革逐步深化，特别是由计划经济体制向社会主义市场经济体制的转变，为我国科技文化的发展提供了制度上的保证。[①]

文化产品是文化的物质载体，文化产品的社会需求是科技创新的重要动

① 谈新敏：《科学技术发展中的文化因素与建设》，《自然辩证法研究》2000 年第 5 期。

力。随着经济社会的发展，人们对文化产品提出了越来越高的需求，有效地推动科技的发展。促进文化科技融合，应围绕人们的文化消费需求，创新运用现代科技，推动文化产业快速发展。

文化科技融合不仅拓宽了文化的边界，而且为科技发展提供了更全面的视野、更广阔的发展和应用空间，使科技创新更具人文关怀，在社会、经济等方面发挥出更大的影响力、带动力和示范作用，从而促进科技创新发展进入更完善、更高级的发展阶段。

（三）文化科技融合是文化产业高质量发展的关键途径

党的十九大报告提出："我国经济已由高速增长阶段转向高质量发展阶段，正处在转变发展方式、优化经济结构、转换增长动力的攻关期，建设现代化经济体系是跨越关口的迫切要求和我国发展的战略目标。"① 高质量发展是指坚持创新、协调、绿色、开放、共享的理念，不断满足广大人民群众日益增长的美好生活需要。② 在科技迅猛发展的时代背景下，文化产业的高质量发展有赖于科技的支撑和引领，这是因为以下三个方面。

一是文化科技融合能够推动文化产业创新性发展。创新是我国文化产业高质量发展的根本动力。文化产业发展实践证明，科技创新与文化产业发展息息相关。文化科技融合革新了文化生产和传播工具，提升了文化生产者的创意水平，打破了文化产业的传统边界，加快了文化产业的创新迭代速度以及与其他产业融合的速度，极大提升了文化产业的创新效率。

二是文化科技融合能够优化产业内部结构。产业结构合理化为实现文化产业高质量发展提供指引，发挥风向标作用。文化和科技融合对我国文化产业结构的积极影响反映在三个方面：第一，促进文化产业数字化发展，

① 《习近平：决胜全面建成小康社会　夺取新时代中国特色社会主义伟大胜利——在中国共产党第十九次全国代表大会上的报告》，2017 年 10 月 27 日，http：//www. xinhuanet. com/2017 - 10/27/c_ 1121867529. htm。

② 《人民日报评论员：坚持推动我国经济实现高质量发展》，新华网，2017 年 12 月 22 日，http：//www. xinhuanet. com/2018 - 12/26/C_ 1123909402. html。

使各种以文化创意内容为核心，依托数字技术进行创作、生产、传播和服务的新兴业态方兴未艾，在整个文化产业版图中，产值与日俱增；第二，有利于文化产业的信息化，信息化技术的进步和大范围应用为文化产业内容的转换和传播提供便利，传统文化产业内部的藩篱被打破，行业结构脱胎换骨；第三，促进文化产业差异化发展，通过人工智能和大数据等技术细分消费群体，有的放矢地发展相应业态，形成新的行业门类，精准服务差异化群体。

三是文化科技融合有利于促进文化产品供给侧改革。文化产品供给侧改革旨在提升文化产品的内涵与品质，是实现我国文化产业高质量发展的基本导向。文化科技融合促进文化产品供给侧改革的作用突出表现在三个方面：第一，科技的应用在提质传统文化产品的同时，又催生了林林总总的新文化产品，例如环幕 4D 电影、水幕电影、球幕电影、交互电影等，给消费者带来了新的观影体验；第二，科技的应用改进了文化产品供给方式，诸如卡拉 OK 屋、电玩城的自助服务系统，集人性化、智能化服务功能于一体，突破了传统游戏行业的人力限制，大大提升了经济效益；第三，科技的应用拓展了文化产品供给渠道，我国许多民间文化人才，随着近些年自媒体技术的发展，开始红遍网络，形成了规模巨大的网红经济。

三　我国文化科技融合的发展特点和总体趋势

（一）重点产业文化科技融合发展特点

1. 文化旅游产业

文化旅游产业（以下简称“文旅产业”）以发展文化科技融合驱动下的文化新兴消费体验经济为引领，通过文化创意与现代新科技的集成应用与融合创新，打造文化体验新场景，大力培育文化消费体验经济新业态、新模式，发展文化旅游新兴消费产业集群。我国文旅产业进入创新驱动的发展阶段，在发展模式、发展路径、核心竞争力、业态创新及产业生态方面都发生了重大变革，总体呈现以场景创新为驱动、以文旅 IP 开发为核心、以沉浸式产业为引领、以发展产业集群为方向、以“互联网 +”产业生态为支撑的高速发展态势，主要体现在以下五个方面。

一是场景创新是文旅新兴消费产业的核心驱动力。在文化创意、科技创新和空间整合驱动下不断涌现的新场景，为用户带来了颠覆性的体验，为文旅新兴消费产业的发展提供广阔空间和难得机遇，新业态、新模式层出不穷，成为文旅新兴体验消费产业发展的重要引擎和核心驱动力。

二是 IP（Intellectual Property，知识产权）开发成为文旅新兴消费产业价值实现和提升的核心。通过空间创意体验化和创新业态故事化相结合，构建文化体验与消费场景，打造文化展演、沉浸式交互体验等核心业态，纵向打通了文化 IP 创意产业链和价值链。

三是沉浸式产业成为文旅新兴消费产业制高点和核心竞争力。沉浸式产业是体验经济的重要体现和发展方向，具有文化和科技高度融合、知识与技术密集、模式新、网红属性强以及附加值高等特征。

四是以展演为核心的文旅新兴消费产业集群发展成为主要方向。运用现代高科技手段及 IP 创意和丰富的艺术表现形式，展现民俗传统、大众艺术和历史文化，实现文化性、科技性、娱乐性、休闲性以及商业性的良好契合。

五是“互联网 +”构建了文旅新兴消费产业创新发展新生态。用户与市场、产品与服务、行业与政府等资源全面整合、信息共享、线上线下融合互通、跨时空、跨地域、低成本、高效率的“互联网 +”文旅产业生态正在形成，成为传统旅游业转型升级和文旅产业创新发展的强大支撑。

2. 数字创意产业

数字创意产业是以文化创意为核心，依托数字技术进行生产、传播和服务的产业，是数字经济与文化产业相融合的产物，集中体现了科技和文化的融合，是引领文化新供给、促进文化新消费的新型文化业态。当前，我国数字创意产业正处于技术、政策与市场多重利好的黄金发展阶段，面临难得的历史发展机遇，主要表现在以下几个方面。

一是不断涌现的新科技将数字创意产业推升至全新的高度。5G、大数据、人工智能、VR/AR 等技术迅速发展和迭代更新，新技术与数字创意的深度结合，不断为优质创意提供更多元丰富的发挥空间，新技术所催生的产业新场景、新机遇和新空间正在赋能数字创意产业的创新发展。

二是以 IP 为核心的数字创意产业发展新生态体系正在形成。“平台/场景 + 内容”“IP + 技术”的基本商业模式成为主流，以内容为核心的 IP 全版权运营模式，开始向游戏、影视、动漫、文旅的全产业链延伸，形成新的产业格局和生态体系。

三是以“VR/AR +”为核心的新技术体系与传统产业加速融合。虚拟现实技术现已成为横跨互联网产业和数字创意产业、科技界和资本界的一颗闪亮明星。广义的虚拟现实技术与人工智能、物联网及“互联网 +”成为关注热点，被称为继个人电脑、互联网、移动终端之后的第四波科技浪潮。

四是数字创意技术推动文化遗产的创新性发展和创造性转化。文化遗产 IP 通过现代数字创意技术活化，打造文化和科技相结合的文化体验场景和 IP 文创产品，充分地展示了中华文明的影响力和感召力。

五是数字创意产业推动区域创新与城市品牌传播。数字创意与城市的结合，不仅为数字创意产业发展开拓新的空间，同时也带动了城市经济的发展和消费提升。

3. 广播影视产业

广播影视（以下简称“广电”）产业与科技结合具有先天优势，是文化产业中最具影响、最有活力的产业之一，也是发展最为迅速、与人们日常生活关系更为密切的一个文化产业领域。随着虚拟现实、物联网、大数据、人工智能等技术的不断发展，以及 5G 时代的来临，广电内容生产与传播全流程正在呈现“技术助力、内容革新、传播创新”的新态势。

一是人工智能赋能智慧广电。通过人工智能等新技术应用，构建“一体化资源配置、多媒体内容汇聚、共平台内容生产、多渠道内容分发、多终端精准服务、全流程智能协同”的制播体系，实现“全程、全息、全员、全效”，更好地满足用户需求、提高用户体验。

二是大数据助力广电媒体融合发展。近年来随着数字化、网络化、媒体融合的发展，内容生产由模拟信号向全流程的数字化、网络化处理方式转变，传输分发由单向发射向双向数字网络传输转变，内容消费方式由简单接收向多元化互动方式转变，广电行业在内容生产、传输分发和用户服务过程中产生的数据规模快速增长、数据体量十分庞大。

三是新兴业态推动广电产业创新发展。人工智能技术在新闻传播领域的全面渗透，催生了AI主播、机器生产内容（MGC）等一批新兴业态，是近年来的一个现象级的发展。未来广电产业的发展，很大程度上与人工智能技术的引入和应用关联在一起，人工智能技术同时重塑着广电产业的整体业态和业务链。

4. 文化艺术产业

在科技的推动下，艺术迅速走向大众，使人们的精神生活丰富起来，科技已成为推动艺术创新的重要“催化剂”，推动艺术迅速演变发展，为艺术注入新的活力，具体体现为以下方面。

一是科技拓展艺术市场广阔的消费空间。互联网使得艺术作品传播成本大幅度降低，以数字形式存在的艺术作品得以在互联网空间传播与分享，真正让人们脱离有形载体享受艺术，跨越时间与空间的局限。以数字音乐为例，在互联网出现之前，人们对于音乐的消费处于被动状态，无力涉及重要的音乐产业形态与商业模式的改变，互联网的出现使终端用户掌握了原本由商业机构垄断的传播渠道，从而推动音乐产业的颠覆性转型。

二是改变了艺术创作方式。人类社会不同时代的科技发展水平是同期生产、生活、思维方式变化的基础，也必然带来同期艺术形式的变化与创新。科技对艺术创作的影响，不仅涉及可见的创作技法、创造材料以及媒介，同样也涉及对艺术观念本身的改变。① 就像相机刚发明时，人们用摄影这项全新科技手段来记录生活一样，在信息时代、数字时代，人们用视频影像表达思想，以及对美学、对艺术的追求和理解。

---

① 岳杨：《浅谈科技发展对当代艺术创作的影响》，《艺术教育》2017年第4期。

三是促进了艺术欣赏与创作的交流沟通。在互联网平台，人们可以畅通无阻地进行沟通与交流，方便交流与分享艺术体验。即时享受的实时化消费模式将大量用户的碎片化时间填充起来，包括音乐、美术、电影等艺术作品在内的内容产业已成为用户投入时间与精力最多的消费领域。

（二）文化科技融合发展的总体趋势

1.“互联网 +”全面重塑文化产业面貌

作为一项人类科技史上划时代的技术革命，互联网已经越来越广泛地深入生产生活的方方面面，越来越广泛地普及到世界的各个角落。人际交往、工作方式、商业模式、企业形态、文化传播、社会管理、国家治理……都因为互联网而发生了巨大变化。我们正在经历从“ + 互联网”到“互联网 + ”的变革，网络不再仅仅是一种信息传播工具，而是一种全新的思考方式，并成为构造新传媒领域的结构性力量。随着 5G 时代的到来，文化产业处在一个全新的转型期，网络科技在文化保护和管理、生产和创新、传播和传承、展示和体验、消费和服务等各环节得到广泛的应用，从供给侧、需求侧全面重塑着文化产业的面貌，“物联网 + 文化”趋势正在向纵深推进，主要体现在以下三个方面。

一是互联网思维深刻改变了文化生产和消费。分享经济、粉丝经济、社群经济正在深刻影响和改造着文化的生产、传播和消费流程，打破了传统文化行业间壁垒，拓展了文化产业的边界。例如 2018 年网红经济的突然爆发生动诠释了互联网思维对文化生产和消费的颠覆性影响。所谓网红经济，是一种互联网发展带来的新的商业模式，主要表现为网络红人借助社交媒体平台对其粉丝进行营销，以实现流量变现。[①] 自2000 年以来，在经历了网络文学博主、草根红人、短视频红人等发展阶段后，随着网络思

① 袁国宝、谢利明：《网红经济：移动互联网时代的千亿红利市场》，企业管理出版社，2016。

维的迭代和渗透，越来越多的年轻网民愿为个性化内容和价值文化付费，网络红人为大众提供了可供消费的资源，催生了网红经济的萌芽和迅速发展。2018 年成为网红经济爆发元年，这一年粉丝规模达到 10 万人的网红数量比上年增长超过 50%，其中，头部网红（粉丝规模超过 100 万人）数量增长超过20%。[①] 随着网红人数、粉丝规模的增长，网红经济市场规模和变现能力也不断提升，2018 年淘宝直播带货规模超千亿元，同比增长 350%。

二是大批互联网企业主动布局文化产业，并迅速成为文化领域的头部企业。例如国内三大互联网巨头百度、阿里、腾讯不断扩展在文化产业领域的布局。目前，百度投资的文化产业项目主要有百度娱乐、百度视频、百度影业以及百度游戏；阿里的核心项目聚焦影视业，主要有阿里影业、娱乐宝等；而腾讯作为全国最大的娱乐公司，有着丰富的社交平台资源，高度重视内容生产，主要项目有腾讯视频、QQ 音乐和企鹅影视等。

三是基于互联网的新文化新业态加速涌现。互联网的发展为文化产业跨界融合插上了翅膀。目前，文化产业与其他产业之间以及产业内部融合程度不断加深，朝着跨越地域、行业、媒体经营的方向发展，文化产业与其他产业相结合形成跨界融合。例如数字技术的发展不断激发广大用户创作的热情，消费者能够通过评论等方式参与到创作者的创作中来；同时，相关数字创意产业，如网络文学、网络动漫等也应运而生。

2. 沉浸式体验成为文化科技融合热点领域

沉浸式体验是当前文化科技融合的一种新业态，也是文化产业中最具前沿性和成长性的热点领域之一。它在先进技术的推动下，已发展成为集硬件设备和软件内容等于一体的、多感官、即时型、交互型的体验系统，衍生出沉浸式演艺、沉浸式展览、沉浸式娱乐、沉浸式影视、沉浸式遗产保护等丰富形态。它以颠覆性的文化体验、大量技术集成、快速的内容更新、广阔的

① 艾瑞咨询、新浪微博：《2018 中国网红经济发展洞察报告》，2018 年 6 月 26 日，http：//report. iresearch. cn/report_ pdf. aspx？ id =3231。

市场需求，成为文化科技融合创新的强大引擎和前沿领域，展示出日益广阔的应用前景。[①]

一方面，沉浸式体验已成为文化科技融合创新高地。沉浸式体验集成虚拟现实（VR）、增强现实（AR）、移动互联网、大数据、人工智能等大量尖端科技成果，具有鲜明的集成性、复杂性特点，成为文化科技融合重点研发领域。近年来，美国、英国、德国、日本等发达国家的政府部门、大学、智库、企业纷纷从不同角度对沉浸式体验进行了研究，涉及沉浸式技术的开发、投资与合作、市场应用、对外出口、人文和艺术等多个细分领域。例如2018年，英国提出打造“沉浸式经济”的目标，并宣布了一项创意产业领域协定，计划为整个英国创意和文化企业投资1.5亿英镑，重点关注沉浸式技术的创新和应用。政府已承诺投入3300万英镑用于沉浸式技术，面向虚拟现实、增强现实等沉浸式新技术企业。2019~2020年，还为英国游戏基金会（UK Games Fund）额外投资150万英镑。该协定的目标是使英国到2025年在全球创意沉浸式市场的份额翻一番，总价值超过300亿英镑。[②] 在英国，沉浸式体验已成为经济发展中不可忽略的现象，据英国创新基金（Nesta）估计，英国有1000家专业沉浸式科技公司，雇用了大约4500名员工，产生了6.6亿英镑的销售额，约占全球市场份额的9%。沉浸式技术的研发在英国获得的政府及公共支持也在迅速扩大。根据英国研究理事会（Research Cauncils UK）的数据，目前英国已有253个沉浸式技术项目，总价值达1.6亿英镑。2016~2017年沉浸式技术项目投入资金比2009~2010年高出9倍。[③]

另一方面，沉浸式体验正在文化产业中加速普及。沉浸式体验契合了人们追求震撼和刺激、爱好游戏和娱乐的天性，在文旅、传媒、娱乐等文化产

① 花建、陈清荷：《沉浸式体验：文化与科技融合的新业态》，《上海财经大学学报》2019年第5期。

② 《英国政府宣布将为创意产业投资1.5亿英磅，游戏公司或成最大受益者》，《创业家》2018年3月29日。

③ 《英国沉浸式机构KTN负责人亚莎·伊斯顿：英国沉浸式经济已取得一定发展》，电子信息产业网，2019年11月5日，http：//www.cena.com.cn/arvr/20191105/103134.html。

业领域应用非常广泛。例如在文博领域，科技公司谷歌在2011年推出了谷歌艺术文化项目（Google Arts & Culture），与世界各地博物馆、美术馆、图书馆合作，将谷歌的数据库与行业领先的街景技术应用于博物馆、美术馆。谷歌将其先进的街景技术用于博物馆实景拍摄，以及馆内历史名画超高像素拍摄，提供基于虚拟现实技术的网络游览。截至2012年4月3日，已有40个国家和地区的151间艺术博物馆被收纳其中。在文旅领域，虚拟现实（VR）和增强现实（AR）在旅游景点行业实现了跨越式发展。比如用于现有的过山车，使旧设备焕发新生命；用VR技术进行游戏厅升级，玩家在趣味性强、行动导向的环境下进入外太空或深入地下世界与外星人或怪物搏斗；奥兰多迪士尼乐园将要推出的《星球大战》系列产品将广泛采用VR和AR技术。在演艺领域，通过增强舞台艺术表现力的声光电综合集成应用技术、基于虚拟现实的舞美设计与舞台布景技术、移动舞台装备制造技术和演出院线网络化协同技术等，提升了文化演出的艺术创作力、感染力、表现力和传播力，调整和优化传统文化演艺产业结构。根据“创新英国”的有关报告，接受调研的1000多家英国沉浸式技术专业公司，共涉及22个市场细分领域。其中，介入媒体市场的公司数量在全部细分市场中占比最大，约为60%；此后依次是培训市场、教育市场、游戏市场、广告市场、旅游市场等文化产业相关领域；几乎80%的沉浸式技术专业公司都涉及创意和数字内容市场。①

3. 文化资源开放共享成为时代主题

习近平总书记多次指出：“让收藏在博物馆里的文物、陈列在广阔大地上的遗产、书写在古籍里的文字都活起来。”② 图书馆、美术馆、博物馆等传统文化事业机构，储存着丰富的文化内容，很多都是艺术造诣深厚的极品和人类文明的宝贵遗产。随着数字经济的发展，在数字科技的推动下，经典

① 花建、陈清荷：《沉浸式体验：文化与科技融合的新业态》，《上海财经大学学报》2019年第5期。

② 《习近平谈世界遗产》，2019年6月6日，http://paper.people.com.cn/rmrbhwb/html/2019-06/06/content_1928991.htm。

的文化实现了数字化、社会化的共享，让国宝真正“活起来”，迅速走入大众生活，从而使资源焕发了新的活力。

一方面，数字技术支撑文化遗产保护。文化资源的发掘和保护，是其发扬传承的基础，而在文化资源保护中引入科技的力量，是让其“活起来”的重要途径。随着以数字技术为代表的现代科学技术广泛应用，科技在文化资源保护中的作用日益凸显。意大利是目前拥有世界文化遗产数量最多的国家，同时也是世界上较早运用先进科技加强文化遗产保护的国家，在这方面代表了行业发展的趋势。例如意大利运用虚拟现实技术对文物高精度保存和生动呈现。通过影像数据采集的方式，建立文物实体的三维模型或者数据库，保存重要资源，从而科学、永久地将濒危文物保存。这些技术的应用可以通过提升修复精度和速度，以更全面生动的方式来展示文物。此外，意大利科学家将三维激光扫描技术用于文物测绘及对文物保存状况的监控和诊断，通过主动收集扫描对象的色彩信息，在成像时真实还原色彩，从而达到比肉眼观察更加准确的文物外观信息，使文物修复人员可以知道在哪个部分操作，使用多少材料。

另一方面，运用科学技术弘扬和传播经典文化。当优秀经典文化与数字技术相遇，塑造出崭新的文化产品，更会带来丰富别样的文化体验。经典的传统文化需要借助现代传播渠道实现创新性发展和创造性转化，以年轻化、生活化的新形式，发扬其深厚文化内涵，滋润现代人生活。近年来，随着优秀传统文化的复兴和人们文化消费需求的不断提升，我国文博产业发展迅猛，2017 年我国文物和博物馆收入达 885 亿元，同比增长 25%。[①] 经典文化资源与数字技术相结合，推进了文化资源的数字化展示和文物、文博场馆的宣传，还为影视产业创作提供了原创资源与创作空间。例如故宫博物院开通了微信公众号“微故宫”，为网友发布馆内信息、藏品等内容，开发了独具特色的、更符合观众体验的 App“3D 故宫”，使观众实现了虚拟游览；敦煌莫高窟建立了数据库及博物馆管理系统，运用信息化为博物馆带来崭新的展

① 资料来源于《2018 中国文化文物统计年鉴》，根据年鉴计算所得。

览形式，最大程度地实现博物馆藏品保存保护，并推出了大型球幕电影《梦幻佛宫》。这些都在社会上引起了强烈反响，创造出具有强大影响力和广泛传播力的中国文化产品和文化品牌。

4. 以 IP 为核心的文化产业格局日益显著

文化科技融合，不但使得文化生产、消费的模式发生转变，而且深刻影响了文化产业生态体系的运作机制。伴随着新媒体的崛起，文化产业已经步入了“混态融合”时代，无论文学、美术、影视、动漫、游戏甚至旅游景区，形态迥异的文化产业之间正在彼此相互渗透、相互融合、相互协同，构建出一个以 IP 为核心的产业生态体系。在当前文化产业中，IP 已超越文学、动漫、影视作品等内容，具有更广泛的内涵，比如国宝重器、文物古迹、表情包乃至顶级文化赛事都能够成为文化 IP。文化 IP 的核心属性是内容和流量（粉丝）。文化 IP 通过原创内容吸引初代粉丝，而后以衍生的影视剧、游戏等形式快速扩大粉丝规模，并促进原始文化 IP 发展。双方相互支撑和融合，使得文化 IP 价值呈现生态化。① 而在塑造以 IP 为核心的文化产业生态过程中，科技发挥了重要的引领和保障作用，具体体现在以下两个方面。

一方面，利用科技手段打造文化 IP。通过梳理文化产业链条，围绕 IP 运作，包括上游的内容层（主要包括文学、影视剧本、动漫脚本和形象等内容创作）、中游的变现层（通过影视剧、网络、游戏等文化产品传播聚集流量）和下游的延伸层（包括衍生品、主题公园、艺术/体验馆等体验消费）。这其中，内容创作决定了 IP 的文化价值，是 IP 实现转化和传播的基础。近年来，科技在文化创作中的应用日益广泛，而不再仅依靠个人的创作天赋。例如通过大数据、人工智能等信息手段，对人们的审美需求和消费习惯进行分析和预测，绘制用户画像，提出精准的内容创作方案。美国著名影视公司网飞（Netflix）拥有海量用户观影习惯数据，利用这些数据创作更符

---

① 《2018 中国文化 IP 产业发展报告》，2018 年 10 月 20 日，https：//www.sohu.com/a/260503489_160257。

合用户口味的原创作品，从而提高用户黏性，并根据内容分类，对观众进行精准推荐，形成良性循环。再如日本在创作动漫作品时，越来越多地使用虚拟技术，使人们获得身临其境的体验感和更直观的视觉感，可以从主观角度体验作品的故事世界，也可以自由改变视角，加深对作品的理解。近年来推出的动漫作品《大雄与梦幻三剑士》《名侦探柯南：贝克街的亡灵》《钢弹创斗者潜网大战》等都广泛应用了 VR/AR 等技术手段，实现动漫 IP 与科技的结合。

另一方面，科技全面支撑 IP 商业运作。近年来，随着 IP 产业的不断细化，对 IP 版权方的专业化要求也在不断提升，科技开始全面支撑 IP 授权和市场化运作的各个环节，成为 IP 产业发展的关键要素之一。以 IP 版权确权和维权环节正在逐渐应用区块链技术为例，用区块链、公钥加密等技术，提供数字版权证书等工具，来保护原创作品的知识产权。又如在 IP 授权交易环节可通过大数据技术，为版权方和需求方提供交易、管理、营销等一站式互联网授权方案。

四　北京文化科技融合发展的现状与问题

（一）北京文化科技融合发展基础

北京作为国家首都和“四个中心”，具有文化科技融合发展的突出优势，拥有全国最好的科技创新资源，也拥有全国独一无二的传统文化资源和现代文化资源，这些丰富的科技创新资源和文化资源，为文化科技融合发展提供了不可多得的先决条件。

1. 首屈一指的科技创新资源

北京高等院校、科研机构在质量和数量上均居全国之首，拥有全国最丰富的智力资源和科创资源，在科技投入、产出和自主创新等方面为全国其他城市做出表率。

在科技投入方面，2018 年北京研究与试验发展经费投入 1870.8 亿元，比上年增长18.4%，研究与试验发展经费投入强度达6.17%，居全国之首，是全国平均水平的2.8倍。[①] 其中，企业不断提升科技创新地位，加大前沿科技和新兴领域的投入比例，比如5G、人工智能、芯片。2018年，企业研发经费投入780.5亿元，比上年增长26.2%；占全社会研发经费的比重为41.7%，较2017年提高2.6个百分点。[②]

在科技产出方面，2018年，北京每万人口发明专利拥有量为111.2件，居全国首位；专利申请量和授权量、技术合同成交额，均较2012年翻一番；[③] 2012年以来在京单位主持完成的国家科学技术奖累计500余项，约占全国的1/3；[④] 全员劳动生产率达24.4万元每人，为全国最高，是全国平均水平的2倍以上。[⑤] 5纳米碳基光电集成电路、全球首条第10.5代TFT-LCD生产线等一批重量级的原创先进科技成果竞相涌现。[⑥]

在科技企业创新创业方面，北京是全球创新创业最活跃的城市之一，2018年，日均增加科技型企业约200家；日均新增创新性企业200家，在创业投资金额规模、案例数量方面都占内地的30%左右；科技创新VC/PE投资，北京仅次于美国硅谷。在人工智能领域，内地60%的人工智能人才聚集北京，全球人工智能企业100强中，中国有6家，其中北京有5家。[⑦]

2. 深厚多元的首都文化资源

2014年2月，习近平总书记视察北京时指出："北京是世界著名古都，

---

① 数据来源于《中国科技统计年鉴2019》。

② 《北京研发经费投入额居全国第三》，2020年1月11日，http://www.bj.xinhuanet.com/2020-01/11/c_1125448490.htm。

③ 《北京跑出科技创新"加速度"北京全国科技创新中心指数2019发布》，人民网-北京频道，2019年10月17日，http://bj.people.com.cn/n2/2019/1017/C349239-33446658.html。

④ 《北京晒出科技创新"大数据"》，《北京日报》2019年8月26日。

⑤ 《北京跑出科技创新"加速度"北京全国科技创新中心指数2019发布》，人民网-北京频道，2019年10月17日，http://bj.people.com.cn/n2/2019/1017/C349239-33446658.html。

⑥ 《从半夜围观捷克拖拉机到科技服务业规模万亿丨我们的奋斗》，2018年10月3日，https://xw.qq.com/cmsid/20181003A0FZVA/20181003A0FZVA00。

⑦ 数据来源于北京市统计局和北京市科委联合发布的《北京创新驱动发展检测评价》。

丰富的历史文化遗产是一张金名片。”2017 年 8 月，中共北京市委书记蔡奇在北京市推进全国文化中心建设领导小组第一次会议上指出，首都文化由古都文化、红色文化、京味文化和创新文化组成，是北京城的魂，是大国文化。[①] 这对首都文化的功能定位、基本内涵做出了界定。北京是一座有着 3000 多年建城史、800 多年建都史的世界历史文化名城，有着丰富的物质文化遗产和非物质文化遗产。

源远流长的古都文化是北京在长期作为都城的历史中形成的器物、制度和精神等文化形式，是北京优秀传统文化中最具代表性的文化形态。[②] 作为五朝古都，北京拥有内涵丰富、深沉厚重的传统文化资源，北京旧城是中国古代都城规划的最后经典之作，是体现中国传统文化内涵的典型代表。同时，北京是中国拥有帝王宫殿、园林、庙坛和陵墓等人文景观数量最多、内容最丰富的城市。北京古城及其人文景观，代表了数千年来中国传统城市设计的最高水平，为世界罕见。

丰富厚重的红色文化是首都文化的核心内涵和宝贵资源，是首都文化的灵魂。北京的红色文化具有完整性，承载了中国革命、建设和改革的完整历史。从“五四运动”开始，北京作为中心城市，一直是中国革命的前沿阵地，在新民主主义革命时期积淀了深厚的革命文化；中华人民共和国成立后，北京作为首都引领全国建设，涌现一批社会主义建设的先进人物和典型事迹，成为展示中国特色社会主义建设成果的重要窗口。[③]

特色鲜明的京味文化是北京的特色文化，是北京在悠久的历史发展进程中形成的生活化气息浓厚的文化，作为五朝古都，从古老的风俗礼仪到传统的伦理道德都积淀于北京人的心中，胡同、四合院、庙会以及茶馆等无不浸透着独特的京味文化，是北京区别于其他地区的特色文化。[④] 截至 2018 年 6 月底，北京已普查非遗资源 12000 余项，共有 11 个联合国教科文组织“人

---

① 郭万超、孟晓雪：《首都文化的定位、内涵和内在逻辑》，《前线》2018 年第 2 期。

② 郭万超、孟晓雪：《首都文化的定位、内涵和内在逻辑》，《前线》2018 年第 2 期。

③ 郭万超、孟晓雪：《首都文化的定位、内涵和内在逻辑》，《前线》2018 年第 2 期。

④ 赵雅丽：《京味文化的内涵、特点及传承发展》，《前线》2018 年第 3 期。

类非物质文化遗产代表作名录”项目，126 个国家级代表性项目，273 个市级代表性项目。[①] 数量众多的非物质文化遗产极大地丰富了北京文化多样性。

蓬勃兴起的创新文化为北京持续发展提供不竭动力，同时是保持社会主义文化先进性的应有之义。北京高校、科研机构和创新型企业数量众多，在科技创新和成果转化方面具有显著的优越性，形成了开放包容的创新文化氛围。此外，北京自发形成了 798、宋庄、草场地、22 院街、公共艺术街等大批艺术街区，众多知名艺术家聚集进行创作和展示，各种艺术形式汇聚，绘画、摄影、电影、建筑设计、服装设计、戏剧、舞蹈、音乐、行为艺术等各种文化活动汇聚。

3. 不断健全的政策体系

北京市委、市政府高度重视文化科技融合发展，将文化科技融合作为体现首都“四个中心”战略定位，推进全国文化中心和全国科技创新中心建设的重要抓手。党的十八大以来，先后出台了《北京市促进文化创意产业发展的若干政策》《北京市文化创意产业发展专项资金管理办法（试行）》《北京市文化创意产业集聚区认定和管理办法（试行）》等政策文件。同时，出台了税收优惠、信用担保等一系列政策促进文化科技融合相关产业的发展。

2014 年，北京市人民政府办公厅印发《北京市文化创意产业功能区建设发展规划（2014 ~ 2020 年）》，梳理了北京各区的文化资源条件，提出“一核、一带、两轴、多中心”的功能区空间发展格局。2018 年 9 月，北京市市长陈吉宁在市政府常务会议，研究北京市促进文化科技融合发展若干措施时指出：“牢牢把握首都‘四个中心’城市战略定位，有效发挥文化科技融合优势，加快推动文化科技融合向现实生产力、新型创造力和市场竞争力转化，构建高精尖产业结构，实现高质量发展。注重运用科技手段保护传统文化，全力推动全国文化中心和全国科技创新中心建设。”

① 《北京全市已普查出非遗资源 1.2 万项》，人民网，2019 年 1 月 16 日，http：//bj.people.com.cn/n2/2019/0116/C82846 - 32537055.html。

2018 年，中共北京市委、北京市人民政府出台的《关于推进文化创意产业创新发展的意见》（以下简称《意见》），是近年来北京市首个以市委市政府名义发布的文创产业政策，为构建高精尖结构体系、推进全国文化中心建设提供了新的着力点和增长点。《意见》明确将构建“两大主攻方向”和“九大重点领域环节”作为首都文化创意产业发展的顶层设计，全面推动文化科技融合，打造数字技术创意主阵地，将文化科技融合产业作为主攻方向和重点领域。同年年底，北京市政府印发了《北京市促进文化科技融合发展的若干措施》（京政办字〔2018〕40 号），这是北京市政府专门为促进文化和科技融合制定的政策措施，内容涉及扶持文化科技融合重点企业发展、加强文化科技融合示范基地建设、提升文化创意设计服务发展水平、推动传统文化领域科技运用升级、促进文化科技融合新兴业态发展等十个方面。

（二）北京文化科技融合发展现状

1. 北京文化产业规模持续增长

自 2006 年北京市在全国首先提出发展文化创意产业以来，文化创意产业持续高速增长，并逐渐成为北京经济支柱型产业，仅次于金融业。北京文化创意产业增加值连续多年稳步增长，由 2013 年的 2578.1 亿元增长到 2017 年的 4000.6 亿元；文化创意产业占 GDP 比重稳步提高，由 2013 年 13.02% 提高至 2017 年的 14.28%。2018 年，北京市依照国家统计局和中宣部要求，加强和规范文化产业统计工作，以文化产业统计替代了文化创意产业，重新修订了文化产业统计标准和数据，并于 2018 年不再发布文化创意产业统计数据。据统计，2018 年，北京规模以上文化产业收入合计 1.07 万亿元，同比增长 11.9%。继续保持平稳、快速的增长态势。[①] 根据第四次全国经济普查，截至 2018 年底，北京文化产业法人单位 15.07 万个，占北京市第三产业法人单位的 15.2%，与 2013 年

---

① 北京市统计局：《北京市 2017 年国民经济和社会发展统计公报》，2018 年 3 月 28 日，http://www.beijing.gov.cn/zhengce/zhengcefagui/201905/t20190522_60991.html。

相比，法人单位增长了5.29万个，增幅54.1%；营业收入1.35万亿元，比2013年增长0.71万亿元，增幅高达110.9%；文化产业法人单位从业人员达到121.5万人，是北京市第五大就业领域。文化产业处于高速增长阶段，成为拉动首都经济增长和就业的重要引擎。①

2. 文化产业结构呈现高端化、创意化特征

北京文化产业各行业在保持稳步增长的同时，产业内部结构深化调整，与数字技术、“互联网+”等紧密相关的新领域、新业态、新模式蓬勃发展，带动全市文化创意产业转型升级、提速换挡。从北京文化创意产业结构来看，软件与信息技术服务业占据北京九大文创产业的半壁江山，呈现显著的高端化、创意化特征。2017年，北京市文化创意产业各行业发展总体稳中有进，软件与信息技术服务业增加值为2443.4亿元，占文化创意产业增加值的61%；其次为新闻出版服务业为342.1亿元，占文化创意产业增加值的9%；再次为广播电视电影、广告会展，均约占6%。

根据国家新颁发的《文化及相关产业分类（2018）》统计口径，北京有九成文化企业从事文化产业核心领域，产业高端化特征显著。北京新闻信息服务、内容创作生产、创意设计服务、文化传播渠道、文化投资运营、文化娱乐休闲服务六大文化产业核心领域的文化企业数量，占北京市在营文化企业总数比重始终稳定保持在九成左右。其中，创意设计服务（25.9%）、新闻信息服务（23.9%）、内容创作生产（18.7%）、文化传播渠道（17.1%）是北京文化产业发展的四大支柱。据统计，文化核心领域收入占比高达87%，远高于全国水平（55%），北京文化产业高端化特征显著（见图1）。②

3. 文化科技融合引领北京文化产业创新发展

北京文化产业多个领域发展水平全国领先，影视、创意、数字等领域引领全国产业发展。北京新闻信息服务业收入占全国一半以上；版权登记数量占全国四成；设计服务业收入和广告经营额占全国的1/4以上；影视制作机

① 国家统计局社会科学和文化产业统计司、中宣部文化体制改革和发展办公室编《中国文化及相关产业统计年鉴2019》，中国统计出版社，2019。

② 《规模以上文化产业情况》，北京统计局网站，2019年2月28日。

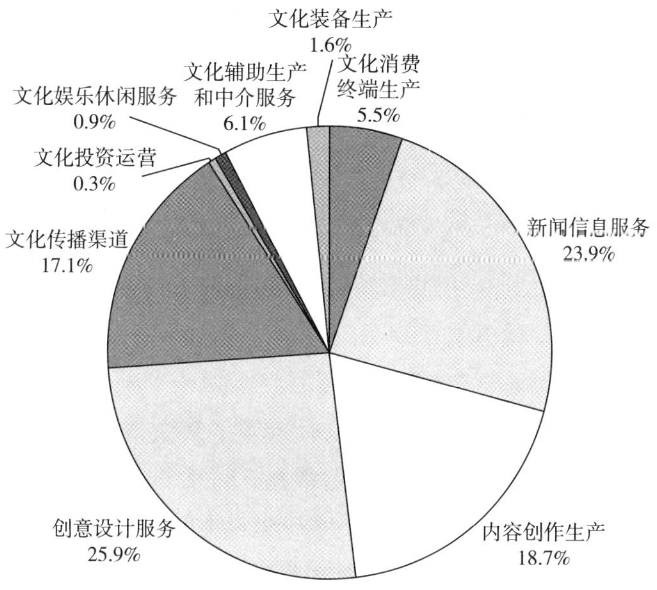

图1　2018 年北京文化产业结构

构占全国 1/3，影片产量占全国近一半；信息网络传播视听节目持证机构 125 家，占全国 1/5，还有近百家影响力广泛的短视频、直播、社交、资讯聚合平台。[①]“十三五”时期，随着北京全国文化中心、科技创新中心建设的深入实施、高精尖产业发展战略的深度部署，文化与科技融合不断加深，大数据显示，2014 ~ 2018 年，北京市文化企业拥有的专利、软件著作权、作品著作权数量实现了飞跃式增长，同比增长高达 42.51%，超过 5 万件，是 2014 年数量的三倍。[②]

4. 网络信息技术的优势充分彰显

以大数据、智能化、移动互联网、云计算为代表的新一代网络信息技术与文化创意全面深度融合，丰富了创意内容开发的技术手段，“互联

① 《文化产业成北京重要支柱　去年实现收入过万亿元》，2019 年 9 月 19 日，https：//www.sohu.com/a/341965327_ 123753。

② 数据来源于文投大数据“文化产业检测平台”。

网+文化”的发展模式优势充分体现，在创意产业领域不断催生新产品、新业务、新模式，为促进文化产业创新发展提供重要引擎。在数字传媒领域，移动新媒体、动漫游戏、数字出版、网络出版等一批新兴文化融合业态发展势头良好，特别是动漫游戏产业发展迅猛，北京已经初步形成了创作、研发、出版、运营、发行一体化产业链，成为全国动漫游戏产业的重要基地。在文博领域，信息技术与经典文化互相赋能，激发出文博文创巨大的市场潜力。例如2016年故宫将清代皇城正门端门打造成数字博物馆，以“数字宫廷原状”的方式呈现沉浸式立体虚拟环境，为游客提供深度体验宫廷生活的平台。截至2018年，故宫将专家研究成果与观众感兴趣的题材密切结合起来、借助科技手段先后上线了9款App，涉及故宫资讯、游戏和导览等众多内容。[①] 此外，故宫举办了“清明上河图3.0”互动艺术展等一批沉浸式艺术展，科技使传统文化以崭新面貌呈现在观众面前，将文物、科技、艺术相结合，不断创新文化创意产业的产品和服务模式，提升了观众的体验。

5. 涌现一批文化科技领域领军企业

北京市文化科技资源丰富，相关领域创新创业蓬勃发展，涌现了一批文化科技融合行业领军企业。据统计，截至2016年底，北京市文化产业中的高新技术企业为3047家，占企业总数的20%左右。[②] 2018年，北京市文化产业类独角兽企业数量达到20家，全国排名第一，涵盖了短视频、动漫、游戏、影视、音乐等数字文化产业的核心领域，成为文化产业新经济策源地。2019年3月，在科技部评选出的16家单体类“国家文化和科技融合示范基地”中有4家在京，分别是北京四达时代软件技术股份有限公司、利亚德光电股份有限公司、掌阅科技股份有限公司、北京蓝色光标数据科技股份有限公司。中国人民大学创意产业技术研究院发布的“中国文化科技融合TOP30企业品牌”，有11家在京企业入围，均是我国文化和科技融合细

① 《故宫文创这样造品牌　运用多种方式传播优秀传统文化》，《人民日报》2019年3月1日。

② 《文化科技融合将成新增长极》，《北京晨报》2017年10月15日。

分领域龙头企业（见表1）。[①] 头部企业高度集聚，标志着北京已成为全国文化科技融合行业高地。

表1 在京企业入围2018年发布的"中国文化科技融合TOP30企业品牌"一览

序号	名称	入围理由
1	爱奇艺	技术与内容双核驱动营造全新视觉体验
2	掌阅科技	数字阅读与书写新智慧
3	利亚德	声光电企业平台的缔造者
4	新华文轩	融媒体推动传统出版升级
5	中影集团	数字技术打通电影产业链
6	歌华有线	新兴网络技术推动信息传输
7	蓝色光标	大数据赋能企业智慧营销
8	新浪	科技链接华人社群
9	完美世界	互联网技术打造文化娱乐产业集群
10	四达时代	数字电视助力文化内容走出去
11	保利文化	"渠道+内容"联动效应构建产业格局

（三）面临的突出问题

近年来，北京文化科技融合不断深化，文化产业的规模和发展水平均在全国处于领先地位。2018年，北京市委、市政府印发《北京市促进文化科技融合和发展的若干措施》，将促进文化科技融合作为构建首都高精尖经济结构的重要组成部分，对促进文化科技融合发展提出了更高的要求。从整体来看，在迈向高质量发展的新阶段，北京促进文化科技融合还面临着以下困难和挑战。

1. 文化科技融合的体制机制尚待完善

从体制机制来看，由于文化领域和科技领域分属两大行政管理系统，存在着人才、资本、技术等创新资源流动不顺畅的问题。当前，北京市的文化

① 《"中国文化科技融合TOP30企业品牌"今日发布》，2018年11月2日，http://www.ce.cn/culture/gd/201811/02/t20181102_30693926.shtml。

产业管理部门涉及宣传、广电、出版等诸多部门，在垂直管理之下，不同部门之间产生权责交叉或者不明确等问题，此外，文化部门与科技部门之间也存在明显的业务界限。这些问题都阻碍着文化科技的有效融合和整体发展。

2. 科技的支撑作用远未充分发挥

目前，一方面，文化产业需求的核心技术、软件系统国产率较低，主要依赖进口，尚未形成成熟的科技支撑体系；另一方面，北京文化产业对于信息技术、人工智能、大数据等前沿技术还处在较为浅层的运用阶段，与前沿技术研发应用的深度结合尚未实现。在北京文化创意产业的九大行业门类中，软件与信息技术服务一枝独秀，无论是产业增加值、总收入还是就业人口比重都远远高于其他行业。除软件与信息技术服务行业外，企业研发实力总体不足，需要进一步加强文化领域的科技研发与运用。这一问题主要体现在北京文化企业技术储备和研发投入低于全国平均水平。据统计，2017 年北京市文化及相关产业规模以上企业共 3994 家，拥有各类专利授权总数 6321 件，平均企业拥有专利 1.58 件，低于全国平均水平（1.96 件），与广东省（4.41 件）等国内先进省市差距明显；2017 年北京市规模以上文化制造业企业有 R&D 活动的数量仅 37 家，企业研发投入强度（研发投入/主营业务收入）5.1%，低于全国平均水平（6.0%）。① 可见，全国科技创新中心的科技优势在文化产业领域没有得到充分体现。

3. 企业创新能力总体不足

文化科技成果供给不足，原始创新成果和集成创新成果均较为缺乏。另外，科技成果应用有待进一步提升，文化创意企业与科技企业的对接渠道不畅通，提升产品体验的技术手段缺乏。文化创意企业对于科技研发积极性不高，对前沿科技了解不够、缺乏应用。企业创新能力不足，集中体现在缺乏具有国际影响力的文化科技品牌和高品质文化 IP。当今文化产业具有国际影响力的文化品牌和高品质文化 IP 已成为文化产业的核心竞争力，但整体

① 国家统计局社会科技和文化产业统计司、中宣部文化体制改革和发展办公室编《中国文化及相关产业统计年鉴 2018》，中国统计出版社，2018。

而言，由于文化认知逆差、营销渠道狭窄、企业实力较弱小等方面的因素，企业普遍缺乏基础层面的原始创新成果和文化资源挖掘技术手段，多数文化和科技融合企业在研发设计、生产和营销等环节都还在使用传统技术，融合深度不足，融合创新产品梳理较少。导致文化和服务跟踪模仿多，而领先的原创性产品较少，具有较高科技含量和北京特色的品牌文化产品和 IP 不多，尚未形成“北京科技文化”整体品牌形象。

4. 政策支持力度有待加强

从税收优惠来看，目前的税收优惠激励政策系统性不足，激励力度不大，且多为临时性政策，针对文化科技融合的政策缺乏。特别是当前的国家高新技术企业认定政策，文化企业虽然可以申报，但由于其门槛主要是针对科技企业来设定的，对于文化企业来说门槛太高、覆盖面十分有限。在金融扶持方面，尽管北京市于 2017 年底出台“投贷奖”政策，鼓励金融机构对文化企业提供低成本融资服务，降低企业融资成本，取得一定成效。但从“投贷奖”资金规模和受惠企业数量来看，与北京市文化企业整体融资需求还有较大差距，缺乏针对性的金融扶持政策。文化产业未列入北京市高精尖产业相关规划，缺乏专项资金研发支持。此外，文化科技融合的统计标准和高效手段缺乏，难以全面掌握产业现状。

5. 利于企业发展的产业生态环境尚需优化

文化科技融合产生的是新技术、新产品，面临的又是新兴市场，具有高投入、高风险等特点，制约了企业开展文化科技融合创新的积极性，亟须构建符合产业发展特点和需求的生态体系。但从实践来看，目前有利于融合发展的产业生态和社会环境尚需优化。从社会环境来看，文化科技融合还未形成一种社会共识，尊崇和鼓励科技与文化融合创新的社会氛围还不够浓厚。从法制环境来看，与传统产业相比较，文化科技融合产品极易遭受侵权，当前在知识产权尤其在著作权和商标权保护方面的力度尚需加强。从人才环境来看，既缺乏文化创意、文化投资、文化管理、文化科技研发等方面的高端人才，也缺乏既懂文化又懂科技的跨界人才，还缺乏文化人才、科技人才两类人才交流互动的平台。从融资环境来看，文化科技融合企业资产类型多以

商标、版权、著作权、专利技术等轻资产知识产权为主，估值定价缺乏固定模式，且易出现大幅波动，与传统授信重抵押的风险控制模式相悖，企业融资难、融资严、融资少的问题依旧突出。从有利于文化科技融合的外部环境来看，北京的文化消费环境有待进一步改善，如何引导和扩大文化消费，满足人们日趋多样化的文化需求还有很多工作要做。

五　促进首都文化科技融合发展的思路与对策

（一）总体思路

党的十八大以来，以习近平总书记为核心的党中央励精图治、革故鼎新，对思想宣传工作和文化科技融合工作高度重视，明确要求将提升文化科技创新能力、推动文化科技融合作为新时代树立社会主义文化自信和建设世界科技强国的重要任务。借助文化科技的深度融合，实现文化产业提质增效，已成为北京实现高质量发展的必然选择。

1. 以科技创新提升传统文化的传承能力

现代科学技术的发展为传统文化提供了更丰富的内容和表现手段，有效增强了传统文化的表现力和传承能力。采用5G、人工智能、大数据、新材料等前沿技术，深入挖掘传统文化的内涵，在保留精髓的基础上推陈出新，发展符合时代要求的新内容、新形势，使得历史文化名城经久不衰、历久弥新。此外，可以将传统文化的保护传承与丰富的文化交流互相融合，采用先进的传播手段，提高文化的传播和服务效能，充分展现传统文化的魅力，增强北京的文化影响力。

2. 以科技创新提升文化产品的生产能力

在创新驱动发展的国家战略推动下，科技创新为文化产业提供重要推动力。借助数字化、信息化的先进技术手段，发展沉浸式互动体验娱乐产品，延伸文化产业链条。充分挖掘市场需求，尤其是年轻人的文化需求，借助互联网平台深厚的用户基础，通过创新模式、创新内容，扩大文化产品的受众群体，生产符合广大人民群众需求和喜好的文化产品。重视三维立体、复杂场景绘制、角色动画技术等核心技术手段的应用，促进文化产品高效生产与创造。

3. 以科技创新提升文化信息的传播能力

充分发挥新媒体作为文化传播的全新方式和重要载体的角色作用，拓展传统传播方式的边界，促进大众媒体网络化、数字化，建设以云计算、三网融合、超媒体等多种新媒体为主要内容的现代文化传播战略体系。把握当今文化潮流趋势，重视文化品牌的建设与运作，打造文化精品工程，发挥微信、网络视频等新媒体形态开放、全民、全时、全域、全速的特点，将文化传播渗透到大众生活之中。在文化传播过程中，兼顾内容与形式，重视知识产权的创新、应用与保护，构建覆盖全球的文化传播体系，增强文化国际传播能力和影响力。运用跨媒体内容关联分析技术、数据库技术、大用户量授权技术等促进文化安全、高速传播。

4. 以科技创新提升文化内容的呈现能力

内容是文化产业的核心和关键，而科技创新则通过新技术的运用更好地呈现优质内容。顺应科技发展潮流和大数据趋势，应用大数据技术形成文化产品标准化数据，并对其进行深入挖掘和分析，为文化内容的精准运营和管理提供依据。采用人工智能、虚拟现实等核心技术，使得人机交互体验更加科学、高效、自然和人性化，以更加丰富的文化内容、更加生动的文化形式、更加多元的用户体验不断提升满足消费者差异化、多样化消费需求的能力。

（二）对策建议

1. 完善文化科技融合体制机制

提升文化科技融合工作系统性。推进文化与科技融合，需要进一步理顺政府、市场和社会之间的关系。遵循顶层设计、统筹领导、协调管理、跨界联动的组织原则，进一步促进文化与科技相关部门的沟通交流，合理配置优势资源。积极探索建立跨部门、跨区域、跨领域、跨行业、跨所有制的文化

科技合作新机制。

第一，建立健全文化科技融合决策机制。借助推进全国文化中心建设领导小组办公室和北京推进全国科技创新中心建设办公室的力量，统筹中央和地方文化资源、科技创新资源，在推动全国文化中心建设和全国科技创新中心建设的同时，注重两个中心之间的协调发展以及资源的整合配置，加强统筹决策。

第二，建立跨部门协调工作机制。成立由北京市委宣传部、北京市科学技术委员会、北京市文化和旅游局、北京市经济和信息化委员会、北京市广播电视局、北京市文物局、中关村科技园区管理委员会等部门参加的文化科技融合联席会议机制，加强全市文化科技融合工作以及重大事项的统筹协调，有效推动文化和科技深度融合。

第三，健全资金投入机制。通过设立专项创新基金，鼓励企业加大对文化科技的研发投入。加强财政、税收、金融等手段的综合运用，引导资金有序进入文化科技融合产业与企业。搭建知识产权可质押融资规范路径。针对关键技术领域、关键人才以及小微企业特殊发展时期等方面提供资金支持。

2. 提高科技对文化产业的支撑作用

一是加强文化领域科技创新。建立北京文化科技融合重大专项，开展文化领域前沿技术和核心技术研究，重点解决一批具有前瞻性、全局性和引领性的重大文化科技问题。提前布局后5G时代的无线通信技术及文化领域的技术，加强对高端文化装备制造领域的研究开发力度，提升传统文化产业的技术装备水平。提高文物和非物质文化遗产的保护水平，推动文化产业与信息技术、高端装备等战略性新兴产业融合发展。

二是促进科技成果在文化领域的转化应用。围绕文化产业关键领域及环节，积极推进数字技术、5G技术、互联网、物联网、云计算、人工智能、新材料、虚拟现实等高新技术集成创新，注重其在文化领域的转化应用，推动文化产业结构优化升级和业态创新。鼓励组建具有国际影响力的文化科技创新研发机构。推动文化科技融合企业品牌化、集群化、多元化发展。推进文化领域的行业技术标准制定与应用。支持龙头企业和研究机构研究、参与制定文化领域国际标准、国家标准、行业标准，以及地方标准等。鼓励龙头企业积极开展国家级标准化试点工作。将文化科技纳入北京市重点发展的技术标准领域，优先申报北京市技术标准修订补助资金。对中关村国家自主创新示范区内高新技术企业参与文化领域的国家、行业技术标准制定工作，按照有关规定给予资金支持。

二是围绕国家和北京市重大事件、重大活动的需求，提升文化科技融合发展的效果和影响。依托通州城市副中心建设、2022 年冬奥会、北京中轴线申遗、大运河文化传承等规模大、影响广的重大事件和活动，深入挖掘其对文化和科技的相关需求，通过发起相关行动计划或者竞赛活动等，积极组织和引导社会力量，在筹备、举办和后续利用过程中，从展览的展示策划、活动的组织筹办到文创产品的开发应用等各个环节系统设计、精准施策，充分宣传展示北京传统文化底蕴及创新文化精神，提升文化科技融合产品在重大事件中的显示度，增强品牌效应，拓展北京的影响力和辐射力。

3. 着力提升文化科技融合发展的工作力度

深入贯彻落实北京市政府于 2018 年底印发的《北京市促进文化科技融合发展的若干措施》，制定出台相关配套措施，如《文化科技融合重点企业发展扶持办法》《文化科技融合示范基地建设办法》等。高度重视文化科技融合的孵化器发展，大力建设创新空间。

探索开展文化科技融合示范企业认定工作。鉴于当前我国尚无文化科技融合企业方面的税收优惠政策，可参照国家高新技术企业、国家技术先进型服务企业、国家动漫企业等的认定管理办法，制定文化科技企业认定管理办法，在中关村国家级文化和科技融合示范基地开展文化与科技融合示范企业认定试点工作，对经认定的企业给予一定比例的税收优惠。

4. 构建世界一流的文化科技融合生态环境

加强知识产权保护力度，完善著作权、专利权、商标权等知识产权法制体系和保护机制，降低文化科技融合企业的维权成本。充分发挥智库的作用，开展文化科技融合领域的理论与实践课题研究。加强人才队伍建设，培养扶持一批文化科技创新的领军人才，支持文化科技融合企业、园区与高等院所共建人才培养基地。打通文化科技融合“最后一公里”，在开展科技知识、科学方法、科学精神普及的同时，加强人文社会科学知识、伦理道德、人文精神的普及，弘扬和倡导创新文化，使文化和科技融合的理念深入人心。加强供需对接，进一步引导和扩大文化消费市场，赋能“文化 + 科技”新业态，优化文化产品供给，激活文化消费新动能，进而促进文化和科技融合向更广范围、更深程度、更高层次迈进。

产　业　篇

Industry Report

B.2
北京文化产业科技创新发展报告（2019~2020）

刘　兵　何雪萍　王竞然　周佳伦　萧文宏　沈晓平　宋　慧*

摘　要： 随着新一轮科技革命和产业变革孕育兴起，5G、大数据、人工智能、虚拟现实、物联网、3D 打印等高新技术广泛渗透到文化产品与服务的创作、生产、传播、消费的各个层面和环节，文化和科技深度融合，推动新业态、新产品、新模式和新消费持续涌现，加速了文化生产、消费方式的变革和产业新生态的形成。北京作为首都，聚集了大量的文化资源和科

* 刘兵，国家文化科技创新服务联盟秘书长；何雪萍，国家文化科技创新服务联盟副秘书长；王竞然，国家文化科技创新服务联盟政府事务与产业研究部主任；周佳伦，清华校友总会文创专委会副秘书长；萧文宏，清华大学天津高端装备研究院洛阳先进制造产业研发基地工业设计与文创研究院副所长；沈晓平，北京科学技术情报研究所副研究员；宋慧，北京市科学技术研究院办公室副主任。

技资源，是我国文化科技融合发展优势较为突出的城市，具备了文化科技融合和产业发展的良好基础和态势。本报告围绕文化旅游、数字创意、广播影视、文化艺术国内四个重点行业，分别从国家层面和北京层面，对文化科技创新与产业发展现状、政府扶持政策以及文化科技融合带动形成的新技术、新业态、新趋势等进行归纳分析，并结合当前北京高质量发展的新需求及文化科技融合发展态势，明确了北京在相关行业的发展优势和存在问题，提出了北京文化科技融合和相关产业高质量发展的路径和政策建议，为北京文化科技融合和相关产业发展提供启示与借鉴。

关键词： 文化科技融合　文化旅游　数字创意　广播影视　文化艺术

随着新一轮全球科技革命和产业变革的孕育兴起，大数据、云计算、物联网、人工智能、虚拟现实、信息网络、3D 打印等高新技术广泛渗透到文化产品与服务的各个层面和环节，新业态、新产品、新模式持续涌现，加速了文化生产方式变革，促进了文化科技创新能力的显著提高，成为文化发展的新引擎。北京作为首都，聚集了大量的文化资源和科技资源，是我国文化科技融合发展优势较为突出的城市。早在 2011 年，北京就提出了文化创新和科技创新“双轮驱动”战略，形成了良好的文化科技融合发展基础和态势。在中央明确北京新的城市战略定位后，北京的文化科技融合发展又迎来了新的机遇。

文化创意产业在文化产业与科技融合的过程中扮演着十分重要的角色，其绝大部分内容都是文化与科技融合的产物，如软件与信息技术服务、动漫网游、新媒体、广播电视电影等。

本报告首先对 2013～2017 年北京文化创意产业的发展成效和存在问题

进行定性与定量相结合的分析，随后分别对文化旅游、数字创意、广播影视、文化艺术四大文化细分行业领域的科技创新现状和趋势进行定性阐述。

一　北京文化创意产业稳步发展

北京市是全国较早开展文化创意产业统计的地区，作为地方标准于2010年发布、2016年修订。自2018年起，北京市统计局统一使用《文化及相关产业分类（2018）》，在新数据的发布中改用文化产业的统计口径，不再发布文化创意产业统计数据。但2013~2017年北京文化创意产业的连续统计数据，仍能直观反映近年来北京文化科技融合的总体现状和趋势以及存在的问题。

（一）产业发展规模日益壮大

1. 文化创意产业增加值及其比重稳步增长

2013~2017年，北京文化创意产业增加值连续多年稳步增长，占GDP的比重稳步提高，到2017年达到14.28%。按可比价格[①]计算，文化创意产业增速多数年份高于地区生产总值的增速（见表1、图1）。

表1　2013~2017年北京文化创意产业基本情况

单位：亿元，%

项目	2013年	2014年	2015年	2016年	2017年
文化创意产业增加值	2578.10	2826.30	3253.80	3581.10	4000.60
地区生产总值	19800.81	21330.83	23685.68	25669.13	28014.90
文化创意产业增加值占GDP比重	13.02	13.25	13.74	13.95	14.28
文化创意产业增加值现价增速	16.90	9.60	15.10	10.10	11.70
文化创意产业增速(可比价格)	14.70	6.20	9.70	8.00	4.10
地区生产总值增速	7.70	7.30	6.90	6.80	6.70

资料来源：《北京统计年鉴》(2014~2018)。

① 计算可比价格时，采用第三产业缩减指数。文中未标明“可比价格”之处的增速均为现价增速。

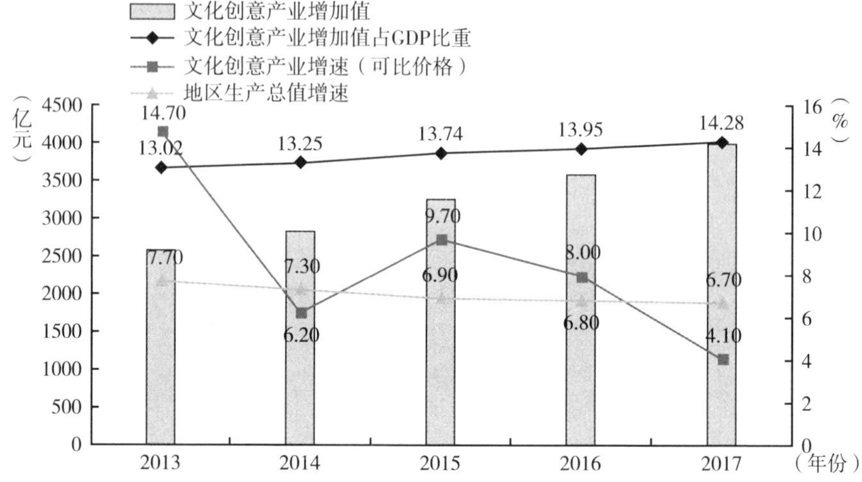

图1　2013～2017年北京文化创意产业增加值及其增速、占GDP的比重

资料来源：《北京统计年鉴》（2014～2018）。

2. 文化创意产业活动单位的资产、收入、就业稳定增长

从2013～2017年的文化创意产业分领域活动单位数据看，在此期间软件与信息技术服务、设计服务、广播电视电影、广告会展等科技含量较高的文创领域其增加值、资产、收入等的年均增速较高。其中，软件与信息技术服务和设计服务这两个领域产业活动单位增加值的年均增速分别达到15.50%和11.40%；软件与信息技术服务领域的资产年均增速达到28.00%；广告会展、软件与信息技术服务和设计服务领域收入的年均增速分别达到19.30%、18.10%和11.20%（见表2）。

3. 规模以上单位是创收的主要来源

2017年，北京规模以上文化创意产业创造收入达到17972.90亿元，同比增长18.10%，占文化创意产业整体比例为86.40%；实现利润总额达到1322.60亿元，同比增长20.80%；应交税金达到690.90亿元，同比增长17.90%；就业人数为135.60万人，比上年增加7.90%，占文化创意产业整体比例为65.80%。[①]

① 根据北京市统计局公开数据测算。

表 2　2013～2017 年文化创意产业的产业结构基本情况

指标	年份	文化创意产业	文化艺术	新闻出版	广播电视电影	软件与信息技术服务	广告会展	艺术品交易	设计服务	旅游休闲娱乐	其他辅助服务
增加值（亿元）	2013	2578.10	96.70	241.40	191.10	1421.80	206.00	60.50	130.60	94.10	135.90
	2014	2826.30	115.60	239.70	200.30	1605.20	220.20	56.20	127.70	99.70	161.70
	2015	3253.80	138.90	281.90	225.00	1900.00	217.40	64.30	134.90	107.70	183.50
	2016	3581.10	161.20	322.80	231.50	2109.40	221.80	65.60	163.50	119.10	186.20
	2017	4000.60	175.50	342.10	233.00	2443.40	241.70	69.70	167.40	137.70	190.20
	2013～2017 年的年均增速（%）	12.70	18.20	10.40	5.60	15.50	7.50	3.30	11.40	10.50	5.70
资产总计（亿元）	2013	18234.16	676.30	1714.45	2008.59	7659.28	1267.89	910.16	1436.35	1082.73	1478.41
	2014	26441.81	1284.44	2257.27	2433.09	11143.74	1922.51	892.80	1053.64	1678.78	3775.55
	2015	31893.85	1497.82	2453.27	2934.24	13719.43	2462.18	978.50	1116.94	1947.62	4783.86
	2016	37921.27	1344.46	2493.70	3698.22	16801.78	2729.43	1181.84	1562.19	1836.11	6273.55
	2017	42390.61	1116.27	2411.09	3642.38	22390.39	3449.78	1216.66	1583.52	1766.98	4813.53
	2013～2017 年年均增速（%）	22.20	15.20	9.70	18.30	28.00	26.90	8.30	6.40	13.60	27.20

续表

指标	年份	文化创意产业	文化艺术	新闻出版	广播电视电影	软件与信息技术服务	广告会展	艺术品交易	设计服务	旅游休闲娱乐	其他辅助服务
收入合计（亿元）	2013	11657. 10	267. 64	954. 61	738. 79	4291. 67	1388. 93	1098. 48	491. 63	964. 55	1460. 80
	2014	13982. 05	410. 08	1034. 84	859. 42	5380. 04	1834. 98	1094. 49	576. 07	1054. 68	1737. 47
	2015	15877. 79	421. 80	1026. 45	917. 37	6442. 25	2178. 35	1021. 76	563. 60	1207. 03	2099. 19
	2016	17885. 80	502. 82	923. 03	1002. 77	7010. 73	2548. 31	1329. 56	757. 63	1253. 80	2557. 16
	2017	20806. 66	469. 14	1010. 88	1005. 44	8914. 14	3036. 05	1449. 23	752. 53	1258. 19	2911. 07
	2013 ~ 2017 年年均增速(%)	15. 10	14. 60	2. 70	8. 10	18. 10	19. 30	15. 50	11. 20	8. 20	16. 30
从业人员平均人数（万人）	2013	161. 71	7. 42	15. 44	6. 10	75. 72	13. 54	2. 85	13. 78	11. 15	15. 70
	2014	191. 62	11. 15	15. 73	7. 21	90. 83	17. 27	2. 75	16. 69	12. 96	17. 02
	2015	202. 27	12. 62	15. 23	7. 43	101. 39	16. 76	2. 48	16. 58	13. 11	16. 66
	2016	198. 12	10. 35	11. 07	8. 14	98. 29	17. 31	3. 16	14. 56	13. 61	21. 62
	2017	205. 96	8. 94	10. 69	8. 04	107. 67	19. 09	3. 37	16. 20	14. 26	17. 67
	2013 ~ 2017 年年均增速(%)	6. 10	4. 40	-7. 20	6. 20	9. 00	8. 90	3. 70	6. 30	5. 10	2. 00

资料来源：根据北京市统计局公开数据测算。

从图2可以看出，2013年以来，北京市规模以上文化创意产业收入和就业的比重有所下降，这主要得益于“放管服”改革，文创市场主体迅速增加。

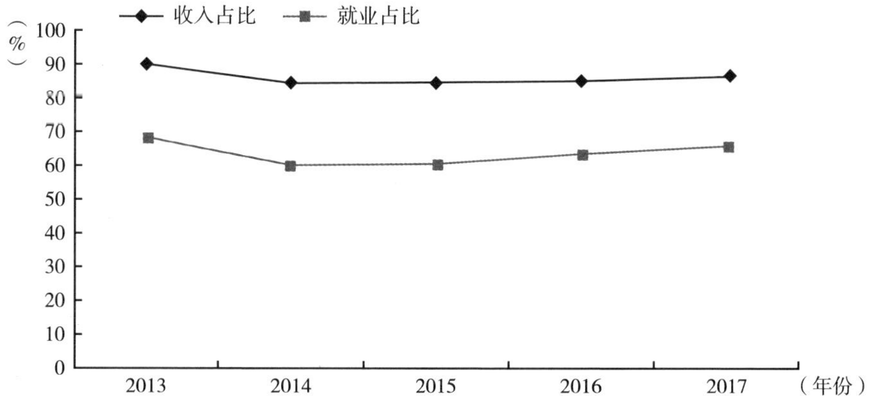

图2　2013~2017年北京规模以上文化创意产业收入占比和就业占比变动情况

资料来源：北京市统计局年度统计资料。

4. 北京文化创意产业与全国文化及相关产业的对比

从2013年到2017年，北京文化创意产业增加值增长与全国文化及相关产业增加值现价增长的对比看，除2015年外，北京文化创意产业增加值的现价增速低于全国文化及相关产业增加值的现价增速（见图3）。

5. 文化消费有所降低

扣除价格因素后，2016年北京市文化娱乐消费支出同比降低5.90%，对GDP增长的贡献率①为-2.60%。2014年，全市文化娱乐消费支出实际增速出现大幅降低，2015年和2016年则出现支出绝对值的下降趋势；文化消费对地区经济增长的贡献率则逐年下滑至-2.60%（见表3）。

① 本文采用以下公式计算文化消费对北京地区经济增长的贡献率：文化消费对地区经济增长贡献率=（当年全市文化和娱乐消费-上年全市文化和娱乐消费）/（当年地区GDP-上年地区GDP）*100%，这一计算方法虽有一定局限性，但能从一定程度上反映文化消费的贡献程度。

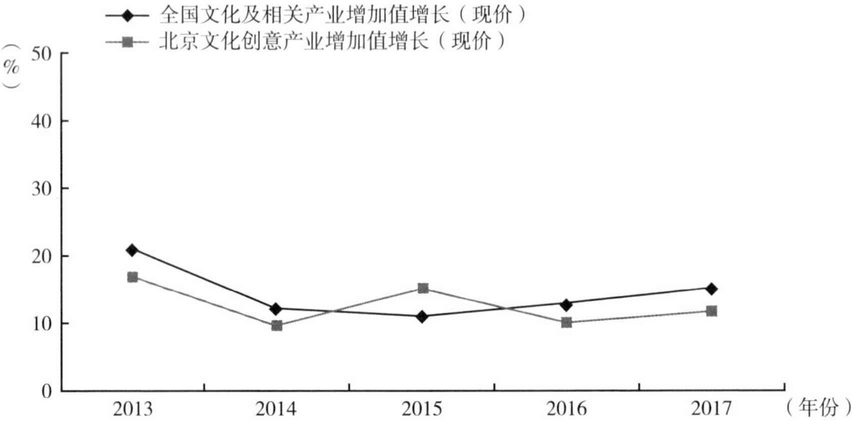

图 3　2013～2017 年北京文化创意产业与全国文化及相关产业增速对比情况

资料来源：根据北京市统计局、国家统计局公开数据、EPS 数据库数据测算。

表 3　2013～2016 年北京市文化娱乐消费支出实际增速及其对地区经济增长的贡献率

单位：亿元，%

年份	北京市文化娱乐支出	北京市人均文化娱乐支出实际增速	文化消费对地区经济增长的贡献率
2013	551.10	15.40	4.80
2014	613.00	7.80	4.00
2015	562.60	-9.00	-2.10
2016	510.80	-5.90	-2.60

资料来源：根据北京市统计局官网数据、《北京统计年鉴》（2014～2018）数据测算（2017 年文化娱乐支出数据未公布）。

随着科技飞速发展，文化娱乐领域新的消费形态快速崛起，原有的统计标准难以适应新的消费结构升级变化。此外，当前北京文化娱乐市场存在的供需错配等问题，都对居民文化娱乐消费的增长产生了影响。

（二）存在的问题

近年来，北京文化创意产业在科技创新的有力支撑下，发展成效显著。然而，与建设全国文化中心、科技创新中心的功能定位要求相比，还存在一些问题和不足。

1. 产业发展速度趋缓，文化科技创新能力亟待提升

如上所述，2013~2017 年，北京文化创意产业增加值在不断增长，文化创意产业增加值占 GDP 的比重也在逐步提升。但也必须看到，北京文化创意产业的增速在下降，甚至 2017 年低于地区生产总值的增速。按可比价格计算，2017 年北京文化创意产业增加值增速为 4.1%，低于地区 GDP 增速（6.7%），这一增速也是北京 2006 年以来可比价增速的最低值（见图 4）。

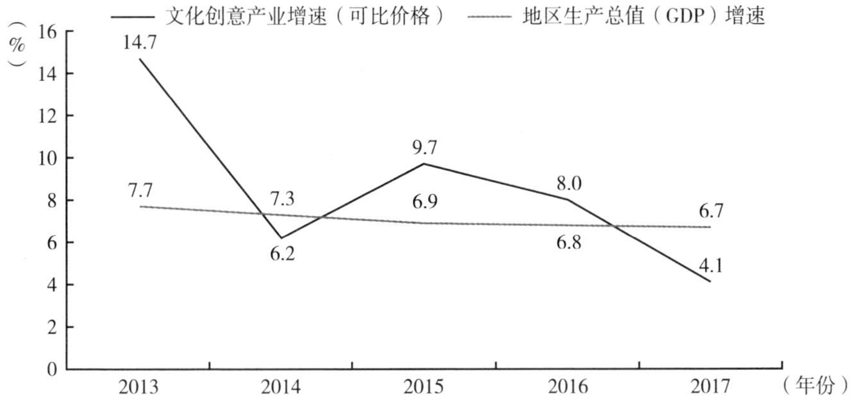

图 4　2013~2017 年北京文化创意产业与地区生产总值（GDP）的增速对比情况

从 2013 年至 2017 年北京文化创意产业增加值增长与全国文化及相关产业增加值现价增长的对比情况看，除 2015 年以外，北京文化创意产业增加值的现价增速低于全国文化及相关产业增加值的现价增速（见图 3）。

由图 4 可知，在新常态下，北京文化创意产业的增速在下降，甚至低于北京本地区的国民生产总值的增速以及全国文化产业的增速。

2. 产业结构有待优化，科技对文化的支撑力不足

文化和科技融合在促进产业稳步增长的同时，也促使产业内部结构在不断深化调整。无论从产业领域的增加值还是收入合计来看，文化和科技融合最为紧密的软件与信息技术服务业是文化创意产业的绝对主体。

从文化创意产业的增加值及其占比来看，2017 年软件与信息技术服务领域增加值为 2443.4 亿元，占文化创意产业增加值的 61%；其次为新闻出

版服务领域342.1亿元，占文化创意产业增加值的9%；再次为广播电视电影、广告会展，均约占6%（见图5）。

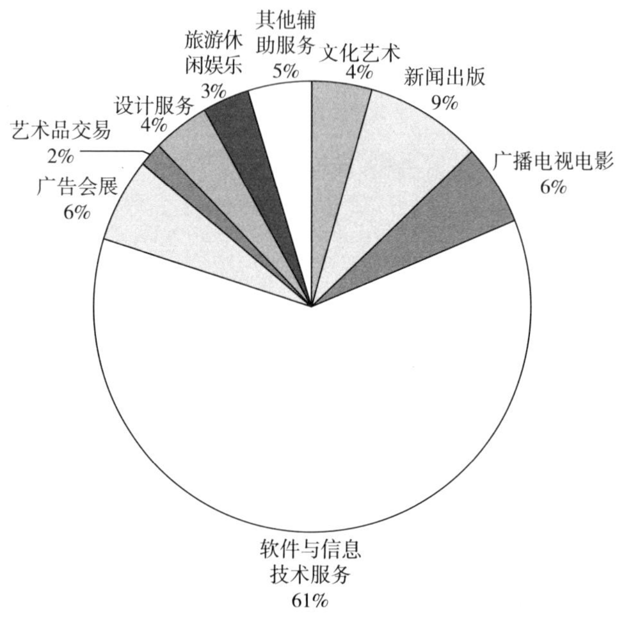

图5　2017年北京文化创意产业九大领域增加值占比

资料来源：根据北京统计信息网公开数据测算。

从收入合计来看，2017年软件与信息技术服务领域收入合计8914.14亿元，占北京市文化创意产业总收入的43%；其次为广告会展领域收入合计3036.05亿元，约占全市文化创意产业总收入的15%；再次为其他辅助服务领域收入合计2911.07亿元，约占全市文化创意产业总收入的14%（见图6）。

科技对文化发展的支撑有待提高，目前北京市还没有形成引领文化发展的科技支撑体系。核心技术的国产化率相对偏低，软件系统和关键技术装备主要依赖进口。文化科技产业对于大数据分析、人工智能、云计算等新一代信息技术、前沿技术的应用正逐步推进，但仍处于浅层次的集成应用阶段，尚未实现文化产业与前沿技术应用的深度结合。

在北京文化创意产业的九大行业门类中，软件与信息技术服务一枝独秀，无论是产业增加值、总收入还是就业人口比重都远远高于其他行业。新

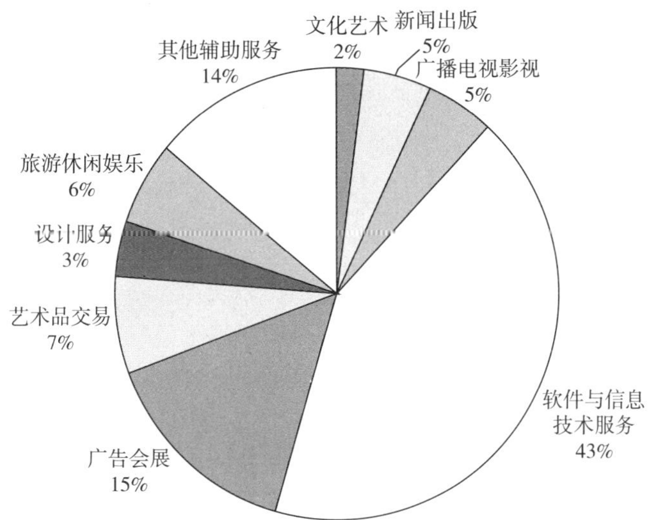

图6　2017年北京文化创意产业九大领域收入合计占比

资料来源：根据北京市统计局公开数据测算。

闻出版行业的增加值绝对量虽然逐年提高，但其占文化创意产业产值的比重却逐年降低。文化艺术行业、旅游休闲娱乐行业、艺术品交易传统文化行业在九大产业中所占的比重均较低。这表明，除软件与信息技术服务行业外，企业研发实力总体不足，需要进一步加强文化领域的科技研发与应用，需要运用科技的力量改革传统文化产业发展模式，培育新业态，拓展发展空间，增添发展活力。

3. 企业创新能力偏弱，缺乏具有国际影响力的知名品牌

从北京文化创意产业的九大行业来看，除软件与信息技术服务行业外，文化创意企业投入科技研发的实力总体不足，文化创意企业对于科技研发积极性不高，对前沿科技了解不够、缺乏应用。在文化科技成果的供给领域，一方面，基础研究层面的原始创新成果不多；另一方面，面向文化创意应用集成创新技术成果不足。在科技成果应用领域，面对日益多元化的市场需求，文化创意企业既缺乏对接科技企业的渠道和途径，又缺乏提升产品和服务体验的技术手段。

由于存在文化认知逆差、营销渠道狭窄、企业实力较弱小等方面的问题，目前北京地区科技文化融合的交流活动、品牌性传播不够丰富，缺乏具有国际较高知名度、美誉度的文化科技企业和品牌，以传统文化为基础、文化多样性资源开发为核心、具有较高科技含量和北京特色的品牌文化科技产品不多，尚未形成“北京科技文化”整体品牌形象。

4. 文化科技融合不够深入，融合环境尚须优化

从政府层面来看，科技支撑文化建设的整体重视程度不够，缺乏针对文化科技融合发展的政策措施。2018 年底虽已印发了《北京市促进文化科技融合发展的若干措施》，但还没有进一步落实，许多措施还有待细化。

从知识产权保护方面来看，与传统产业相比较，文化科技融合产品极易遭受侵权，当前在知识产权尤其在著作权和商标权保护方面力度不足。

从人才方面来看，既缺乏文化创意、文化管理、文化投资、文化科技研发等方面的高端人才，又缺乏既懂文化又懂科技的跨界人才，还缺乏文化人才、科技人才两类人才交流互动的平台。

从社会环境来看，文化科技融合发展的社会氛围尚未形成，文化科技融合还未成为一种社会共识，重视和鼓励文化科技融合创新的社会氛围还没有形成，亟须营造有利于文化创新、科技创新的社会氛围。

二　文化旅游产业的科技创新

（一）文化旅游产业发展概况

1. 产业概念与分类

文化旅游是通过旅游实现感知、了解、体验旅游资源文化内涵的行为过程。泛指以鉴赏异国异地传统文化和现代文化、追寻文化名人遗踪或参加当地各种文化活动为目的的旅游。以旅游文化的地域差异性为诱因，以文化的碰撞与互动为过程，以文化的相互融洽为结果，具有民族性、艺术性、神秘性、多样性、互动性等特征。文化旅游给人一种超然的文化感受，这种文化

感受以饱含文化内涵的旅游景点为载体，具有审美情趣激发、教育启示，以及民族、宗教情感寄托的功能。①

作为文化产业与旅游产业融合的综合性产业，文化旅游产业被誉为21世纪的朝阳产业和绿色经济，具有关联性高、涉及面广、辐射性强、带动性强等特点，集游览、体验、娱乐、消费为一体，成为当前社会经济发展中最具活力的新兴产业之一，包含了旅游资源开发—文化内涵挖掘—运营模式创新—旅游者消费的完整产业链条。文化旅游产业的发展必然带动相关现代服务业的发展，促进城市建设，加强地区间、民族间文化交流和感情通融。推动文化旅游产业发展成为我国战略性支柱产业，促进其与相关产业融合发展，是我国当前转变经济发展方式、实现相关产业升级、最终实现高质量发展的迫切需要。

按产业形态分类，文化旅游产业包括主题游乐型、景点依托型、文旅小镇型以及度假酒店型等类型；按文化资源的性质分类，文化旅游产业又可以分为传统文化旅游、红色文化旅游和现代文化旅游。文旅业态包括以下几种类型。②

（1）遗址遗迹文化旅游。以遗址保护为前提，采用情景再现的方式对遗址进行合理开发利用。沿着梳理文化脉络—设计体验情景—叙述故事情节—形成文化主线的线路，使游客充分融入设计的情景和文化中，增加旅游的体验感。遗址遗迹文化旅游包括古代遗址遗迹和近代工业遗址，例如隋唐古城、中山陵、首钢工业遗址、成都东郊记忆等。

（2）古城古镇文化旅游。以原生自然式开发为主，将休闲娱乐、休闲商业、文化体验等现代消费类型元素融入到古城古镇古村的原始文化中，一方面可以使老街焕发生机；另一方面使游客置身于历史文化的氛围中，感知文物遗存、特色民风民俗和悠闲的古城古镇生活。例如平遥古城、宏村、西

① 《文化旅游产业的定位及产业化路径》，2020年5月20日，https：//www. sohu. com/a/396569118_ 660328。

② 南京卓远：《文化旅游的背景与定义》，2019年6月25日，https：//baijiahao. baidu. com/s? id = 1637275264415 485997&wfr = spider&for = pc。

塘、乌镇、周庄等。

（3）民族民俗文化旅游。民族民俗文化承载了历史记忆，通过文化创意开发，形成具有民族特色的休闲文化旅游产品，带动地方区域经济和社会的发展，促进民族民俗文化的保护传承和创新利用。例如深圳锦绣中华民俗村、北京中华民族园、宋城等。

（4）红色文化旅游。以红色革命历史、革命事迹和革命精神为内涵，把革命传统教育与旅游结合起来的一种新型的主题旅游形式。通过红色旅游线路和代表性景区，既可观光又可以了解革命历史，学习革命斗争知识，培育新的时代精神。例如井冈山、遵义会址、延安革命圣地等。

（5）宗教文化旅游。随着人们对文化、精神层面需求的提升，宗教文化旅游逐渐走向大众化，旅游形式也越来越丰富。由单一的朝拜、观光等向朝拜观光、文化体验、健康养生为一体的综合体发展。例如少林寺、普陀寺、灵隐寺等。

（6）文化主题公园。文化主题公园是一种将传统和现代文化转化为现代人崇尚的、有市场吸引力的游憩和体验方式。构建出旅游、休闲、娱乐、游乐一体化的产品，使游客在娱乐之中感受文化气息。例如长隆公园、方特公园、开封清明上河园、大唐芙蓉园等。

（7）城市文化旅游综合体。其概念源自城市综合体，是以文化资源为核心，综合文化体验、观光、社交、休闲、商业、展览等复合功能的集约型街区。例如南京夫子庙、北京坊、成都太古里等。

（8）文化创意产业园区。创意是人类的高级思维，知识密集、高附加值、技术集聚的文化创意产业园区，对于提高城市文化竞争力、促进产业发展水平提升、优化产业结构的作用不可低估。例如上海张江文化科技创意产业基地、北京 798 艺术区、上海田子坊、深圳华侨城创意文化园等。

（9）文化旅游新区、新城。文化旅游新区、新城在多方面满足消费者，一是旅游的核心体验，如以大型文化实景、文化展演等作为核心业态来吸引人流；二是旅游的多元服务，集聚吃、住、行、游、购、娱等功能；三是特色服务延伸，如特色会议、商务、度假等。例如重庆两江新区礼嘉智慧生活体验园、南京南部新城、西安曲江文化旅游区等。

2. 国际文化旅游产业发展现状与趋势

20 世纪 60 年代以来，现代旅游产业得到了前所未有的发展，逐渐发展成为全球最大的新兴产业，其增速总体高于全球经济增速。自 20 世纪 90 年代起，在世界出口收入中，国际旅游收入占比达到 8% 以上，超过了石油和汽车工业，成为第一大产业，并保持至今。世界旅游城市联合会(WTCF)与中国社会科学院旅游研究中心共同发布的《世界旅游经济趋势报告(2020)》显示，2019 年全球旅游总人次（包括国内旅游人次和入境旅游人次）为 123.1 亿，较上年增长 4.6%；全球旅游总收入（包括国内旅游收入和入境旅游收入）为 5.8 万亿美元，相当于全球 GDP 的 6.7%。[①] 全球范围内参与旅游的群体不断扩大，旅游消费已然成为全球民众的重要生活方式。

近年来，世界旅游业发展呈现以下三个特点和趋势。一是随着经济和生活水平的提高，人们对精神文化的需求不断上升，文化旅游成为人们休闲和假日生活方式的首选。二是个性化、体验化、多样化成为新的趋势，传统旅游观光和度假已不能满足旅游者的需求，各种文化内涵丰富、技术含量高、新颖独特的体验式文化旅游新业态、新模式不断涌现。三是以新兴国家为代表的旅游目的地不断出现，世界区域重心正向东方转移。从国际游客接待量上看，2004 年以来，中国已成为继法国、美国、西班牙之后的全球第四大旅游目的地国家，并保持至今。[②]

3. 我国文化旅游产业发展现状

我国历史悠久，幅员辽阔，文化旅游资源丰富多元，发展文化旅游产业基础雄厚。随着改革开放和市场经济发展的不断深入，我国文旅产业稳步发展。2012 年，党的十七届六中全会提出，“推动文化产业与旅游、体育、信息、物流、建筑等产业融合发展，增加相关产业文化含量，延伸文化产业链，提高附加值”，文化旅游产业开始成为国民经济支柱产业。特别是 2018 年

① 《〈世界旅游经济趋势报告（2020）〉发布》，2020 年 1 月 15 日，https://www.sohu.com/a/366984607_821595。

② 《旅游发展趋势》，2018 年 6 月 20 日，http://www.chinabgao.com/k/lvyou/35890.html。

文化和旅游部的成立，标志着我国文化产业进入文化事业、文化产业、旅游业三业融合发展阶段。旨在推动文化旅游产业发展的一系列政策相继颁布，不断推进我国文化旅游产业发展优化升级。目前，文化旅游产业已经成为我国国民经济中发展速度最快和具有明显国际竞争优势的产业之一。

文化和旅游部公布的数据显示，2018 年我国国内游客、出境游客、入境游客量分别为 55.4 亿人次、1.497 亿人次、1.412 亿人次，全年实现旅游总收入 5.97 万亿元，同比增长 10.5%，对 GDP 的综合贡献为 9.94 万亿元，占 GDP 总量的 11.04%。在国际贡献方面，根据世界旅游及旅行理事会数据统计，2018 年中国旅游业对全球 GDP 的综合贡献高达 1.51 万亿美元，居世界第二位；旅游业贡献的就业岗位数为 7991 万个，数量稳居世界第一。①

根据国家统计局数据，2018 年全国文化及相关产业增加值为 4.12 万亿元，占 GDP 比重为 4.48%。综合旅游产业的数据，2018 年我国文化和旅游产业总规模已达到 14 万亿元，占到我国经济总量的 15.52%。在当前投资放缓、出口受阻等国内外宏观形势下，以文化体验消费为核心的文旅产业成为我国未来经济增长的重要驱动力，其战略地位越发凸显。2019 年，我国人均 GDP 跨越 1 万美元的关口，中等收入群体总量超过 4 亿，以满足人民对美好生活新期待为目标的文化旅游新兴消费产业将迎来庞大的市场消费空间，文旅产业将成为我国最具发展潜力的战略性支柱产业。②

在巨大的市场前景和政府相关政策支持下，我国文旅产业将进入全面高速发展的文旅新时代，并呈现以下几方面特征和发展趋势。

（1）经济形态从传统的观光和度假经济向体验经济转变

传统文化旅游以旅游观光和度假休闲经济为主，是以历史文化资源为依托的浅表式旅游观光和文化接触，新兴文化旅游则是以文化主题为导向的体验经济，更加强调人文情怀和情感体验，其基本要素也从传统的吃、住、

---

① 《〈2019 中国旅游业发展报告〉发布》，2019 年 12 月 20 日，https://www.sohu.com/a/361549737_120458827?scm=1002.46005d.16b016f01a2.PC_ARTICLE_REC_OPT。

② 国家统计局：《2018 年全国文化及相关产业增加值占 GDP 比重为 4.48%》，2020 年 1 月 21 日，http://www.stats.gov.cn/tjsj/zxfb/202001/t20200121_1724242.html。

行、游、购、娱六大要素转变为商、养、学、闲、情、奇新六大要素。体验经济是随着文化、科技、经济、社会融合发展到一定阶段出现的现代服务业新经济形态，孕育着文化精神消费方式及生产方式的重大变革。未来社会最大的消费就是体验，消费者远不满足于传统方式打造出的产品和服务，而是更加注重与当下的精神文化和人文思想建立联结，强调一种令人记忆深刻、感悟心灵的融入感。这种体验能够带给消费者更长久、更深刻、更深入内心的享受熏陶，让消费者愿意参与并为此买单。体验型文化旅游代表了文化旅游产业的发展方向，是中国经济发展和文化消费升级带来的一种必然趋势。加快发展文化旅游新兴消费体验经济，将成为提升我国文旅产业核心竞争力的关键。

（2）发展动力从资源驱动向文化科技融合的创新驱动转变

传统的文化旅游产业发展主要依托对本地历史文化资源的开发，主要集中在景区的基础设施和公共服务体系等大体量、重资产的投资开发。随着单一的自然和文化旅游资源开发殆尽，深度挖掘历史文化 IP 资源，并通过文化创意与现代科技融合，集成应用当代最新科技成果、突出精神文化成果的转换，打造文化消费体验新兴业态和创新服务模式，延伸文化 IP 产业价值链，推动文化旅游新兴消费产业集群发展，满足人们高层次精神文化消费需求，促进文旅产业的供给侧改革和消费升级，是当前我国文旅产业发展的最迫切的任务。进入 21 世纪，随着新技术革命的群体性爆发和跨界融合创新的兴起，新技术、新模式日益深刻地改变着人类生产生活与消费方式。场景成为文化消费体验和消费升级的集成应用与创新中心。以 5G、互联网、大数据、云计算、VR/AR/MR（混合现实）、人工智能等为代表的现代新科技快速发展并与文化 IP 创意融合，构建了大量具有创造性、艺术性、科技感、体验感强的新场景，不断催生文旅体验新业态、新模式，推动了文旅产业供给侧改革和消费升级，标志着我国文旅产业的发展从要素驱动开始向创新驱动转变。

（3）发展模式从景点观光模式向全域旅游发展模式方向发展

随着我国将全域旅游作为新时期的国家文化旅游发展战略，文化旅游从以景点旅游为特征的旅游发展模式开始向区域资源整合、产业融合、共建共享的全域旅游发展模式加速转变。呈现以下几个发展趋势。

一是从以景区、景点为重点转向以旅游目的地建设为重点的区域资源整合。城市更新与旧城改造中的历史文化街区复兴、城市公共空间活化、城市会客厅、老工厂利用、城中村改造，传统景区提升和产业升级中的文旅演艺、展演融合、文旅特色小镇、网红景区打造以及乡村振兴中的村落转型升级和民宿游等，成为区域文旅资源整合与改造升级的重点。

二是随着文旅融合的深入，围绕新旧旅游要素，各种新型文旅业态不断出现，包括文化体验游、乡村民宿游、休闲度假游、生态和谐游、城市购物游、工业遗产游、研学知识游、红色教育游、康养体育游、邮轮游艇游、自驾车房车游、网红打卡游等，带动了消费业态的转型和升级。

三是跨领域的产业协同发展，包括健康产业、体育产业、文化创意、餐饮娱乐、亲子教育、会展商贸、设备制造、教育研学等。同时，在国际上受欢迎的文旅业态，如主题游乐、航空运动、水上运动、露营地等业态不断引进到国内，文商旅（文旅商）融合成为主要的发展方向，促进了文旅产业的多元化和产业集群化的发展。

四是国外文旅巨头纷纷进入中国，引发主题乐园市场格局的重大变化。迪士尼乐园、环球影城、六旗主题乐园、乐高乐园等国外主题乐园纷纷进入中国市场，预计这种热潮将会持续很长一段时间。给国内的华侨城、宋城、长隆、海昌主题公园等自主品牌带来较大竞争，整体呈现多样化特点。

五是文化旅游小镇成为新热点。2018 年，中央一号文件把乡村振兴战略放到前所未有的高度，利用“生态 +”“旅游 +”等新模式，促进农业、林业与旅游、康养、教育、文化等产业深度融合，以文化旅游产业为切入点，助推新型城镇化试点建设。目前，我国文化旅游产业的重点发展领域越来越向城镇化大市场延伸，将更好地带动城乡经济和城镇化发展。

六是文化旅游产业成为投资热点。2018 年，中国的旅游投资额为 1615 亿美元，投资规模稳居世界第二，吸引了包括政府投融资平台、民营企业、非旅企业等多元资本进入，投资主体日渐多元。传统地产前 100 强中的 70

强纷纷加入文化旅游产业的发展，很多传统制造业等跨界资本也进入文化旅游产业，寻求转型升级路径。①

当前，我国文旅产业仍未改变粗放的经济增长方式和房地产思维，基本以传统的旅游观光为主，同质化严重，缺乏具有竞争力的核心 IP，综合效益不高、产业结构不合理，文旅产业与产城发展脱节，投资效能低下。在优质的自然山水资源已经基本开发完毕的现状下，对历史文化资源的挖掘和文旅 IP 开发不足，打动情感和吸引消费的新兴文化消费服务和产品供给缺乏，现代科技应用水平低，科技创新能力薄弱，文化科技融合不深，影响和制约了文旅产业的发展。

随着文旅产业从传统观光旅游向文化体验旅游转型，瞄准文化和旅游消费巨大潜力，适应旅游形势发展变化，刺激消费、扩大就业、提振经济，促进文化旅游与现代科技相互融合，推动文化旅游产业创新发展，带动新兴消费产业集群发展，满足广大人民群众对美好生活的新期待，成为文化旅游产业发展新的突破口。

4. 北京文化旅游产业的发展现状

北京文化旅游资源丰富，文化旅游产业发展迅速。北京文旅局和统计局发布的统计数据显示，2018 年北京市旅游总收入为 5921.2 亿元，同比增长 8.3%，共接待国内外游客 31093.6 万人次，同比增长 4.5%；文化产业的规模突破了 1 万亿元，达到了 10703 亿元，其中与旅游产业密切相关的休闲娱乐产业的规模达到了 99.8 亿元。根据上述数据，2018 年北京“文化 + 旅游”的产业规模已超过 1.6 万亿元，在文旅融合的社会大背景下，北京市文化旅游产业的优势潜力得以充分释放。②

目前，北京的文化旅游发展虽早已突破了登长城、游故宫、吃烤鸭的“老三样”，但来京游客仍以故宫、长城、圆明园、颐和园、天安门广场、

---

① 《〈2019 中国旅游业发展报告〉发布》，2019 年 12 月 20 日，https：//www.sohu.com/a/361549737_120458827？scm = 1002.46005d.16b016f01a2.PC_ARTICLE_REC_OPT。

② 《〈北京文旅消费大数据报告〉出炉》，2019 年 6 月 21 日，https：//www.sohu.com/a/322080751_99951786。

天坛、什刹海、南锣鼓巷、鸟巢、王府井或前门等为首选景点。同程旅游大数据显示，2018 年度北京旅游产品（旅游线路、景点门票等）消费中历史遗迹类占比最高，达 50.3%，以北京故宫、八达岭长城、圆明园、颐和园等为代表；其次是北京的各类公园（收费公园），包括综合性公园及动物园等，以北京动物园、香山公园、八大处公园等为代表；各类收费博物馆、美术馆等占比 12.7%，以北京汽车博物馆、中国古动物博物馆、北京古代建筑博物馆等为代表；城市观光类占比 6.9%，以鸟巢、水立方、中央电视塔等为代表；各类游乐场占比 2.8%，以北京欢乐谷等为代表；各类剧场及文艺演出占比 1.3%，以国家大剧院、朝阳剧场、德云社剧场等为代表。①

从上述分析看，北京的文化旅游基本以传统的旅游观光为主，仍然停留在零散的点上，文化资源的深度挖掘和 IP 开发不足，文化旅游科技融合发展还处于起步阶段，能够展现北京文化脉络的文化体验产品比较缺乏。文化旅游演艺主要以相声等一些中小型演出为主，特色不突出，与现代科技融合的新型展演项目及新业态近乎空白，基本处于粗放的门票经济阶段。以故宫文创为代表体现北京丰富历史文化的 IP 品牌创建等产业化工作刚刚起步，北京的文旅产业总体处于产业价值链低端，收入和接待人数增速低于全国水平，与北京建设“国际一流旅游城市”的目标不相适应。

北京旅游“十三五”发展规划勾画了市域内以服务国内外来京旅游者为重点的 9 个特色主题板块（古都文化、CBD－三里屯商务、环球影城、冬奥运动、奥体文博、长城文化、798 艺术区、三山五园、卢沟桥－宛平城），以服务北京市民京郊休闲度假的 12 个板块，北京跨区域旅游重点拓展的 5 条跨区域旅游带（京承、京津、京秦、京张、京冀晋），区域旅游发展布局和层次越来越完整和清晰，但针对北京文化旅游大思路仍然不够明朗，缺乏北京文化旅游的发展主线和核心引爆业态，对文化科技融合驱动的创新发展

① 《〈北京文旅消费大数据报告〉出炉》，2019 年 6 月 21 日，https://www.sohu.com/a/322080751_99951786。

缺乏总体考虑。加强北京文旅产业与科技的深度融合，实现文化旅游产业创新发展将是北京文旅产业面临的重大挑战。

（二）我国文化旅游产业创新发展总体趋势

自2012年党中央提出实施文化和科技融合发展战略以来，文化旅游产业以发展文化和科技融合驱动下的文化新兴消费体验经济为引领，通过文化创意与现代新科技的集成应用与融合创新，打造文化体验新场景，大力培育文化消费体验经济新业态、新模式，发展文化旅游新兴消费产业集群。2018年文化和旅游部成立以来，相关部门陆续出台了一系列促进文化旅游产业发展的政策，特别是2019年8月，科技部、中央宣传部、中央网信办、财政部、文化和旅游部、国家广播电视总局六部门印发了《关于促进文化和科技深度融合的指导意见》，提出要促进文化科技深度融合，全面推进文化领域供给侧结构性改革和需求侧服务模式创新。我国文化旅游产业进入创新驱动的发展阶段，在发展模式、发展路径、核心竞争力、业态创新及产业生态方面都发生了重大变革，总体呈现以场景创新为驱动、以文旅IP开发为核心、以沉浸式产业为引领、以发展产业集群为方向、以“互联网+”产业生态为支撑的高速发展态势，主要体现在以下五个方面。

1. 场景创新成为文化旅游新兴消费产业的核心驱动力

随着全球经济形态从产品经济、服务经济向体验经济的转变，全球正从以产品为中心的技术创新时代进入以体验为中心的场景创新时代。当前，我国文旅产业正在从传统观光经济向文化体验经济转型，把文化创意、技术集成与应用场景有效结合起来，通过用户体验激发新的商业需求，成为新时代文旅产业快速发展的核心要素。

在移动互联网、大数据、人工智能、虚拟现实等新科技为支撑的新文旅时代，场景成为一种新的思维和文化创意体验新方式，是以新技术、新模式、新业态带来的生活和消费情景的变革，通过以人为中心的体验细节，在人与物、人与人之间建立一种新的情感联结，为用户提供超预期的体验，形成一种全新的价值交换和新生活方式。

从技术视角看，场景是推动新科技集成创新应用的孵化平台；从企业视角看，场景是寻求改变人类生活和精神文化消费方式的新试验空间；从消费者视角看，场景是体验丰富多彩的文化和休闲生活消费的最佳场所；从产业视角看，场景是推动文旅体验消费产业爆发的新生态载体。[①] 在我国进入以文化体验消费为核心的新文旅时代之际，场景正在成为文旅新兴消费产业爆发的原点。

围绕文旅产业吃、住、行、游、购、娱传统六要素和商、养、学、闲、情、奇新六大要素，在文化创意、科技创新和空间整合驱动下不断涌现的新场景，为用户带来了颠覆性的体验，为文化旅游新兴消费产业的发展提供广阔空间和难得机遇，新业态、新模式层出不穷，出现了一大批具有新经济特征的高成长企业。整合文旅产业创新链、产业链和价值链，通过场景创新促进文旅消费体验新业态的培育和传统文旅产业的消费升级，成为文化旅游新兴体验消费产业发展的核心驱动力和重要引擎。

2. IP 开发成为文旅产业核心价值实现和提升的核心

随着我国文旅产业从浅表式观光旅游进入深度的文化体验游，千篇一律的同质化传统旅游方式将逐渐被体验式和交互式旅游方式取代，提供具有独特 IP、文化内涵丰富、个性化、差异化的文旅产品和服务成为大势所趋。文旅 IP 是指在文化与旅游要素融合下，具有文化特质、品牌内核、独特价值体现的知识产权体系。文旅 IP 往往具有精神性、文化性、独特性、传播性、商业性等特征。[②]

我国具有极其丰富的自然景观和人文历史资源，对地方文旅资源进行深度 IP 挖掘，形成具有独特性和唯一性的特色文化核心 IP，并通过创意策划和场景创新将其转化为可体验并可持续运营的核心引爆项目或产品，再通过品牌传播和与相关产业的融合，创新商业模式和 IP 变现模式，打通 IP 创意上下游文旅产业链并推动与其他相关消费产业的横向融合，培育孵化一个纵

① 王德禄、莫祯贞、王建、周雪：《场景：新经济创新发生器》，《新经济导刊》2018 年第 10 期。

② 汪仁正：《文旅 IP 的建设路径与价值创造》，《当代农村财经》2020 年第 2 期。

横结合的多层次、多元化、多渠道的产业价值生态体系，持续放大IP价值，是实现文化IP价值最大化的重要途径。因此，文旅IP是文化旅游新兴消费产业的核心价值和基础保障，具有独特性和唯一性的文旅IP是文旅产业竞争力的重要体现。在文旅融合时代，文旅IP的建设对于提升文旅产品附加值、促进各类旅游品牌建设和推动我国文旅新兴消费产业创新发展都具有重要意义。

目前，我国的文旅IP开发利用才刚刚起步，正在从引入IP走向原创IP，IP类别逐渐丰富，较为常见的有游戏IP、文学IP、形象IP、动画IP、个人IP、小镇IP等。随着IP概念不断丰富和扩展，未来将会有更多的原创IP出现。华侨城、长隆、方特等著名文旅企业都在努力创建自己的IP价值体系。如长隆凭借海洋王国创建的IP主题公园，华强方特连续推出熊出没、东方神画、东盟神画等文旅IP。

我国的IP开发工作虽然取得了一定进展，但与国际著名文旅IP品牌相比还有很大差距，对大量具有IP价值的自然和人文资源发掘远远不够，大量景点、景区还在资源形态、无IP化和同质化状态下运行，能够满足人民对美好生活期待的文旅体验新产品、新业态严重匮乏，迫切需要加快IP开发与转化利用，探索具有中国特色的IP开发并实现产业化的新模式、新路径。

我国政府高度重视文化旅游行业的知识产权工作。随着我国知识产权战略的推进以及相关文件的出台，特别是即将出台的《文化产业促进法》，明确提出了鼓励市场主体深度挖掘文化知识产权价值，开发具有自主知识产权的产品，推动文化与相关产业深度融合。

3. 沉浸式产业成为文旅体验经济产业制高点和核心竞争力

2019年底，国务院办公厅印发了《关于进一步激发文化和旅游消费潜力的意见》，提出促进文化、旅游与现代技术相互融合，发展基于5G、超高清、增强现实、虚拟现实、人工智能等技术的新一代沉浸式体验型文化和旅游消费内容，沉浸式产业发展正式提上日程。

目前，沉浸式产业还没有一个相对明确和统一的定义，其核心是沉浸式交互体验，即通过虚拟现实和增强现实、全息投影、互动多媒体投影等先进技术与文化创意相融合，构建沉浸体验场景，全方位调动参与者进入故事情境中，建立和创造一种前所未有的参与感和联系感，形成极具趣味性和感官震撼、同时传递故事蕴含的知识和文化内涵，从而引起情感共鸣和更深层次精神感悟，最终形成以体验为核心的高附加商业价值。

沉浸式产业是一种全新经济业态，是体验经济的重要体现和发展方向，具有文化和科技高度融合、知识与技术密集、模式新、网红属性强以及附加值高等特征。

我国沉浸产业从 2013 年起步发展到现在，呈现强劲的增长势头，出现了沉浸式演艺、沉浸式新媒体艺术展、沉浸式主题乐园、沉浸式密室逃脱、沉浸式教育、沉浸式博物馆、沉浸式餐厅、沉浸式营销等 30 余种新业态、新模式，几乎覆盖了文化旅游消费产业的所有领域，成为我国文旅产业转型升级和高质量发展的引领和未来体验经济的产业制高点和竞争焦点。

4. 展演为核心的文旅新兴消费产业集群发展成为主要方向

近年来，文化展演作为一种文化旅游新兴消费体验业态迅速发展。文化展演是文化展示和演艺的结合，即空间体验（展示）和时间体验（演艺）的有机结合。近 20 年来，其发展经历了室内外特色剧场演出、实景旅游演艺、多空间沉浸式展演、重度沉浸式多媒体体验展演、开放弥漫式体验展演等阶段，其核心是以表现当地民俗风情、历史文化等为主要切入点，运用现代高科技手段及 IP 创意和丰富的艺术表现形式，展现民俗传统、大众艺术和历史文化，实现文化性、科技性、娱乐性、休闲性以及商业性的良好契合。

早期出现的文旅特色演艺严格意义上还不是现代展演，包括以《宋城千古情》《丽水金沙》为代表的具有固定室内观演空间的剧场式旅游演艺剧目，以及在主题公园或主题景区内进行的文化演艺，如迪士尼的花车游行、锦绣中华的少数民族风情表演等。

现代文化展演的第二阶段是山水实景演艺，是以真山真水作为背景和舞台开展的大型旅游文化展演。它打破了传统舞台艺术的三面墙或四面墙的形式，突破了歌剧、音乐剧、话剧之间严格的形式划分，能最大程度地再现当地人的生活、文化，提高了舞台艺术作品的文化真实性和体验性，成为跨界文化旅游的代表。主要代表作品是“印象”系列和“山水”系列，如《印象刘三姐》《印象大红袍》《印象普陀》《禅宗少林·音乐大典》《成吉思汗》《大宋·东京梦华》等。实景演艺的观演空间从剧场转移到了自然景观空间，表演场地与当地的山水实景结合，可以更好地突出文化旅游主题。但实景演出存在一定的局限性，主要是受天气影响较大，同时因其对表演空间、舞台规模、演员规模、灯光音响舞美效果的要求较高，并且此类项目要占用较多土地资源、投资规模庞大、建设和运营成本高、投资回收期长，大部分项目处于亏损状态，发展趋于停滞。

现代文化展演的第三阶段是多空间展演融合情景体验阶段，这是真正意义上的现代文化展演，其标志是再次把旅游演艺转移至室内，这样占用的土地资源少，也消除了天气因素的影响，还创新了观演方式，即演员和观众不再固定于舞台和观众席，而是可以行走在多个情景空间中，观众也成为表演的一部分，身临其境感受演员情绪和剧目情节的递进，通过展演融合，实现多空间的沉浸式情景体验。对应的代表作品为“又见”系列，如《又见平遥》《又见五台》《又见敦煌》等。《又见平遥》是我国第一个多空间展演融合节目，创造性地实现了文化与科技、建筑与主题、动线与空间、内容与形式的有机融合，被称为“不用穿越就可以触摸到的真实历史”，同时带动了平遥古城的旅游产业发展，实现了一台戏带活了一个城，标志着文化与旅游进入“展演+”的深度融合发展阶段，成为文化展演带动山西文化产业创新发展和转型的标杆。

现代文化展演的第四阶段是以茅台《天酿》为代表的多空间重度沉浸式多媒体体验展演节目。该节目通过大量运用全息技术、虚拟现实技术及多媒体投影技术，与茅台酒文化的故事表达深度融合，在提升剧目沉浸式体验感受的同时，减少演员的数量，降低展演成本，体现了文化艺术与现代科技及商业营运更加紧密的结合，已成为茅台镇的文化名片，同时也带动茅台镇相关文旅消费产业集群发展和消费升级，对推动茅台镇从工业小镇转型为文旅小镇起到了关键作用。

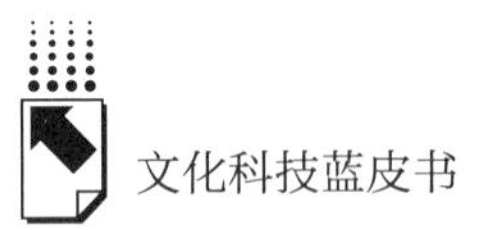

当前，我国政府高度重视文化旅游产业供给侧的产品创新，2018 年以来出台了一系列政策，重点支持文化科技深度融合、升级文旅产品供给、打造文旅商业场景消费热点、大力发展夜间文旅经济、发展融合业态等，具体包括打造特色类文化旅游演艺产品、鼓励把文化消费嵌入各类消费场所、丰富新型文化和旅游消费业态、鼓励主要商圈和特色商业街与文化、旅游、休闲的紧密结合等，进一步明确了我国文化科技融合驱动下的文化旅游新兴消费产业集群融合发展方向。

在科技部、财政部等有关部门支持下，国家文化科技创新服务联盟积极探索我国文化旅游新兴消费产业集群发展的模式与路径，2016 年以来在全国策划组织实施了一批地方历史文化特色突出、IP 转化价值高、文化科技深度融合、以文化展演为核心引爆的城市型文商旅和景区型文旅商融合发展节目，代表性项目包括茅台镇和张家界景区的多空间沉浸式多媒体体验展演节目《天酿》和《遇见大庸》，黄山景区、成都锦江区、乐山上中顺街区的弥漫式交互体验节目《花山谜窟》《成都川悦》《乐山味道》等。这些节目大量运用现代新科技，并通过与当地特色历史文化资源 IP 创意结合，打造令人向往、震撼、感动和使人感悟的文化展演节目，推动纵向产业链的高人流和高现金流转换，实现了 IP 的文化价值和产业价值。同时与商业购物、社交娱乐、休闲康养以及亲子教育等相关业态的融合和人流导入，带动了相关横向产业链的价值提升和融合发展，走出了一条以 IP 为核心，文化科技融合驱动的城市型文商旅融合发展和景区型文旅商融合发展的新路。

特别是《成都川悦》《乐山味道》通过空间创意和业态创新，直接把城市历史老街作为弥漫式交互展演节目的舞台和当地特色文化叙事的体验场景，通过体验动线的设计和串联，把文化体验与当地的美食、非遗、商业、休闲、社交、康养、新零售及网红经济等多元化体验完美结合，同时应用 5G、大数据、小程序等最新技术，打通线上线下两个场景，扩展了基于移动互联网的新兴消费产业空间，构建了线上线下协同的文旅消费产业生态，通过文态、业态、形态和生态的四合一，实现了历史文化街区的复兴，标志着现代文化展演进入以弥漫式和集群化为代表的“展演 5.0”阶段。在文化和科技融合驱动下，以文化展演为核心引爆的文化旅游新兴消费产业集群式发展，正在成为我国文旅产业创新发展的主要方向。

5.“互联网+”构建了文旅新兴消费产业创新发展新生态

自2015年《国务院关于积极推进“互联网+”行动的指导意见》发布以来，国家各有关部门和地方出台了一系列促进“互联网+旅游”的政策文件，文化旅游产业各个领域与互联网进入融合发展阶段。2018年我国在线旅游投资占全国旅游直接投资的10%，在线旅游消费支出占国民旅游消费支出的15%，[①] 体现了我国文化旅游业线上线下融合发展的良好态势。

在消费者层面，随着大众旅游、个性化散客游时期的到来，游客的服务工具开始从线下、PC端转向了移动端，“移动互联网+智慧旅游”成为重要发展方向，可以实现旅游资源与多样化、个性化市场需求的高效对接，游客可以借助大数据和云计算构建的智慧云，通过算法和定向推荐，获取精准的线上虚拟游览和线下深度体验等个性化服务，大大提升了用户体验。

在企业层面，在线旅游OTA（Online Travel Agency）快速发展，通过运用大数据、云计算等互联网信息技术，以携程、同程、途牛、去哪儿、驴妈妈等为代表的一批新兴旅游电子商务企业OTA应运而生，为客户提供包括出行、票务、住宿、导游及旅游咨询等在内的全方位服务。以门户网站、门户类App为代表的互联网公司正在成为传统。基于移动互联网、大数据算法、人工智能以及区块链技术进行精准营销和品牌传播的新业态、新模式正在不断的兴起和迭代，借助于算法推荐的抖音、快手、火山等短视频营销方式正在不断刷新营销模式。随着市场和消费场景进一步细分深化，借助互联网的覆盖广度和高效信息传播优势，一批高成长企业和独角兽企业正在加速成长。

在产业链层面，从消费端、生产端到价值传递等方面都发生了巨大的变化。景区将成为重要的互联网流量入口和主题场景。当前旅游资源端互联网

---

① 《国家旅游局：预计2018年在线旅游投资将占全国旅游直接投资的10%》，2015年9月22日，http：//www.199it.com/archives/387562.html。

渗透率远低于游客端，从线下到线上的反向导流获取流量，并根据大数据的分析提供精准服务，打通线上线下两个场景，促进多元化发展，不断扩大旅游边界，将为“互联网 + 文化旅游”模式引领下的新经济成长提供巨大空间，景区线上争夺将成为热点。智慧移动出行、智能导航、3D 全景地图、线上 360 度观景、虚拟旅游、线上展示讲解、数字化保护系统、OTA 个性化在线定制等各种新业态的发展推动了文化旅游服务产业链的整合提升，将引领文化旅游产业创新升级并引发景区的新一轮变革。

在政府层面，从国家的顶层设计到各省市的分层落实、推进，为“互联网 +”旅游的发展提供了良好的发展环境，以智慧旅游服务平台建设为核心的公共服务与管理体系正在颠覆传统公共管理与行业服务模式。大数据和人工智能将为景区带来游客多维度分析和决策支持，从而实现精准管理和服务。

当前，互联网与文旅产业已进入全面融合阶段。用户与市场、产品与服务、行业与政府等资源全面整合、信息共享、线上线下融合互通、跨时空、跨地域、低成本、高效率的“互联网 + 文旅”产业生态正在形成，成为传统旅游业转型升级和文旅产业创新发展的强大支撑。

（三）北京地区文化旅游产业科技创新的现状和特点

北京市高度重视文化旅游产业的创新发展，近年来出台了一系列促进文化科技融合推动文旅产业创新发展的政策措施，特别是在 2019 年，北京市文化改革和发展领导小组办公室印发《关于推进北京市文化和旅游融合发展的意见》，这是全国首次在省级层面出台推进文旅融合的规范性文件，体现了北京市对文化旅游创新发展工作的高度重视。《意见》提出，文旅融合发展要以创新驱动为引领，坚持供给侧改革，以高质量文化和旅游供给，将文化旅游资源优势转化为经济优势、发展优势。

党中央和国务院批准的《北京城市总体规划（2016 ~ 2035 年）》确定了北京“一核一主一副、两轴多点一区”的城市空间布局，提出“推进大运河文化带、长城文化带、西山永定河文化带”建设，“塑造首都风范、古都风韵、时代风貌的城市特色”，为北京文化旅游的发展确定了“一轴三带”（南北中轴线、大运河文化带、长城文化带、西山永定河文化带）的总体目标。“一轴三带”从时间经度上串联起北京从远古至今的历史脉络，从空间纬度上展示了北京从北到南、从东到西“城、河、山”相间的总格局，时空交织呈现北京文化的全貌与纲目，也为首都文化旅游搭起了一个清晰完整的平台。

为推动北京文化旅游产业科技创新，北京从以下几个方面开展工作。

一是推动文化旅游与大数据、云计算、物联网、人工智能、超高清等新技术深度融合，提升文化艺术展演、展陈、非物质文化遗产、文物保护修复等方面的数字化、智能化、网络化水平，发展基于互联网的新兴商业模式和产业生态。

二是聚焦娱乐演艺。大力强化演出剧本创作、舞美设计、演出经纪等演艺产业关键环节，重点扶持具有北京地域特色、展现京味文化的经典剧目展演，推动传统文化娱乐业转型升级，发展体验式文化产品与服务，全面繁荣演出市场。

三是引入5G、人工智能、大数据、云计算等先进技术，完善历史文化名城资源保护利用体系，建设国际化文化旅游智慧城市，打造文旅智慧服务平台，为市民和旅游者提供更为智能化、便利化、精准化的公共服务。

四是在文化旅游空间产业融合发展方面，围绕“一城三带一区一圈”的融合发展格局，聚焦老城，提升什刹海、南锣鼓巷、大栅栏、鲜鱼口等历史文化街区的环境品质，支持王府井、西单、前门、三里屯、蓝色港湾等重点商业区域文化艺术与商业深度融合，建立一批集艺术表演、体验观影、分享阅读等新兴业态于一体的文商综合体，打造具有北京文化品位和城市风貌特色的文化地标和文旅消费新地标，大力推动文商旅融合发展，促进文化旅游新兴消费产业集群发展。

五是在文化旅游新产品体系建设方面，坚持创意引领文化旅游，紧扣古都文化、红色文化、京味文化、创新文化四大主题，通过IP创意打造出能够满足游客心理、情感、审美享受的文旅融合新产品、新业态，实现高品质文化和旅游供给，提升首都形象和魅力。

从总体看，北京文化旅游产业的文化科技融合得到了政府的高度重视，相关工作稳步推进。但从大数据分析和现状看，北京的文化旅游产业的科技支撑薄弱，基本以传统的旅游业态为主，文化科技融合驱动下的新场景、新业态、新模式还处于起步阶段，文化 IP 开发和价值转化严重不足，推动基于文旅产业创新发展的产业新生态体系尚未建立起来，产业总体上还处于要素资源驱动发展阶段，文化旅游与科技“两张皮”现象还没有得到根本解决。

目前北京文旅产业收入和接待人数增速低于全国大盘，处于低增长阶段，迫切需要加强文化科技深度融合和创新驱动发展，通过场景创新和开放创新加快北京文化旅游新兴消费集群的发展，把北京丰富的文化旅游资源转化为产业资源，助力首都高质量发展，满足人民对美好生活的期待，展现大国首都形象和中华文化魅力。

为此，提出以下政策建议。

第一，北京文化旅游发展要聚焦全国文化中心建设，加强北京文化 IP 资源的深度挖掘和创意设计，建立北京文化旅游的 IP 品牌和传播新渠道，抓好内容建设，培养复合型专业人才，创新经营模式，建立基于北京文化主脉络的文化旅游 IP 体系，推动北京文化旅游深度融合，提升北京文化旅游创意水平和文化内涵。

第二，推动文化旅游与 5G、人工智能、VR/AR、物联网、大数据、云计算等现代新科技的融合，打造文化科技融合下的文旅体验新场景，研发培育体现北京文化的新兴文化展演项目和文化体验新业态，建设“互联网 + 文化旅游”产业新生态，带动北京文化旅游新兴消费产业集群的发展，激发文化旅游消费潜力，开创北京文化旅游展演新篇章。

第三，加强北京文化旅游产业与北京数字创意产业的融合发展，充分发挥北京在数字创意产业方面的领先优势，实现文化旅游产品和服务价值创新，推动供给侧产品创新和需求侧的服务模式创新，优化提升北京文化旅游产业结构，实现高质量发展。

三　数字创意产业的科技创新

（一）数字创意产业发展概况

1. 产业概念与分类

数字创意产业是数字经济与文化产业融合的产物，是以文化 IP 挖掘和创意为核心，依托现代数字和信息技术进行生产、传播和服务的产业，它突出体现了文化科技融合，是引领文化新供给、促进文化新消费的新型文化业态。数字创意产业因具有的技术先进、跨界融合、传播便捷、需求强劲、节能环保等特点，不仅自身具备极高的产业价值和文化价值，还有助于引领传统行业形成新的增长点，促进产业融合协同发展，已成为很多国家新兴产业发展的重要战略方向。

数字创意产业作为我国战略性新兴产业的发展重点，包括数字创意技术、相关设备、数字文化内容创意、设计服务、数字创意融合服务等，其行业覆盖较广，产品主要包括数字创意内容类和数字创意实体类。其中数字内容类产品包括影视、网络文学、数字出版、创意设计、动漫、游戏等一系列相关产业，归属于传统文化创意产业，本身就以创意设计为核心，创意元素贯穿行业整条产业链，是数字创意产业的核心领域。

数字创意实体产品包括建筑、服饰、玩具、健康穿戴、智能家居等富含数字技术和创意元素在内的各类产品，涉及工业设计、人居环境、体育健康、时尚服务、玩具、文化和旅游等几大行业，数字创意产业与这些行业交叉融合，带动了这些行业的提升和创新发展。

数字创意产业底层支撑技术包括计算机辅助造型、虚拟现实、增强现实、人工智能、大数据、3D 显示与打印、新型 3D 建模、数字化感知等技术。随着新技术的不断发展，近年还涌现内容、实体、体验消费相融合的新兴领域，比如虚拟现实/增强现实技术支撑的沉浸式产业等，这些新兴行业的出现为数字创意产业发展提供新的动力。

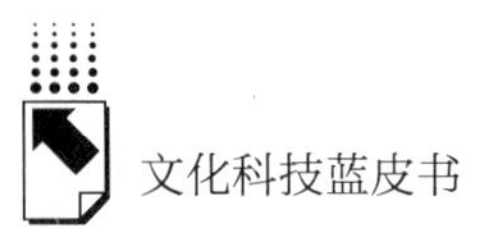

2. 国际数字创意产业发展现状趋势

21 世纪以来，随着移动互联网与数字技术的快速发展驱动着数字创意产业爆发式增长，全球正在进入一个数字化颠覆的时代，新兴数字创意产业将成为数字经济火车头，带动全球数字经济的发展。据中国信通院发布的国际数字经济研究报告，2018 年全球 47 个国家数字经济总规模超过 30.2 万亿美元，占 GDP 比重高达 40.3%。[①] 各国政府纷纷出台战略政策，以网络为载体，以数据为关键资产，以高度智能化为发展方向，开启数字化转型之路。同时，国际创意产业还呈现数字创意产业与信息技术产业同步向智能化发展、以人为中心的“场景化设计”带动“集成式创新”、从产品技术创新转向场景创新和“数据驱动”的管理创新等重大趋势，创意型人力资本成为数字创意产业最核心竞争力。

从各国产业发展方向和发展水平看，全球文化创意产业发展并不均衡，英美日韩等国处在数字技术创新的前沿地带。

英国数字、文化、媒体和体育部大臣杰里米·赖特于 2018 年 10 月表示：“英国已重返全球软实力第一位，其增长由创意产业推动。”英国的数字创意产业以创意设计、影视与广播出版、艺术工艺品等为主，打造了 IP—全球引爆—版权出口—衍生回报—外溢拉动的创意产业发展模式，以《哈利波特》《神探夏洛克》《唐顿庄园》等作品为代表。根据 2018 年 11 月英国官方数据，2017 年英国创意产业产值突破创纪录的 1000 亿英镑（约合 8700 亿元），对英国经济总量的贡献约为 14.6%，是仅次于金融业的第二大支柱产业。[②]

美国的数字创意产业主要以电影、娱乐、艺术为主导，最具竞争力的就是版权产业。2017 年，美国总体版权产业（全部 4 类）的增加值为 2.2 万亿美元，占美国 GDP 的比例达到 11.59%，为美国贡献了 1160 万个就业岗位。[③]

---

① 中国信通院：《2019 年全球数字经济新图景》，2019 年 10 月 12 日，http://www.100ec.cn/detail--6529919.html。

② 《英国“创新经济”有多牛》，2019 年 2 月 20 日，http://www.ce.cn/culture/gd/201902/20/t20190220_31522336.shtml。

③ 《欧美版权贡献高侵权领域首公布》，2019 年 1 月 30 日，http://www.cn12330.cn/cipnews/news_content.aspx?newsId=113584。

日本则是世界上最大的动漫内容制作和输出国，全球播放的动漫作品中60%以上出自日本，2018年的日本动画产业的市场规模比2017年增加了190亿日元，达到了2.1814万亿日元，连续6年刷新历史最高纪录。①

韩国的数字创意产业则以音乐产业、电子游戏、影视以及工业设计为主导，过去十年韩国内容产业的年销售额从67万亿韩元增加到2018年的116万亿韩元，出口额从26亿美元上升到75亿美元。②

3. 我国数字创意产业发展现状与趋势

我国高度重视数字创意产业发展，先后出台了一系列政策措施来推动其创新发展。早在2014年3月，国务院就印发《关于推进文化创意和设计服务与相关产业融合发展的若干意见》，明确提出了加快数字内容产业发展。《2016年政府工作报告》提出，要“加快现代服务业发展，大力发展数字创意产业”，首次在国家层面提出数字创意产业的概念。在《国民经济和社会发展第十三个五年规划纲要》中，又正式将数字创意产业列入战略性新兴产业，提出了“将数字创意产业打造成五个‘十万亿级’的新兴支柱产业之一”的目标。2016年12月，国务院根据“十三五”规划纲要的有关部署印发了《“十三五”国家战略性新兴产业发展规划》，数字创意产业被正式列为与新一代信息技术、生物、高端制造、绿色低碳产业并列的五大新支柱产业之一。2017年4月，文化部颁布了首个“数字文化产业”概念的政策文件《关于推动数字文化产业创新发展的指导意见》，向社会发出国家鼓励数字文化产业发展的明确信号。2018年3月，中央网信办和中国证监会联合印发《关于推动资本市场服务网络强国建设的指导意见的通知》，加大对新兴产业的扶持，以实现进一步发挥资本市场服务实体经济功能，促进网信企业规范发展的目标。针对具体的行业门类，2018年4月，财政部、国家税务总局印发了《关于延续动漫产业增值税政策的通知》，继续实施动漫产业增值税政策，动漫软件出口免征增值税，进一步刺激动漫产业的发展。

---

① 《〈日本动漫产业2019〉：海外销售额首次超过1万亿日元》，2019年12月20日，https://www.bilibili.com/read/cv4190493/。

② 未西寅：《韩国仁川文化印象》，《中国文化报》2019年11月7日。

在一系列政策的支持和移动互联网及新一代数字技术的驱动下，我国数字创意产业面临重大发展机遇。作为战略性新兴产业之一，数字创意产业能有效推动文化创意产业和传统制造业、设计服务业的不断融合、渗透与变革，形成文化引领、技术先进、链条完整的数字创意产业发展格局，代表了新一轮科技革命和产业变革的方向，是抢占未来竞争优势的关键领域。

“十三五”时期，我国数字创意产业呈爆发式增长。数字技术方面，消费需求升级驱动下的数字创意装备和创意设计产业高速增长。智能手机、智能电视市场渗透率超过 80%，可穿戴设备、智能家居产品、虚拟现实设备等产品种类不断丰富。2017 年，国内智能可穿戴设备规模达 264.2 亿元，年均增长 56.5%；VR 产业市场规模达 160 亿元，约为“十二五”末的 10 倍。① 数字内容方面，以数字音乐、网络文学、动漫、影视、游戏、直播等为代表的一大批行业快速崛起，以 IP 为核心，游戏、动漫、文学、影视、电竞和视频等多元数字内容共融共生，发展快速。2017 年，相关产业共创造了超过 5000 亿元的核心产值，在数字经济中的比重已经超过了 1/5，2012～2017 年行业年均增长速度超过 20%，显示强劲的增长力。②

中投产业研究院发布的《2019～2023 年中国数字创意产业投资分析及前景预测报告》显示，2017 年数字音乐市场规模达到 180 亿元，年均增长 32.3%；国内游戏市场规模达到 2036.1 亿元，年均增长 20.3%；网络文学用户规模已达到 3.68 亿人，占网民总体的 45.6%，规模较“十二五”末增长 23.9%；直播市场整体营收规模达 304.5 亿元，年均增长 83.9%。2018 年，我国网络游戏业务收入达 1948 亿元，同比增长 17.8%；网络广告市场规模达 3717 亿元，同比增长 25.7%。从需求市场来看，2018 年，除网络直播用户数量有所减少以外，其余行业用户数量均有增加，其中在线教育、网络文学用户增长率分别达 29.7%、14.4%；截至 2018 年 12 月，网络视频、

---

① 中国工程科技发展战略研究院：《2019 中国战略性新兴产业发展报告》，科学出版社，2018。

② 中国工程科技发展战略研究院：《2019 中国战略性新兴产业发展报告》，科学出版社，2018。

网络音乐和网络游戏的用户规模分别为6.12亿、5.76亿和4.84亿，使用率分别为73.9%、69.5%和58.4%。[①]

当前，我国数字创意产业正处于技术、政策与市场多重利好的黄金发展阶段，面临着难得的历史发展机遇，主要表现在以下几个方面。

一是5G、大数据、人工智能、VR/AR等技术迅猛发展和迭代更新，新技术与数字创意的深度结合，不断地为优质创意提供更多元丰富的发挥空间，新技术催生出的产业新场景、新空间和新模式正在赋能数字创意产业的创新发展。二是一系列推动文化创意产业发展的政策不断出台，政策红利迭出，创造了良好的政策环境。三是市场空间巨大，从网民人数看，根据《中国互联网络发展状况统计报告》统计，截至2018年12月，中国网民规模达8.29亿，互联网普及率为59.6%，手机网民规模达8.17亿，网民中使用手机上网人群的占比达98.6%，提升11个百分点，预计2019年我国手机网民规模达8.71亿，网民中使用手机上网人群的占比将提升至99.1%；从收入看，2019年我国人均GDP突破1万美元，中等收入人群超过4亿，同时以“90后”“00后”为代表的数码原住民逐渐登上文化消费的主流舞台，蕴含了巨大的消费潜力。在市场、技术和政策的三元动力驱动下，我国数字创意产业进入了创新驱动发展的高速发展时期。

4. 北京地区数字创意产业发展现状

北京市作为全国文化中心、科技创新中心，高度重视文化创意产业的发展。2015年，为深入贯彻落实《国务院关于推进文化创意和设计服务与相关产业融合发展的若干意见》精神，印发《北京市关于推进文化创意和设计服务与相关产业融合发展的行动计划（2015~2020年）》。2016年，出台《北京市文化创意产业发展指导目录》，首次针对文化创意产业规定了限制发展和禁止发展的领域。作为全国首个省级文化产业发展指导目录，已成为首都文化创意产业转型发展和结构调整的新指南，是北京文化创意产业工作

① 《未来5年中国数字创意产业规模的分析预测》，2019年11月1日，http://www. ocn. com. cn/touzi/chanye/201911/nwowg01114447. shtml。

的一大创新，将有力地引导北京市文化创意产业科学有序发展，推动形成高端引领、创新驱动、绿色低碳的产业发展格局。

2017 年，北京市发布了《关于保护利用老旧厂房拓展文化空间的指导意见》《北京市文化创意产业园区认定及规范管理办法（试行）》《关于加快市级文化创意产业示范园区建设发展的意见》，推动文化创意产业园区的建设工作。2018 年，北京市委、市政府发布《关于推进文化创意产业创新发展的意见》，提出要把握首都城市战略定位，按照全国文化中心建设"一核一城三带两区"总体框架，以社会主义核心价值观为引领，以满足人民群众多样化、多层次、多方面的精神文化需求为目标，健全现代文化创意产业体系，培育新兴文化业态，推动文化创意产业高端化、集约化、融合化、国际化发展，建设国际一流的和谐宜居之都。

在一系列的政策支持下，北京市的数字创意产业发展迅猛。近十年来，北京市文化创意产业以两位数的速度快速增长，远高于北京市地区生产总值的平均增速和第三产业平均增速，成为北京仅次于金融业的第二大支柱产业，是全市经济的重要支撑和北京建设全国文化中心的重要基础。

2017 年，北京文化创意产业实现增加值 3908.8 亿元，增长 9.2%，占地区生产总值的比重为 14.0%。[①] 2018 年，按照国家统计局和中宣部关于加强和规范文化产业统计工作要求，不再以文化创意产业等新概念代替文化产业概念。因此，从 2018 年起，北京市按照国家统计局《文化及相关产业分类（2018）》要求开展统计，不再按地方标准统计，发布内容由原"规模以上文化创意产业情况"调整为"规模以上文化产业情况"。按最新统计，2018 年北京文化产业总收入突破万亿元，达到 10703 亿元，同比增长 11.9%；与数字创意产业密切相关的文化核心领域收入为 9292 亿元，同比增长 14.1%。四个重点领域收入分别为新闻信息服务业为 2558.3 亿元，同比增长 20.7%；内容创作生产为 2005.2 亿元，同比增长 8.7%；创意设计

① 北京市统计局：《北京市 2017 年国民经济和社会发展统计公报》，2018 年 3 月 28 日，http://www.beijing.gov.cn/zhengce/zhengcefagui/201905/t20190522_60991.html。

服务为2771.1亿元，同比增长17.8%；文化传播渠道为1826.9亿元，同比增长7.2%。①

从上述数据看，按照新的统计体系，北京市的数字创意产业继续保持高速增长态势，其中，新闻信息服务和创意设计服务保持两位数高速增长，内容创作生产和文化传播渠道增长率也大于北京市6.5%的平均值，以文化创意产业为主体的文化核心领域增长率超过北京市平均增长率两倍以上，成为首都经济高质量发展的重要引擎。

（二）我国数字创意产业创新发展总体趋势

当前，我国的数字创意产业发展势头迅猛，文化科技互动融合达到前所未有的高度，产业创新发展总体上呈现以下几个趋势。

1. 不断涌现的新科技将数字创意产业推升至全新的高度

（1）随着5G、VR/AR、大数据、人工智能、区块链等新兴技术的发展，数字创意产业新的基础架构正在形成并与文化创意深度融合，出现了一批极具爆发力的产业发展热点。以网络文学、网络直播、在线教育、电子竞技等为代表的一大批新兴数字文化产业快速崛起。互联网在颠覆人类生活方式的同时，也为人类文化生活带来了新的手段，人们的阅读习惯逐渐由传统纸质阅读转向以互联网为核心的数字阅读。各类交互式创新阅读平台的兴起，推动整个网络文学行业的快速发展。随着移动电竞游戏的爆发，我国电子竞技产业规模迅速扩大，2017年移动电竞游戏市场已经与端游电竞游戏市场占比持平，多种风格竞技游戏出现，产业格局异彩纷呈，一系列电竞场馆、电竞周边店、线下电竞纷纷涌现，产业布局开始从一线城市向二、三线城市扩展。基于网络学习的远程教育、在线学习，随着中国网民规模的不断增长以及国内在线教育技术的不断成熟，不仅吸引了大量用户在线学习，同时也让越来越多的教育机构加入了在线教育行业。短视频行业在经历了两年

① 《〈北京文旅消费大数据报告〉出炉　文化产业突破一万亿》，人民网，2019年6月14日，http：//travel. people. com. cn/nl/2019/0614/c41570－31137269. html。

多的迅猛发展后，在带宽总量与用户规模方面仍然延续爆发式增长态势，网络直播行业景气指数稳步上行，除文娱和生活场景之外，短视频已拓展至旅游出行场景，围绕热门景点的“短视频 + 旅游”内容提升了用户活跃度，带动了带宽总量的阶梯式增长，短视频场景渗透能力不断增强，“短视频 + X”将跨界创造多元盈利空间。

（2）虚拟现实技术为数字创意产业带来颠覆式的变革。作为一种颠覆性创新技术，虚拟现实技术成为数字创意产业创新发展的强劲动力。VR/AR 与 5G、大数据、云计算、人工智能等前沿技术不断融合和创新发展，进一步促进了虚拟现实技术的应用落地，不断催生了新的业态和服务，将给数字创意产业带来颠覆式的变革。

以人为中心的场景化设计和沉浸式设计带动 AR/VR、智能互动技术与内容创意的集成创新，颠覆了传统创意设计，并开始向多领域渗透，成为未来产业爆发点。近年来，以体验为核心，“AR/VR + AI + IP”共同支撑的沉浸式产业正在成为我国新兴消费产业爆发的原点，呈现出强劲的增长势头，已出现了沉浸式演艺、沉浸式新媒体艺术展、沉浸式主题乐园、沉浸式密室逃脱、沉浸式教育、沉浸式博物馆、沉浸式餐厅、沉浸式营销等 30 余种新业态、新模式，几乎覆盖了文旅与生活消费的所有领域，是未来我国新兴消费产业发展的重要方向和新经济代表。如重度沉浸式展演节目《天酿》和《花山谜窟》、虚拟偶像洛天依、虚拟主播等。

5G + VR/AR：5G 作为基础平台技术和 VR/AR 的融合，将催生出多样化的虚拟现实应用。5G 可以解决虚拟现实产品因带宽不够和延时带来的终端移动性差、图像渲染能力不强、互动体验性缺乏等痛点。2019 年，随着我国 5G 牌照的正式发放，部分城市和地区开始大规模组网，推进 VR 终端服务的产业化并在教育、直播、医疗、广电等领域开展应用。5G 正式商用后，5G 高速移动网络搭配超高清及 AR 摄像头，将全面提升短视频的视觉呈现效果和单位容量，进一步推动短视频产业发展，用户人均消费流量有望实现快速增长。

人工智能 + VR/AR：从技术角度看，人工智能作为基础性技术和 VR/AR 技术融合，可以提高虚拟现实的智能化水平和虚拟设备的效能。AI 赋能虚拟现实建模，可提升虚拟现实中各种对象行为的智能性、多样性和交互性，使虚拟对象与用户进行深入、持续、自然的交互。此外，AI 与 AR 的融合将显著提高 AR 应用的交互能力和效率，满足个人感知、判断、分析和决策等实时需求，在工作、学习、生活、娱乐等不同场景之间实现流畅切换。目前，AI 和 VR 融合已在智能制造、零售、家装等领域开展了应用。

Cloud + VR/AR：通过云计算将建模、图像渲染等耗能、耗时的数据处理功能云化后，将大幅降低对 VR 终端续航、存储能力和体积的要求，有效降低终端成本和对计算硬件的依赖，同时推动终端轻量化和移动化。云计算、云渲染和 VR/AR 的结合，可将云端的显示输出和声音输出通过编码压缩后传输到用户的终端设备中，从而实现 VR/AR 业务的内容和渲染的快速云处理。① 目前，三大运营商已开展了 Cloud 和 VR 结合的应用。

（3）区块链技术的应用推动了数字创意产业诚信产业生态体系建设。区块链去中心化的特征及基于信任建立的交换机制，可显著提升产业链协同效率，大幅降低交易成本，使交易更加高效便捷，从而有力地保护各方参与者的利益，形成更加诚信的产业生态。目前，区块链技术已经在数字创意产业中开始应用，比较成熟的应用集中在版权保护领域。如国家数字音像传播服务平台（版权云）基于无钥签名区块链技术，构建版权综合服务平台，在版权登记阶段利用无钥签名区块链技术对版权进行存在性证明，能够为数字作品提供高效、简单、易操作、成本较低的版权登记服务。同时，版权云还提供版权监测维权服务，通过全网实时监测、跟踪版权内容的传播记录数据，用大数据分析进行锁定，为侵权维权提供有力的证据支撑。

目前，世界各国高度重视版权保护在数字内容产业价值链利益分配中的重要作用，不断加强数字内容版权保护，构建系统化、科学化的版权保护体系。在我国，区块链技术在网络版权保护领域已初显身手。可以预见，由于区块链技术的赋能，数字作品作者、内容和时间将可实现绑定，“实现创作

---

① 中国信通院：《“5G + 云 + AI”：数字经济新时代的引擎》，2019 年 12 月 10 日，http://www.100ec.cn/detail--6537831.html。

即确权，交易即授权，发现即维权”。

根据麦肯锡发布的区块链效用路线图，2017～2020年是区块链技术基础设施的成型阶段。未来，随着我国区块链技术日益成熟，加快区块链技术的应用落地，将为我国数字创意产业转型升级、走高质量发展之路，提供全新的重大发展机遇。

（4）大数据与创意产业的融合促进了创意大数据技术的发展，包括创意大数据技术体系、基础资源、创意知识服务系统与服务平台等。创意大数据技术体系是开放的技术体系，包括大数据挖掘、搜索、关联与理解技术，以及基于大数据的创意生成技术等。创意大数据基础资源包括创意和产品设计大数据、文化大数据、材料大数据等。创意知识服务系统与服务平台建立在创意大数据技术体系和基础资源体系之上，以群体智能技术、跨媒体计算技术、人机混合智能技术等新一代人工智能技术作为支撑，具有数字化、网络化、智能化等特征。

2. 以IP挖掘为核心的数字创意产业发展新生态体系正在形成

数字创意产业的核心是文化，技术是支撑，新时代的IP必须具有产业价值和文化价值的双重属性，兼顾经济效益和社会效益，没有文化价值的IP难以实现可持续发展。同时IP开发也是打造世界级文化影响力的有效路径，是文化发展的关键因素。无论是商业博弈，还是国家间文化软实力的交锋，都表现为IP之间的竞争。而IP的文化价值是从产品跃升为文化符号的核心动力。

数字创意产业的繁荣离不开数字内容的开发，其创作源泉是传统文化。因此，数字创意产业价值创造活动的基础是传统文化资源的开发利用，文化创新是数字创意产业的灵魂。前期，在资本回报的压力下，IP大多只关注单纯的流量/用户量，造成了很多炒作起来的伪IP，文化价值体现不够，生命周期短暂。当前，随着新IP时代的到来，实现IP文化和产业双重价值，形成可持续的价值增长体系，IP开发利用从只关注单纯的流量/用户量，开始向打造中国精品文化IP品牌转变，“平台/场景＋内容”“IP＋技术”的基本商业模式成为主流。以内容为核心的IP版权运营模式，开始向文旅、影视、动漫、游戏的全产业链延伸，形成新的产业格局和生态体系。打造以中华优秀传统文化为 IP 内核的数字创意精品，将是数字创意产业走向世界的核心竞争力。

3. 以“VR/AR +”为核心的新技术体系与传统产业加速融合

随着“VR/AR +”应用领域从消费向生产渗透，带来全要素效率升级，促进传统产业提质升级。2018 年下半年以来，“VR/AR +”应用场景加速落地，在医疗、教育、制造、文化娱乐等领域的应用明显加快，典型案例不断涌现。

在医疗领域，清华大学长庚医院与深圳人民医院共同完成了“VR +5G”远程手术，实现了准确度高、可靠性强的远程医疗服务。在教育领域，中国移动联合威爱教育开发了“5G + VR”智慧教育系统，支持四川凉山贫困地区的师生与成都泡桐树小学师生同步课堂教学，突破了地理边界的限制。在制造领域，江铃汽车在发动机装配、关键过程防错、售后典型故障检修等方面运用 AR 技术，极大地提高了劳动生产率。在文化娱乐领域，VR 党建、VR 视频、VR 影院、VR 直播、VR 线下体验店等业态层出不穷，VR 交互式体验《神秘博士：逃离》《浮生一刻》《咕噜米的眼睛》等优质作品相继推出。中央电视台在 2019 年春晚的 VR 直播为春晚呈现提供了新方式。福州机场开通了 AR 导航，帮助旅客在真实环境中找到准确路线，实现三维立体空间的精准导览。消费者对虚拟现实的认知度和体验感明显增强。①

随着 5G、AI、云计算等技术的引入，虚拟现实产业链进入新一轮升级，应用领域将会更加多元化。目前，虚拟现实技术现已成为横跨互联网和数字创意、科技界和资本界的一颗闪亮明星。广义的虚拟现实技术与人工智能、物联网及“互联网 +”成为关注热点，被称为继个人电脑、互联网、移动终端之后的第四波科技浪潮。②

---

① 中国信通院：《“5G + 云 + AI”：数字经济新时代的引擎》，2019 年 12 月 10 日，http：//www. 100ec. cn/detail – –6537831. html。

② 赛迪智库电子信息研究所、虚拟现实产业联盟：《虚拟现实产业发展白皮书（2019）》，2020 年 2 月 21 日，https：//tech. sina. com. cn/roll/2020 –02 –21/doc – iimxxstf3136802. shtml。

4. 数字创意技术推动文化遗产的创新性发展和创造性转化

我国有着极为丰富的文化遗产资源，有许多顶级核心 IP，通过现代数字创意技术活化传统文化，打造文化和科技相结合的文化体验场景和 IP 文创产品，充分地展示了中华文明的影响力和感召力，实现文化事业、产业和旅游业的融合发展，实现传统文化核心 IP 的文化与产业价值，是当前数字创意发展的重要方向。如 2019 年元宵节期间故宫六大宫殿百年来首次亮灯，大型文化活动“紫禁城上元之夜”受到了广泛关注。通过虚拟现实、多媒体投影等技术和文化创意的结合，在文化遗产保护的前提下，将传统文化元素与现代数字影像设计深度融合，多层次展示故宫优秀传统文化的深厚内涵，创新性打造文化体验空间。在 IP 文创产品开发方面，近年来，故宫利用其核心 IP 逐渐搭建起了故宫特色文创商业版图和坚守 IP 价值与开放互动的产业链。通过自营、合作经营和品牌授权等方式，开发了丰富多元的文创产品并且逐渐探索餐饮等不同品类的文创业务，形成对 IP 衍生价值的充分挖掘。

网红故宫的“互联网 +”商业化成长史，就是一个顶级 IP 帝国的诞生过程。据统计，故宫每年门票收入大约 8 亿元，2017 年故宫文创收入突破 15 亿元，营收超过了 1500 家 A 股上市公司。同时，故宫还投资了 12 家企业作为文创业务的实际运营主体，并将线上线下消费渠道全线打通。① 以“IP + 文创 + 新消费”的商业模式，形成了一套完善的“资本运作图”，实现了经济与文化上的双重回报。故宫以具有 600 年历史的中国知名文化 IP，通过与文化创意产业的结合，推动了传统文化 IP 的复苏，同时启迪了同类型博物馆、非遗等 IP 的探索之路，丰富了传统文化传播，实现了中华优秀文化的创造性转化和创新性发展。中国的传统文化在新的科技载体上重获新生，不仅会让国人切身体会到民族自豪感，建立起高度的文化自信，更将成为走向世界、建设文化强国以及增强国家文化软实力的必经之路。

① 《单霁翔首次晒账本：2017 年故宫文创销售收入 15 亿元，超 1500 家 A 股上市公司》，2019 年 4 月 8 日，http://money.ycwb.com/2019 - 04/08/content_ 30235715.htm。

5. 数字创意产业推动区域创新与城市品牌传播

文化创意是一座城市的灵魂。城市品牌的创立对城市转变经济发展方式，增强城市的核心竞争力具有重要意义。近年来，多个城市努力发展符合自身特色的数字创意产业，打造城市品牌，提高城市影响力和竞争力。城市的执政者开始关注到新兴传播媒体，并与其开展积极的战略合作，打造城市品牌和新的传播渠道。

近年来武汉在直播产业领域持续发力，打造了全国首个直播平台产业集群；而成都则以电竞为主攻方向，发挥其提升城市经济活力、加快地域经济转型升级的作用。2018 年，最引人关注的莫过于“抖音之城”——西安，抖音完全打开了西安的“任督二脉”，使这座历史悠久、底蕴深厚的历史文化名城摇身一变成为一座时髦的网红城市。2018 年五一小长假期间，陕西全省共接待游客 3613.15 万人次，同比增长 33.65%；旅游收入 159.88 亿元，同比增长 41.04%；西安吸纳游客 1014.56 万人次，同比增长 69.05%，旅游业总收入达 45.05 亿元，同比增长139.12%。① 网红城市重庆，2018 年城市形象短视频播放量为 113.6 亿次，居全国首位。② 与网络上走红同步，在中国经济版图上，中西部城市的崛起是一大亮点。短视频平台的火爆，带动网红经济走到台前，成为一股新兴的现象级经济模式，而网红城市的崛起，很大程度是网红经济在城市发展中的折射。重庆独特的地形地貌造就了一批网红景点，网红经济效应明显，2019 年五一期间，就实现旅游总收入 200 亿元，同比增长 33.5%。③ 一首《成都》，让“小酒馆”成为文艺青年的向往之地，一只大熊猫滚滚，让“熊猫粉”对天府之国趋之若鹜，地方政府辅之以“蓉漂计划”，成功吸引许多年轻人赴蓉发展、创业和生活……数字创意

① 《五一陕西接待游客 3600 万人次　同比增长 33.65%》，2018 年 5 月 2 日，http://sn.ifeng.com/a/20180502/6542093_0.shtml。

② 《2018 年城市形象短视频播放数据中　重庆、西安、成都脱颖而出》，2019 年 7 月 8 日，http://www.51emo.com/yaowen/20190708/07088447.html。

③ 《2019 年五一假期重庆市旅游收入突破 200 亿元，同比增长 33.5%》，中商产业研究院，2019 年 5 月 5 日。

与城市的结合，不仅为数字创意产业发展开拓新的空间，同时也带动了城市经济的发展和消费提升。

（三）北京地区数字创意产业科技创新的现状特点

北京市高度重视数字创意产业的创新发展，出台了一系列的政策文件，包括技术支持、产业引导、老工厂改造利用、园区建设、人才、财税金融政策等，有些文件还是全国首发，基本建立了促进北京市数字创意产业发展政策体系。北京市以新闻信息服务、创意设计服务内容创作生产以及文化传播渠道服务为核心的数字创意产业全国领先，2018 年诞生了 11 家独角兽企业和 11 家准独角兽企业，遥遥领先全国其他城市。①

当前，北京市按照市委市政府《关于推进文化创意产业创新发展的意见》的要求，大力推动文化产业高精尖内容体系建设，着力实现创作生产精品化、文化创意品牌化、新兴业态多元化、市场体系现代化，推动形成首都文化产业高质量发展体系。在文化科技融合方面开展了一系列富有成效的工作。围绕“文化 +”“互联网 +”战略，大力推动互联网、人工智能、大数据、虚拟现实、物联网等高新技术在文化创意产业领域的深度应用，大力培育高产出、高附加、高辐射的新兴业态，推动文化创意产业跨界融合发展，促进作为首都核心文化产业的数字创意产业成为首都高精尖经济结构和高质量发展的新引擎和增长极。

在数字创意技术装备方面，加强对数字创意技术开发的支持。重点推动具有自主知识产权的系列硬件和软件研发，实现技术对数字创意产业的驱动和助推。扶植和培育一批具有竞争力的文化创意技术装备特色企业，开展基础技术领域的标准制定工作，重点推动团体标准的制定、完善和实施，面向国际的标准体系，建立具有科学性、系统性和前瞻性的整体布局和框架体系。

在创新设计方面，加快推动数字创意产业创新平台建设。建设国家级的协同创新合作平台，推动基础性和原创性设计能力提升，以质量和品牌塑造

---

① 资料来源于 GEI 长城战略咨询发布的《2018 年中国独角兽企业研究报告》。

为重点，建立良好的创新生态环境，加快推动由中国制造向中国创造转变、中国产品向中国品牌的转变。建立数字文化创意公共服务平台，加强产学研合作，大力提高企业创新设计能力，推动产业价值链从低端迈向中高端。充分发挥相关行业协会和联盟的科技支撑作用，支持建立跨界融合的产业技术创新中心，大力支持基于新技术、新工艺、新装备、新材料、新需求的设计应用与研究，推动设计提升和模式升级。

在数字内容创新方面，加强数字内容平台建设。推动中华传统文化资源的数字化进程和创造性转化利用，构建基于中华传统文化资源的文旅体验、影视动漫、教育游戏等数字创意产品开发和传播新模式，提升全球文化输出能力和影响力。利用信息网络技术、数字化展览展示、网络授权交易、知识产权保护等新技术，引导数字内容创新，推动网络视频、文学、音乐、游戏、动漫等产业门类发展，完善数字内容产业体系。

借鉴英美日韩等文化创意产业发达国家的经验，成立专门机构和部门指导并推动创意产业的发展；加大对龙头企业的支持力度，树立具有全球影响力的自主品牌，积极发挥企业的品牌效应和影响力；注重专业复合型文化创意人才培养，将创意教育作为创意产业的支撑和基础。

积极推进北京“数字创意之都”建设，从规划、孵化、营销、传播等多方面协同发展，大力提升品牌知名度，扩大集聚力。在一年一届的“科博会”上设立数字创意专题展和数字创意专题论坛。加快“北京数字创意国际博览会”的策划和运作，并设立互联网展示、宣传的专业网站，宣传北京数字创意品牌。

加快推进北京数字创意产业示范园区的创意、构思和设计，并且及时规划和启动示范园区建设，以物理园区承载数字创意企业的集聚，尽快形成产业集聚效应和产业集聚品牌。同时，通过专业性孵化器、公共技术服务平台和专业性产业组团建设，提高吸引创业的能力，增强创新服务能力，增强专业化服务能力。争取国家对该示范园区一定的试点政策，获得成功的示范效应后，在全国推广。

加快数字创意产业在京津冀协同发展，形成京津冀三地资源共享、文化共兴的新局面，促进三地数字创意产业跨区域、跨领域、跨业态合作，促进三地创新文化建设、推动科技产品的品牌文化宣传。加快创作高质量、高水准优秀的创新文化品牌服务活动，加快企业间经贸文化的建设，加快数字技术与文化产业的相互融合，为本地区文化消费创造出新机遇。

总之，数字创意产业将现代数字技术与文化创意设计深度融合，具有技术含量高、跨界融合和绿色环保等特点，可有效推动文化创意产业和设计服务业，以及传统制造业的融合、渗透和变革，形成新业态、新模式和新增长。要充分发挥北京作为联合国教科文组织“设计之都”和“创意城市网络”作用，以文化为核心、以科技为驱动、以创意设计为引导、以文化体验消费为牵引，促进文化、科技、创意设计与经济建设、城市发展、人民美好生活的融合发展，推动首都数字创意产业高质量发展。

四　广播影视产业的科技创新

（一）广播影视产业发展概况

1. 产业概念与分类

广播影视产业，不仅是重要的宣传阵地，还是传媒产业群的一个重要产业部门。从信息传播的角度，也是以生产、传输、销售信息为主要活动内容、以无线电和电子技术装备为传播工具的具有多种功能的信息产业群的子产业。这个行业，作为与人们生活有密切关系的文化产业，其服务具有鲜明的公共产品属性，是在科学技术进步的基础上，适应各国不同的经济、政治、文化发展的需要而存在与发展。

广播影视产业，从广义上讲，可以具体分为广播电视、电影行业和以新兴媒体为代表的包括 IPTV、互联网电视在内的网络视听行业，各行业间日益相互渗透与融合，即所谓的新媒体融合。从发展趋势上讲，广播影视正在从一般性新闻、娱乐节目，向社会生活的各个领域深入，向更加多元化与专业化的两个方向发展。

2. 国际广播影视产业发展现状趋势

随着信息与传播技术的突飞猛进，一方面传统的广播电视传媒方式受到互联网的巨大冲击，另一方面广播电视媒体积极寻求内容产品与互联网新兴媒体的融合与发展。可以预见，在互联网和移动互联网的联合冲击下，传统的广播电视媒体，必然顺应当代科技发展规律，大力发展增值服务和新媒体内容业务，加快推进实现跨领域合作融合、跨媒体发展。

3. 我国广播影视产业发展现状与趋势

近年来，我国政府出台实施了一系列推进广播电视行业改革与发展的政策，全国广播电视以改革为动力，以发展为目标，坚持稳中求进、守正创新，广播电视等传统媒体向媒体融合方向迈进，电视媒体通过构建“电视+互联网”双受众市场媒介战略以获得全新价值增长点，探索媒体融合的运行规律以规划运营视频节目和广告信息，及时掌握用户最新的消费心理和行为方式，取得较好的社会效益与经济效益，2018 年全行业总收入达到 6952. 14 亿元。[①]

随着互联网技术和产业的发展，三网融合传播已成为广播电视及网络视听行业必然发展趋势，云计算、大数据、人工智能、虚拟现实、区块链等新一代信息技术的发展与应用，全方位影响着广播电视生产制作、播出传输和服务模式，视频购物、数字营销、电视支付、智慧家庭等多样化的增值业务辐射，使得未来广播电视及网络视听行业的领域范围和衍生业务模式将进一步扩大，推动媒体格局的变化。

在现今的传播格局中，各网络视频平台依托于强大的资本力量，以“IP+流量明星”为导向，粉丝经济吸引了各路资本趋之若鹜，大 IP 开发、高成本投入、流量明星加持，随着科技发展、技术进步和人民群众观看习惯的改变，中国在线视频产品的内容与制作已从小成本、粗制作和低俗化逐步进入精品化、专业化和成熟化的良性轨道，使得大量资本涌入、互联网技术迭

① 《2018 年全国广播电视行业统计公报》，2019 年 4 月 23 日，http：//www. nrta. gov. cn/art/2019/4/23/art_ 113_ 42604. html。

代、专业团队入驻和网络媒介影响力深入。随着在线视频产业从青涩迈向成熟，政策制定与产业发展之间的堕距逐渐缩小，网络意识形态和主流价值观念不断渗入，网络视听产品在政策指引下，产品质量不断提升，已经成为我国文化产业发展的一大亮点。

工业信息部、国家广播电视总局、中央广播电视台联合印发的《超高清视频产业发展行动计划（2019～2022年）》指出："在广播电视领域加快行业创新应用。推动超高清电视直播频道建设，加强超高清视频点播平台建设，构建支撑超高清视频生产、聚合、分发、应用的融合业务平台。"① 深化电视节目的供给侧结构性改革，提高电视节目的质量，并且要拓展和提升主流媒体在舆论场的监管与引导能力，积极发挥广播电视新闻舆论阵地作用。

4. 北京地区广播影视产业发展现状

北京市广播、电视、电影业拥有得天独厚的产业发展基础，正是依赖于这些庞大的资源和优厚的条件，绝大多数广电影视的全流程制作工作在北京进行。以北京电视节目交易会和北京国际电影节为代表的影视行业盛会，为国内外影视作品提供展览和交易平台，在业界的影响力日盛。大批优秀导演、编剧、演员、播音员、主持人等广播、电视、电影业人才集聚，广播业人才资源雄厚。

必须看到北京广电产业也有着明显的不足。北京市广播电视局党组书记、局长杨烁指出："当前，广播电视工作还存在发展观念跟不上、监管手段跟不上、内容生产跟不上、科技创新跟不上四个方面的问题。"②

（二）我国广播影视产业创新发展总体趋势

可以预见，我国广电影视产业将利用科技进步重构产业新格局，产业创新发展总体趋势主要表现为以下三个方面。

---

① 王傲野：《超高清+5G：吸引有线电视用户"回流"》，《中国新闻出版广电报》2019年3月13日。

② 《北京广电局局长杨烁：当前广播电视工作还存在"四个跟不上"》，2018年11月19日，https：//www. sohu. com/a/276332533_ 570245。

1. 人工智能赋能智慧广电

当前，人工智能技术发展迅猛并改变着人们的生活。推进人工智能与广播影视产业的深度融合，打造行业高质量发展新的强大引擎，已经成为全行业共识。

2019 年，国家广播电视总局正式发布了《广播电视人工智能应用白皮书（2018）》，提出了人工智能在广播电视领域的应用场景和应用架构。

（1）广播电视人工智能应用场景

人工智能技术在广播电视行业的应用场景非常丰富，选题策划、媒资管理、生产制作、分发传输、运营服务、智能终端、监测监管、服务评价、网络安全等各环节都有着现实的应用（见图 7）。①

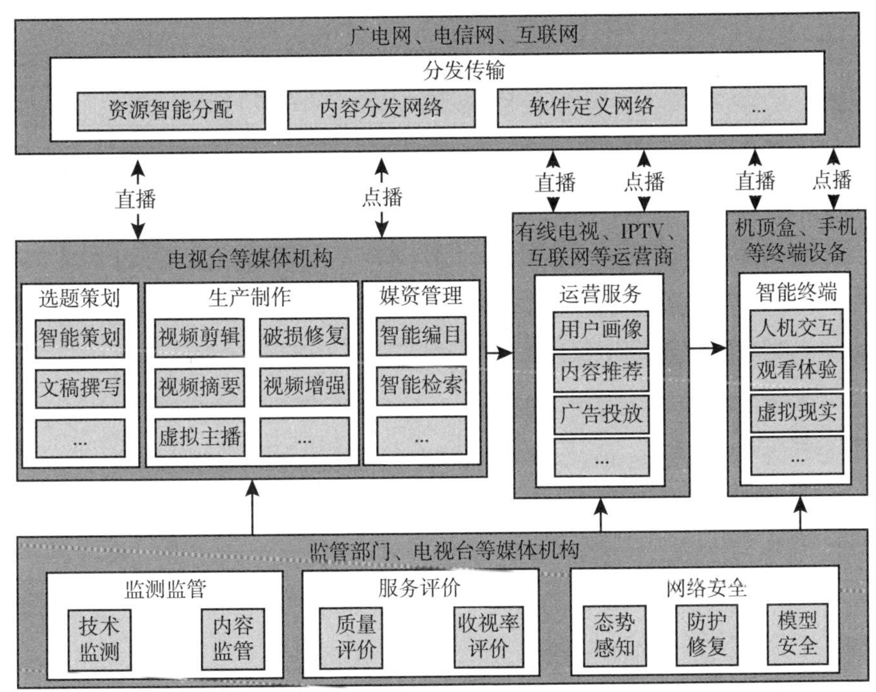

图 7　人工智能的广播电视应用场景

资料来源：郭沛宇《〈广播电视人工智能应用白皮书（2018）〉解读》，《广播与电视技术》2019 年第 6 期。

① 郭沛宇：《〈广播电视人工智能应用白皮书（2018）〉解读》，《广播与电视技术》2019 年第 6 期。

（2）广播电视人工智能的应用架构

根据国家广播电视总局《广播电视人工智能应用白皮书（2018）》，广播电视人工智能应用架构可以分为平台层、算法层和服务层（见图8）。①

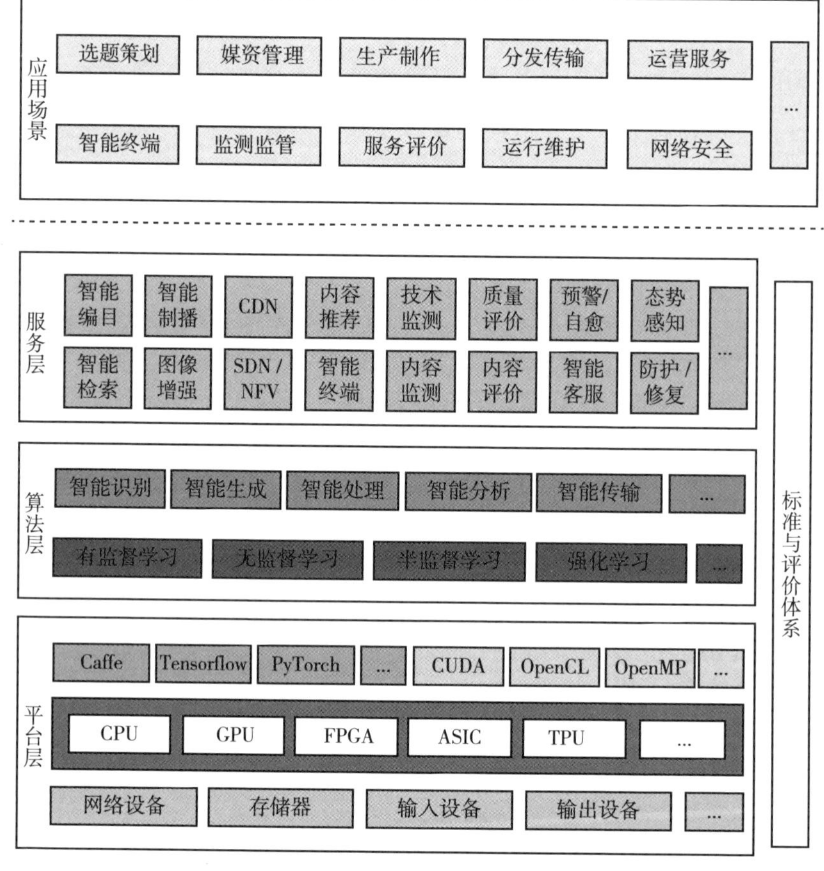

图8　广播电视人工智能的应用架构

资料来源：郭沛宇《〈广播电视人工智能应用白皮书（2018）〉解读》，《广播与电视技术》2019年第6期。

与应用架构密切相关，广播电视人工智能有着独特的工作流程（见图9）。

① 郭沛宇：《〈广播电视人工智能应用白皮书（2018）〉解读》，《广播与电视技术》2019年第6期。

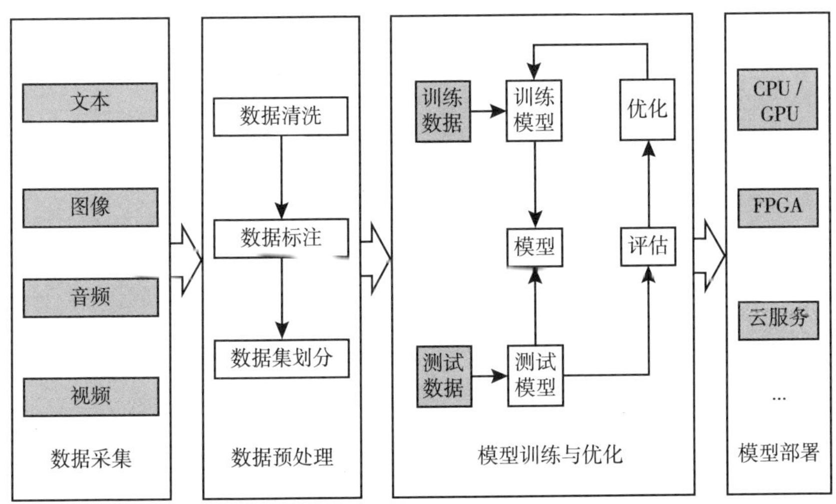

图9　广播电视的人工智能应用的工作流程图

资料来源：郭沛宇《〈广播电视人工智能应用白皮书（2018）〉解读》，《广播与电视技术》2019 年第 6 期。

总之，广播电视行业与人工智能的融合具有天然的优势，人工智能与广播电视业务应用强相关，也是提升与重塑广电媒体核心竞争力的关键所在。同时，人工智能技术在广播电视行业的落地应用，也将反过来促进人工智能技术自身的快速发展。[①] 对此，广播电视行业需要从更高的站位来理解与落实。

综上，人工智能与广播电视的融合发展，必将提升广电行业在内容生产、生产制作、分发传输、运行维护等方面的工作效率，推动智慧广电新业态的构建与行业的转型升级。

当前，广电行业的人工智能应用处于较为初级的探索阶段，但与广播电视业务应用强相关，一弱一强之下，显现人工智能与广播电视融合创新的紧迫性和加速推进的趋势性（见图 10）。[②]

必须清晰地认识到当前广播电视行业的人工智能应用是一把“双刃

① 《总局发布人工智能、大数据白皮书！张宏森解读 AI 在广电的四大应用》，2019 年 5 月 17 日，https://www.sohu.com/a/314745235_211289?sec=wd。

② 《总局发布人工智能、大数据白皮书！张宏森解读 AI 在广电的四大应用》，2019 年 5 月 17 日，https://www.sohu.com/a/314745235_211289?sec=wd。

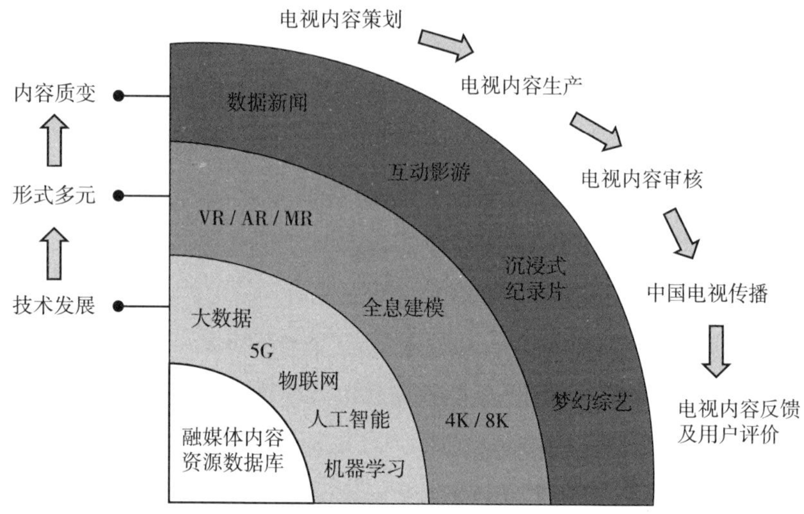

图 10　以电视为例的智慧广电全流程创新发展态势

资料来源：周宝伟《智慧广电的发展思路和应用实践》，《广播电视信息》2019 年第 6 期。

剑”，人工智能赋能智慧广电，必须确保应用人工智能可靠可控，并且在人工智能面前保持人的创造精神，保证创作生产可控性，也就是说必须把人的因素放在第一位，只有这样才能有效坚持党对于广电工作的意识形态的领导，也才能有效保证内容创作的情感温度与持续的活力。

2. 大数据推动新媒体融合发展

近年来，随着广播电视行业数字化、网络化、媒体融合发展，数据规模快速增长，数据体量十分庞大。①

为了加强大数据技术在广播电视行业应用的引导与规范，2018 年，国家广播电视总局科技司组织专家起草发布了《广播电视行业应用大数据技术白皮书（2018)》。② 概述如下。

① 《2018 年全国广播电视行业统计公报》，2019 年 4 月 23 日，http：//www. nrta. gov. cn/art/2019/4/23/art_ 113_ 42604. html。

② 《广播电视行业应用大数据技术白皮书发布》，2019 年 5 月 17 日，https：//news. znds. com/article/38034. html。

（1）广电大数据的应用场景

大数据是从广播电视到“电视+”、从“电视+”到智慧广电的重要支撑。应用大数据技术的典型场景，不仅包括内容的生产与传输，还有用户服务、舆情的监控等。①

广电大数据应用，不是一个孤立的应用系统，而是指通过对受众信息和行为数据的分析、整理，帮助我们加深对用户需求的认识和理解，从而挖掘和满足用户真实需求，通过提供精准营销、个性服务，改善和提升受众体验。

所以，广电大数据的技术架构和业务应用场景，是基于“以人为本”的统筹规划设计，以提升个性化、精确化和智能化服务的基础和舆情监测的必要条件。

（2）广电大数据的平台架构

广电大数据平台在建设过程中，要以实现全国性广播电视行业大数据共享共用为目标，依托智能手机、平板电脑等移动设备收集海量用户多维数据，互联互通、开源共享，以标准的数据接口规范和安全的数据交互，形成全国性的大数据采集、汇集和应用系统，据此准确掌握用户的需求变化，才可能为用户提供优质高效的服务，从而提升点击量和关注度，扩大影响力。

广电大数据的平台架构，应当以国标《信息技术大数据技术参考模型》提出的通用大数据参考架构为依据，结合我国广电的实际情况，依据《广播电视行业应用大数据技术白皮书（2018）》平台建设策略，在保证安全的前提下稳步推进。②

（3）广电大数据的处理流程

广电大数据的处理流程，要根据《广播电视行业应用大数据技术白皮书（2018）》的要求，妥善处理好数据采集、处理、挖掘，以及服务的关

① 顾建国、吴昊：《〈广播电视行业应用大数据技术白皮书（2018）〉解读》，《广播与电视技术》2019年第8期。

② 顾建国、吴昊：《〈广播电视行业应用大数据技术白皮书（2018）〉解读》，《广播与电视技术》2019年第8期。

系，在保证数据安全的前提下，提高数据处理的效率。[①] 处理流程如图 11 所示。

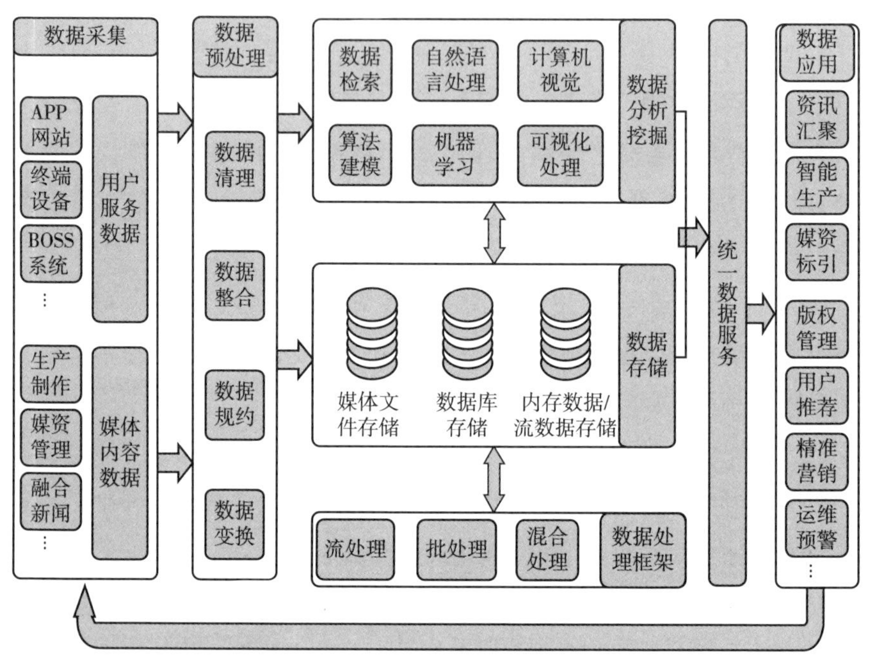

图 11　广电行业大数据的处理流程

资料来源：顾建国、吴昊《〈广播电视行业应用大数据技术白皮书（2018）〉解读》，《广播与电视技术》2019 年第 8 期。

（4）广电大数据的治理流程

根据《广播电视行业应用大数据技术白皮书（2018）》，广电行业的大数据的治理流程（见图 12）。

总之，广电大数据的应用，将广电行业原有的“我有什么，你接受什么”的模式，转变为“你需要什么，我提供什么”的用户主动选择模式，推动了广电媒体产业升级，推动了智慧媒体发展与广电媒体商业价值的提

① 顾建国、吴昊：《〈广播电视行业应用大数据技术白皮书（2018）〉解读》，《广播与电视技术》2019 年第 8 期。

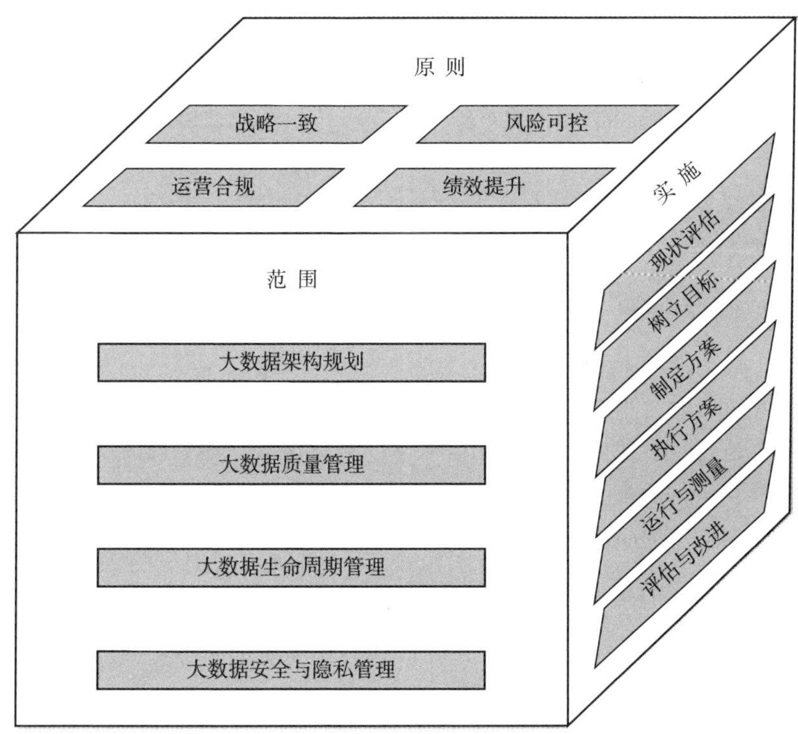

图 12 广电行业大数据的治理流程

资料来源：顾建国、吴昊《〈广播电视行业应用大数据技术白皮书（2018）〉解读》，《广播与电视技术》2019 年第 8 期。

升，同时，大数据等新技术应用于广电行业，客观上也是数字经济时代发展潮流的必然。

从融媒体到智媒体，人工智能正渗透进整个传媒行业。AI 主播助力新闻产业革新，不仅进一步丰富了媒体表达形态，提升媒体内容的生产效率，也加速人工智能技术与媒体的融合，为用户提供多样化的服务和创新性的体验。

3. 新兴业态推动广电产业创新发展

2020 年 2 月 16 日，广西广播电视台首位人工智能主播小晴登陆广西卫视新媒体平台，为公众流利播报最新疫情，解读疫情防控政策，普及科学防控知识，讲述抗疫战斗中的感人故事。给广西卫视新媒体提供此次人工智能虚拟主播技术支持的科大讯飞工作人员介绍说：“小晴想要达到能够在说话的时候像人一样自如地开合嘴唇，一定要做好充足的准备。第一项准备事宜便是面部数据的搜集，每一项人工智能技术的产生都需要大量的数据作为基石。基于对海量的面部数据进行深度学习，加之语音合成技术，便形成了我们看到的 AI 虚拟主播在节目播报中的‘真实唇动’……人工智能虚拟主播的核心技术是利用科大讯飞的语音合成、语音识别、语义理解、图像处理、机器翻译等多项人工智能技术。”

随着近年来人工智能与音视频生成技术的不断发展，虚拟主播助力新闻产业革新，不仅进一步丰富了媒体表达形态，提升了媒体内容的生产效率，也加速了人工智能技术与媒体的融合，为用户提供多样化的服务和创新性的体验。虚拟主播使用视频生成技术和虚拟现实技术，人工智能与三维虚拟形象技术结合起来，可以极大地简化策划、编辑等一系列工作，大大提升播报效率。编辑人员仅需输入文字，很快就能自动生成虚拟主播的视频，一点不用操心，实现 2D/3D 虚拟形象代替真人主播，无论是表情、神态，还是形象、动作都更接近于真人状态。可以预见虚拟主播在传统媒体、IP 运营、自媒体视频内容制作等领域具有“通吃”的美好前景，并因其在虚拟客服、远程会议、电影剪辑等现实应用场景中的重要作用而获得了社会各界的广泛关注。

虚拟主播，有着远远超越真人主播的认知与信息监测能力、强大的信息处理与分发能力和永续的播报能力，还可以把真人主播从较为简单的（如固定文字的语音播报等）主持活动中解脱出来，使其能够更加专注于对临场应对能力要求较高或需要投入真人情感的复杂主持任务。因此，虚拟主播的推出，能够实现文化价值和产业价值的良性循环，其传播优势主要来自人工智能对于媒体发展的科技赋能，同时在客观上也是人工智能技术对于公众现实需求的回应。

虚拟主播是从视频采集、数据处理、模型训练到形象输出、集成使用等一系列的实现流程，涉及使用人脸关键点检测、人脸特征提取、人脸重建、深度学习、音视频协同等多种技术，力求打造的虚拟形象如播音员主持人形神兼备。随着其应用场景的不断丰富，一个优秀的虚拟主播，不仅是语音播报，还需要实现自然交互，以替代线上人工客服以及线下的智能终端产品，提供可视化数字客服产品，也可与虚拟现实、增强现实等其他实现方式相结合，给用户提供全方位的沉浸式体验、更具有冲击力的感官体验、更加真实的人机交互体验。

虚拟主播的核心技术，涉及人工智能和计算机图形学原理，采用深度学习算法精准理解语音中的文字信息，其关键在于如何控制虚拟形象的面部表情、嘴唇运动与播报声音一致，通过人工智能算法与语音动画合成技术展现口型、表情的过渡性动画，保证了说话字和词之间的连续性和自然性，最终呈现完整的虚拟主播效果。从用户的直观感受而言，一个好的虚拟主播，需要口型符合发音习惯，动作姿态符合场景，情绪表达符合说话语境。如果视频或虚拟现实呈现的人表情僵硬、口型也无法与音频对应，那么用户就很难获得舒适的观看体验。而从技术攻关角度而言，研究人员在直观感受之外更加关注整体视频或虚拟现实影像的清晰度，以及衔接的连贯程度。相比真人影像的成本居高、传统动画制作的较长周期，采用语音动画合成技术，仅需具备文字编辑能力的运营人员就可以单独制作视频，可以极大地提高视频新闻制作的时效性，并能够自动实现动画模型的口型和表情驱动，使得呈现方式更具科技感、新颖性，更契合年轻用户的喜好。

综上，以虚拟主播为例的新兴业态推动广电行业创新发展，呈现以下三大特征。

第一，机器内容生产推进广电行业的智能化进程。人工智能技术不仅能够自动生产媒体内容，而且能通过抓取和处理千万量级公开数据的技术能力，使机器生产媒体内容时直接以真实的数据为基础，将新闻本真进行还原呈现，从而在客观上摒弃传统媒体传播过程中主观价值判断，实现媒体传播内容向事实判断的价值复归。人工智能与媒体的有效融合，形成众多的优质信息聚合平台，不仅节省了受众对有效信息的寻找成本，确保了信息安全，还有助于记者人工挖掘更多有价值、有深度的报道，提升新闻内容的质量，使其“把关人”功能得到回归，也从技术上有助于国有广电行业以其强大的资源、资金和技术优势拥有主导传播话语权。

第二，人工智能与媒体融合提升新闻深度生产和传播。媒体与人工智能技术相融合的人机协作，可进一步提升丰富媒介产品样态和新闻报道的时效性、广度和深度，例如党的十九大精神宣传和2018年的“两会”报道，已经充分展示了各种人工智能技术和产品在主流宣传报道中的功效，包括短视频的矩阵化展现、主题报道频道化全天候直播、海内外媒体内容云聚合等智能化传播，以及H5短视频技术、VR虚拟技术、全息影像技术等的应用，获得了非常好的社会传播效果，得到了社会各界的好评。

第三，以智慧传播推进媒体深度报道。随着社会经济发展和物质生活水平的不断提升，人们越来越注重于精神世界的追求，通过人工智能技术推进媒体的深度传播，是未来智媒融合发展的重点。网络时代信息爆炸，过载的信息流使得许多人无法准确把握社会主体价值传播内容，深度传播需要以智慧传播来承载，而人工智能强大的数据监测与分析功能，可以有效实现媒体的价值引导功能，对用户的价值需求进行深度梳理并用于深度报道与传播，因此，未来的媒体不仅仅是新技术手段下的新媒体，更是以智能化为核心特点的新媒体，是蕴含思想、情感和价值观的智慧媒体。

总之，以人工智能技术与媒体的深度融合产生的虚拟主播为例，新兴业态推动广电行业创新发展，助推广电行业的智能化制作与生产，为广电行业产品本身赋以更具文化精神的价值，能够极大地延展广电的传播范围，并形成更具时代特色、更为观众所喜闻乐见的智能化传播效果。

（三）北京地区广播影视产业科技创新的现状特点

北京是全国重要的媒体传播中心和影视制作基地，汇聚了众多极具影响力的广播电视媒体。北京市共有1座中央级电视台（中央电视台）、1座省级以上（含省级）电视台（北京电视台）、10座区级广播电视台和50个有线广播电视站。截至2017年底，北京市共有广播电视节目制作持证机构

7479 家，信息网络传播视听节目许可证持证机构 124 家，网络出版服务许可证持证机构 350 家。①

为了推动北京广播影视行业的创新发展，进一步提升北京文化综合竞争力，努力培育北京广电与新技术融合的新优势和新动能，应当通过科技引领、系统引导、开放共享、完善 IP 生态、人才培养、科学管理的方式加快文化科技融合在广电影视行业的创新应用。

1. 科技引领

广播电视是科技引领、创新驱动的强势媒体，在技术的助推下，人们的听和看正变得丰富多彩。4K 超高清、3D 技术、5G 网络……新技术的涌现和发展，为视听带来了全新的体验，也离智慧生活更近了一步。与此同时，各大媒体充分运用信息革命成果，让“黑科技”服务于广播电视行业。可以预见，新技术发展将为广播电视行业注入新的活力与元素，推动行业转型升级和业态创新。

2. 系统引导

广电行业科技创新建设，不仅是一个系统工程，还是党和国家意识形态体系的一部分。因此，一方面要大胆尝试，不断使用新技术新手段；另一方面也要加强总体规划、系统设计和有效监管，从顶层设计的角度有效引导和规范行业的快速健康发展。

3. 开放共享

广电行业要坚持开放共享理念，不能沉陷于传统广电的老路，要以开放的心态拥抱新技术的变革，要善于尝试将新技术与广电创新相结合，落实创新驱动发展战略，加快推进全行业科技创新，努力探索人工智能、大数据等新技术在广电领域的应用，推动新技术新应用新场景发展。

4. 完善 IP 生态

广电行业，技术是手段，内容是核心。在追求技术创新赋能的同时，要坚持依据党的重要思想舆论阵地的要求，不断推出思想精深、艺术精湛、制

① 资料来源于《2018 年北京电视行业发展分析报告》。

作精良的精品。通过完善广播影视 IP 生态，促进广播影视 IP 与出版、动漫、游戏、在线教育、体育赛事等领域融合发展。

5. 人才培养

鼓励国际知名影视人才在京设立工作室、工作站，加强国内外文化交流。充分发挥北京广电影视人才资源密集优势，加强青年影视人才培养，重点建设若干影视内容创作基地。

6. 科学管理

以科学态度看待和管理人工智能、大数据等技术发展和与广电行业的日益融合。一方面，人工智能、大数据等技术推动广播电视高质量创新性发展；另一方面，要把媒体的原则和底线放在首位，牢固把握广电媒体的发展方向，充分尊重人的主观能动性和创造性，科学管理加快推动行业在科学的轨道上创新发展。

五　文化艺术产业的科技创新

（一）数字音乐产业发展概况

科技与文化艺术分属不同的范式，但二者却有着源远流长的互动关系。在信息革命语境下，面对着当代科技发展的迅猛态势，艺术坦然接受了当代科技的馈赠，并享受着二者共谋的狂欢。数字音乐就是信息革命语境下艺术与科技融合的典范。因文化艺术领域广泛，本报告将以数字音乐产业为例进行阐述。

1. 产业概念与分类

数字音乐是一种将音乐模拟信号转变为音乐数字信号的形式，然后以数字格式存储并在网络上发送的音乐。数字音乐不仅具有一般音乐的特点，还具有即时性、精确性、延展性和易用性等数字技术的特征。它的商品形态是以一种看不见的计算机音频文件的形式出现。例如我们平时在音乐平台上所听的音乐，在 MP3、手机、电脑上听到或者使用的音乐都属于数字音乐。

数字音乐的出现使音乐的传播从根本上发生了变革。一方面，它减轻了磁带、唱片、CD 的携带负担，同时不再需要专门的磁带、唱片、CD 的播放器；另一方面，我们可以随时对音乐进行处理，可以对数字音乐进行实时的调整。因此，数字音乐有效地扩大了音乐的传播范围并加快了传播速度，提升了音乐制作的质量和效率。近年来，数字音乐开始成为象征现代快速消费文化的标志之一。

数字音乐产业是从数字音乐这一形式衍生出来的产业、产品等可销售的生活资源。由数字音乐衍生出来的产业包括但不限于音乐娱乐、音乐制作、音乐版权服务、搜索音乐服务、伴奏翻唱音乐服务等。音乐产业的制作模式和服务模式大致相同，制作模式是从音乐创作想法开始，到音乐制作完成，再到多种方式营销；服务模式大部分为产业部门进行资源整合后，对于音乐作品进行再加工或直接上传。

2. 国际数字音乐产业发展现状与趋势

互联网的普及对数字音乐产业的发展影响巨大，在互联网普及之前，数字音乐没有如今这样大的影响力，虽然市面上有很多做数字音乐产业的企业，但是其根本优势仅仅在于音乐载体的便携性上。随着互联网的普及以及技术的发展，数字音乐的优势被完全展现。数字音乐的优势在于：第一，数字音乐使音乐传播的成本大大地降低，在网络上进行音乐传输和传播时让人们体验到了跨越时空距离的快乐，同时让人们开始体验到脱离实体音乐载体播放音乐的感受，深切地体会到数字音乐的便携性；第二，在网络平台，音乐互联网的虚拟性使得人们的交流私密性得到了很好的保证，人们在网上交流音乐的频率大幅度增加，用户之间的音乐分享演变成了音乐传播的新趋势。在互联网高度普及的现在，人们的生活被无处不在的网络所覆盖。近年来，随着大数据的发展、电子设备的快速更新以及软件开发技术的不断提升，数字音乐产业被网络大环境带着走向了一个又一个高峰，在一次次的技术革新中，数字音乐产业也迎来了它的“高光时刻”。

自 20 世纪 90 年代开始，数字音乐以 MP3 播放的形式出现在人们的视线中，MP3 具有携带数字音乐的功能，并可以随时随地播放音乐。MP3 的面世不仅改变了过去依赖唱片、CD 等繁重且复杂的储存音乐的方式，还解决了储存音乐的空间问题。以往的唱片、CD 等储存空间相当有限，但载体的实体重量大，MP3 通过自身小小的体积，携带着被压缩后的音频数据，所包含的音乐质量和数量远远超过了过去的唱片、磁带，使数字音乐在后来的几十年里的互联网世界中大放异彩。但在 20 世纪音乐的传播手段依然停留在“网络服务提供商到消费者”的单向传播方式，数字音乐产业并未迅速占领市场，直到一种新的传播方式——P2P（“peer to peer”即“个人对个人”的一种传播方式）的出现，才使得数字音乐在市场上掀起轩然大波，给传统音乐产业以沉重一击，奠定数字音乐产业在未来时光中的市场地位。

1999 年，一款名为 Napster 的软件在美国面世，这是一款可以帮助人们下载自己所需 MP3 文件的软件。Napster 本身并不是一款可以提供 MP3 文件下载的软件，但是我们可以通过它清楚地知道软件内有哪些 MP3 音乐，这些 MP3 文件被分散地存储在网络的不同机器中，随时都可以被使用者取用，其数据传输的速度也快得惊人。Napster 作为一种在线音乐服务，是第一个被广泛使用的 P2P 音乐共享服务。这一模式的风靡，使得传统音乐产业受到打击，数字音乐产业迎来了发展的春天，但同时危机也相伴而生。P2P 音乐共享软件开始引发了一系列关于音乐版权、管理、商业模式等是否合法，其获得利益应当如何分配的问题讨论。到 2005 年 6 月，美国最高法院做出裁决，表明 P2P 网络服务的提供者 Napster 软件必须为侵权付出法律责任，向美国音乐产业支付 5000 万赔偿金作为补偿，并解决与侵权方的法律纠纷。在此之后，数字音乐的网络提供商不断改进、升级付费服务模式，但是各个音乐产业之间的利益矛盾并没有得到缓解。直到 2002 年，苹果公司发行的 iPod 只能加载 ACC 格式的数字音乐，在当时 ACC 格式并不是主流格式且与操作系统不兼容，因此绝大部分的唱片公司不再担心音乐在苹果公司这儿遭受非法传播，并与苹果公司达成音乐著作权人与网络服务提供商的首度合作。在这之后，苹果公司的 iTunes 在线音乐商店占据了数字音乐市场的主体。

经过时间的洗礼，很多发达国家对于数字音乐产业已经形成了较为完善的消费模式。其中，苹果公司的 iTunes 在线音乐商店的商业模式在唱片业著作权的保护和音乐快速传播间找到了平衡，并与各大唱片公司达成了良好的合作。苹果公司为保障用户下载音乐的合法性，以及 iPod 和 iTunes 在市场中的主导地位，同世界五大唱片公司达成合作，获取了绝大部分的授权许可，成功站稳市场主导地位。2004 年 7 月 15 日，苹果开始渗透到欧洲市场，并将商业地图扩展到比利时、丹麦、芬兰等国家。2007 年，iTunes 给苹果带来了 5 亿 7000 万美元的利润。数字音乐业务的收入虽然比 iTunes 出现之前有所增加，但不足以完全弥补盗版带来的损失。

随着时间的推移，技术、设备不断地更新迭代，网络数据传输的速度、效率和质量不断提升，人们开始可以通过手机、iPod、iPad 等移动终端机来收听音乐，于是，一大批的音乐流媒体、视频流媒体应运而生。流媒体时代的到来满足人们无须下载直接听歌的需求，非常符合当下时代的碎片化文化输出的场景。流媒体的服务是目前数字音乐产业的重要发展方向之一，以 Spotify 为代表。流媒体所打造的服务非常注重用户的个性化体验，其中，具有特色的社交、评论、打榜等功能深受当下年轻人的青睐。

近年来，移动终端的便携性和多功能性将人们生活中的碎片时间聚集在一起，收听音乐也开始占据人们的碎片化时间。在过去，人们会花费一整晚的时间去聆听一场音乐会，又或者是在家中打开唱片机，再搭配一杯香槟欣赏音乐；而如今人们更多的是在上下班的路上、健身跑步时、上洗手间时等诸如此类的碎片时间听音乐。随着数字音乐占据碎片化文化体量的增加，音乐流媒体占据了绝大部分数字音乐市场，成为数字音乐产业发展的主要方向，而由音乐流媒体公司发展出来的周边活动也风生水起。IFPI（国际唱片协会）发布的《2017 年全球音乐报告》显示，截至 2016 年底，全球已经有 1.12 亿用户订阅付费流媒体，同比增长 60.4%。由此可见，人们对于音乐的消费习惯已经从购买唱片、CD 逐步转变为向音乐流媒体付费订阅。真正带动人们向数字音乐产业付费转变的便是以 Spotify 为首的各大音乐流媒体。当下音乐流媒体主要的商业模式分为两种，第一种是通过广告招标来获取收益，第二种是通过会员定制、内容付费的模式获取收益，而收益主要来源于第二种。音乐流媒体正如行业内所期望的那样，开始培养消费者的消费习惯，取缔非法下载音乐内容，逐步成为主流的音乐消费模式和消费平台，同时也开始成为主流的音乐传播渠道，以及数字音乐产业乃至整个音乐产业的重要发展方向。

除了音乐流媒体的服务外，国外还有很多伴随着数字音乐的发展而形成的其他消费模式。随着音乐录制门槛的降低，人们可以在家中使用电脑进行录制，于是，音乐处理软件开始拥有市场，一系列的音乐制作软件开始面世，如 Logic、Cubase 等编曲、混音软件。这些软件的商业模式主要分为两种：第一种是软件购买，软件将会有 7 天的试用期，试用期结束后需要付费才能使用；第二种是音源购买，因为音乐制作的工序全部为电脑构成，所以各种乐器、声音的音源成为音乐制作软件的可售卖商品。

国外版权的唱片业和音乐著作权人通过各种手段保持自己对所拥有音乐产品的高度垄断。随着音乐形式的日益丰富，用户需求不断得到满足，服务提供商的网络与终端用户方面的法律也在不断完善，这些经验对于我国数字音乐产业的发展有着较大的参考意义。

3. 我国数字音乐产业发展现状与趋势

根据 QuestMobile 的数据，截至 2018 年 3 月，我国在线音乐应用行业月活用户规模已经稳定在 6.02 亿以上，而依据 CNNIC 的数据，截至 2017 年 12 月，中国互联网的普及率达到 55.8%，在线音乐应用行业用户的增长已经进入了瓶颈期。与此同时，我国智能手机出货量呈下降趋势，这意味着移动互联网红利迎来终结，市场开始由增量市场变为存量市场。

从增量市场到存量市场，转变的不仅是市场类型，更是竞争格局。音乐流媒体面临着更加激烈的竞争。随着用户增速的放缓，在线音乐 App 向头部应用集中，从一系列的并购动作中可见一斑。2017 年，QQ、酷我、酷狗三家品牌音乐正式合并为腾讯音乐集团；阿里音乐收购线下演唱会票务平台大麦网，试图打造“线上音乐 + 线下演唱会票务”的 O2O 模式；网易云音乐则宣布拆分为独立公司，并完成 A 轮融资。腾讯音乐于 2018 年 10 月在美国上市，成为国内音乐流媒体中首个上市公司。这一系列并购融资行为，使得国内在线音乐市场寡头化趋势愈加明显。

在寡头趋势明显的背景下，腾讯音乐可谓是鳌头独占。据前瞻产业研究院数据，酷狗音乐和QQ音乐MAU（月活跃用户人数）超过2亿，酷我音乐和网易云音乐在1亿左右，与其他App逐步拉大差距。腾讯音乐旗下QQ音乐、酷狗音乐、酷我音乐3大平台综合性较强，注重多元化发展，提供多种特色服务：QQ音乐旨在打造综合性音乐生态，是最早进行正版化音乐布局，也是第一个宣布盈利的音乐平台；而酷狗和酷我音乐则大力发展直播业务，通过直播业务提高用户黏性和参与度。

2017年在线音乐平台下载量市场份额中，腾讯音乐占据绝对优势，以65%的市场份额领先于其他竞争者。2017年在线试听市场份额中，腾讯音乐市场份额仍在60%以上，远远超出市场其他竞争者。[①] 此外，不论是用户活跃率、活跃用户规模、付费用户规模，还是听歌场景覆盖规模，腾讯音乐都远远超过其他市场竞争者。

目前中国数字音乐市场的商业模式依旧处于摸索阶段，市场上的盈利模式主要可以分为三种：一种为B2B模式，主要包括广告收入、版权分销，以及与游戏商、影视商的合作等；一种为B2C模式，主要包括数字专辑、单曲付费下载、会员付费、付费免流量、在线直播、O2O演出门票、衍生品销售等；最后一种是扶持原创音乐人模式。随着数字音乐产业的发展，数字音乐的变现模式也会日趋丰富和成熟，数字音乐产业也将具备持续发展的能力。

2017年5月，中共中央办公厅、国务院办公厅印发的《国家“十三五”时期文化发展改革规划纲要》首次将“音乐产业发展列入重大文化产业工程”，从国家顶层设计上明确了音乐产业作为新兴战略文化产业的重要地位。2017年，中国数字音乐的产业规模达到580.6亿元，音乐市场呈现持续增长态势，已跻身全球前十。互联网音乐用户规模达到5.48亿人，占互

---

① 《腾讯音乐IPO或再推迟：只要没敲钟，一切皆有可能》，《21世纪经济报道》2018年11月22日。

联网总用户的71.0%。[①] 受互联网移动化趋势影响，移动端涌现一大批新兴的音乐平台，导致音乐产业投融资数量有了首次明显的增长。资本的涌入为数字音乐产业的创新与商业化发展带来更多活力。流媒体、区块链技术的大量采用，推动了我国数字音乐产业的快速健康发展。截至2018年6月，我国网络音乐用户规模已达5.55亿人，全网用户渗透率高达69.2%，其中移动互联网音乐用户规模达5.23亿人，全网用户渗透率亦达到66.4%。网络音乐已经成为网络娱乐类应用中全网渗透率第二高的品类，仅次于网络视频。[②]

4. 北京地区数字音乐产业发展现状

党中央、国务院批复的《北京城市总体规划（2016～2035年）》中指出，北京的一切工作必须坚持全国政治中心、文化中心、国际交往中心、科技创新中心的四个中心战略定位。北京是全国音乐创作、编辑制作、出版发行、视听传播、演出交流、版权交易、科技创新、教育培训和消费体验的中心。繁荣发展音乐及其关联产业，对助力全国文化中心建设，提升首都文化软实力、影响力具有重要意义。近年来北京音乐产业呈现快速发展的态势，2017年北京市音乐产业总规模达到了600多亿元。[③] 北京文化科技融合发展的大趋势，为数字音乐产业的发展奠定了良好基础，音乐艺术与5G、人工智能、区块链及大数据等技术的融合，催生了数字音乐新业态、新模式的不断涌现，推动了数字音乐产业的快速发展。

面对新的形势，北京在音乐产业也存在一些突出的问题。一是虽然北京音乐产业链相对完整，但顶层设计薄弱。二是上游创作制作力量活跃，但资源分散，尚未形成促进行业发展的力量和精品生产机制，而下游资源相对集中但缺乏统筹，未能有效转化为产业竞争力。在经历了“免费音乐”泛滥的时期后，产业生态被严重破坏，产业链分配不均，造成大量音乐产业从业

---

① 《报告：中国数字音乐产业规模接近600亿元》，2018年12月20日，https：//www.chinanews.com/cj/2018/12－2018707631.shtml。

② 《2018年中国数字音乐产业深度研究报告》，2019年9月17日，http：//www.360doc.com/content/19/0917/14/77611_861573175.shtml。

③ 《北京在发力！建设国际音乐之都》，2020年1月2日，https：//www.sohu.com/a/364182800_114731。

人员流失，也影响了后继优质内容的创作与开发。三是对北京文化深度挖掘的 IP 严重不足，在价值引导、精神引领等方面缺少优秀作品。四是科技创新驱动不足，新模式、新业态还处于起步阶段。五是数字音乐产业的版权保护机制还不完善，缺乏权威、高效的版权管理与授权平台，从而影响了音乐产品的传播效率和版权服务水平。

当前，北京音乐产业正面临转型升级、高质量发展的关键时期，亟须政策引领和技术驱动下的创新发展。

（二）我国数字音乐产业创新发展总体趋势

随着音乐艺术与现代音频技术、5G、大数据、人工智能、区块链等技术的融合，数字音乐新业态、新模式、新场景不断涌现，推动了我国数字音乐产业的创新发展。

1. 支撑数字音乐产业的技术现状与发展趋势

数字音乐产业的蓬勃发展是以相应的数字音乐技术为基础的，音乐科技是一个典型的交叉学科，可以分为两个领域：用科技手段研究音乐，即科技的音乐；科技在音乐方面的应用，即音乐的科技。①

科技的音乐主要偏向使用各种音频软件及硬件进行音乐创作。音乐的科技主要进行底层计算机技术的研发，为艺术创作提供技术支撑，也叫做声音与音乐计算（Sound and Music Computing，SMC）。SMC 主要包括音频信号处理（Audio Signal Processing）、计算机听觉（Computer Audition，CA）和音乐信息检索技术（Music Information Retrieval，MIR），属于计算机听觉中专门分析理解音乐内容的部分。②

目前，音乐科技已应用到众多领域之中，包括电声乐器、数字音源、音频工作站、计算机辅助的音乐教育、计算音乐学、音乐表演的量化分析、电

① 李伟、高智辉：《音乐信息检索技术：音乐与人工智能的融合》，《艺术探索》2018 年第 5 期。

② 李伟、高智辉：《音乐信息检索技术：音乐与人工智能的融合》，《艺术探索》2018 年第 5 期。

子音乐创作与制作、音乐信息检索 MIR、数字音乐图书馆、交互式多媒体、音频接口、辅助医学治疗、音乐机器人、音频数字水印等领域。

而人工智能的兴起也拓展到音乐领域，其中又以音乐信息检索技术 MIR 最为突出。①

MIR 实质上是将音乐作为信息处理的对象，运用各种数据处理手段对其进行识别、加工、研究的技术。音乐的音高、旋律、节奏、和声等基本元素都是音乐信息检索技术的处理对象。MIR 可以通过时域检测、频域检测、基于听觉模型的检测对音高进行检测。MIR 还可以对旋律进行提取。旋律提取指从多声部、多音音乐信号提取单声部旋律，主要实现手段包括音高重要性法、歌声分离法、数据驱动的音符分类法三种，极具现实意义，可应用在音乐搜索、抄袭检测、歌唱评价、作曲家风格分析等方面。在此基础上可以进行音乐识谱。而 MIR 对音乐节奏的处理主要包括音符起始点检测、节拍跟踪、速度检测、拍子检测、小节线检测、强拍估计。

MIR 对于和声的处理主要是和弦识别和调检测（Key Detection）。调检测通过 PCP 特征来描述对调的感知，还可用调高分类器平滑减少音高的波动，可用于音乐识谱、和弦检测、音乐感情计算、音乐结构分析等。

此外，MIR 可以对整段音乐进行信息处理，如歌声检测（判定整首歌曲中哪些部分是歌声，哪些部分是纯乐器伴奏的过程）、歌声分离（将歌声与背景音乐伴奏进行分离的过程）、歌手识别（判断一个歌曲是由集合中的哪个歌手演唱的）、歌唱评价（基础评价包括计算两段歌声各种音频特征如音量、音高、节奏、旋律、颤音等之间的相似度，高级评价包括感情、音域、声音质量、音色辨识度、歌唱技巧等）、歌词识别。

音乐搜索，包括音乐识别、哼唱及歌唱检索、多版本音乐识别或翻唱识别（Cover Song Identification）、敲击检索、音乐借用。以哼唱及歌唱检索为例，录制一段哼唱或歌唱声音作为查询片段，计算音频特征后在数据库中进

① 李伟、高智辉：《音乐信息检索技术：音乐与人工智能的融合》，《艺术探索》2018 年第 5 期。

行相似性匹配，并按匹配程度高低返回结果列表，难度比音乐识别更大。它一般使用旋律编码特征（音高轮廓、音程、音长、音高变化、音长变化）等进行旋律匹配，匹配手段有字符串近似匹配、动态时间规整、编辑距离、隐形马尔科夫模型等。

音乐情感识别，涉及心理学、音乐学、AI 技术。其有两种技术路线：一是利用 Hevner 或 Thayer 情感模型将 MIR 归结为单标签或多标签分类问题；二是归结为基于 Arousal 和 Valence（AV）值的二维 AV 情感，空间回归预测问题。MIR 广泛应用于音乐选择、影视制作、音乐推荐、音乐治疗等场景。

MIR 是音乐产业最重要的技术支柱之一。音乐流媒体与其联系尤为紧密。当前音乐流媒体中的听歌识曲、音乐推荐、曲风分类等功能都基于 MIR。

当前，音乐人工智能（Music AI）一词开始在音乐及计算机领域出现。音乐人工智能可以看作人工智能在音乐领域的垂直应用，包括音乐生成以及所有其他涉及 AI 的音乐相关应用，如智能音乐分析、智能音乐教育、乐谱跟随、智能混音、音乐机器人、基于智能推荐的音乐治疗、图片视频配乐等。

其中，AI 作曲是最受关注的研究方向。2017 年 8 月 21 日，美国歌手 Taryn Southern 在 YouTube 上传了单曲《Break Free》，据称这是她和 AI 平台 Amper Music 共同创作的歌曲。Southern 写了一段主旋律，放入 Amper Music 中，选择情绪、乐器、节奏等参数，Amper Music 就会自动生成副歌，添加和弦，变成一首完整的曲子。无独有偶，索尼巴黎计算机科学实验室研究人员盖坦·哈杰里斯与弗朗索瓦·帕切特研究了一个课题，他们开发了一个名为“Deep Bach”的神经网络，利用巴赫创作的 352 部作品来训练 Deep Bach，在预定义音域内，将这些作品变调，创作出了 2503 首赞美诗。研究团队对 1600 多人进行了测试，其中包括 400 多位音乐家或音乐系的学生。测试结果表明，超过 50% 的人认为，Deep Bach 生成的作品就是巴赫本人的作品。①

① 张艺凡：《人工智能在音乐多方面的应用》，《大众文艺》2018 年第 12 期。

近年来，在我国也出现了一批基于人工智能音乐信息检索和作曲，以及基于区块链的音乐版权保护与运营的创新企业，在音乐人工智能领域进行了积极探索，推动了我国数字音乐产业新业态、新模式的发展。

2. 打造音乐艺术市场潜在消费空间和加速消费方式的迭代

随着音乐市场的不断发展，关注音乐制作、音乐人、作品的渠道越来越多，而消费者对于音乐作品的青睐很大程度上取决于对音乐创作者的热爱，归根结底音乐人的高素养和音乐作品的高质量显得越来越重要。随着文化多样性的丰富以及消费习惯的升级，小众音乐也开始占有市场，如《中国有嘻哈》《乐队的夏天》音乐节目的推出成为人们开始关注和追崇小众音乐的标志，也意味着行业的受众将越来越被细分，在今后的行业市场营销中，垂直受众的分析手段将会被越来越广泛地使用。随着资本对于演出市场的不断投入，演艺行业的跨界合作增多，不同的演出内容或者形式进行结合的案例增多。随着5G的发展，网红歌手、演员开始拥有市场，粉丝经济发展蓬勃，直播带货浪潮和直播中头部流量网红的影响力都在不断地提醒音乐产业正处于互联网“流量为王”的风口。

数字音乐平台注重打造用户使用感和个性化使用体验，大部分平台开始注重用户与用户之间的社交体验感，例如网易云音乐推出的互相评论功能、私信功能，以及QQ音乐推出的弹幕功能。数字平台还充分利用大数据的魅力，为用户提供个性独特的服务，例如个人档案音乐流媒体都有的日推功能和电台推荐功能。随着音乐流媒体的产生，人们逐渐养成在互联网上付费收听音乐的消费习惯，许多公司推出VIP会员服务、精选付费内容、为偶像打榜、数字专辑购买等功能。由此可见，人们已经成功将消费习惯从购买实体音乐载体转变为互联网音乐付费。

3. 数字音乐产业链的延伸发展①

尽管数字音乐平台有多种盈利模式，但最核心的两大收入来源还是广告

---

① 《腾讯音乐带领数字音乐行业“向下突破”》，2019年4月26日，http：//www.xcf.cn/article/843befbb67fd11e9bf6f7cd30ac30fda.html。

收入和订阅付费。事实上，分析这两大收入来源，我们可以看到数字音乐产业的几大隐患。一是平台的付费率增长大大低于预期。如目前腾讯音乐的音乐销售业务用户付费率为3.6%，远低于同期国外音乐流媒体Pandora付费率8%和Spotify付费率40%。二是对于数字音乐平台，广告收入提升也十分艰难。音乐流媒体与广告兼容性较差，和视频网站对比，音乐平台缺少适合广告投放的场景和时长。在这种情况下，数字音乐平台要做到盈利和长远发展，其关键就在于延伸数字音乐的产业链，尤其是向下游探索多种业务形式，推动数字音乐新业态的形成。

在传统音乐产业链中，内容端和发行端都被唱片公司、经纪公司把持，而消费端的消费形式十分狭窄，除演唱会、商演、代言、影视这四大板块外几乎没有别的业务。但数字音乐产业链的消费端有了很大的变化。通过音乐平台、视频网站、社交平台等传播渠道，除了传统的音乐消费种类，还拓展了包括直播、网络综艺、IP产业、音乐社交等新的消费方式，数字音乐产业链得到延伸。通过产业链的向下延伸，一方面数字音乐平台可以分担其上游版权的成本，提高音乐作品的利用率，一首作品可以在直播、视频等多方面应用，有效缓解版权负担；另一方面下游业务的创新直接带来了优质内容。如腾讯音乐打造的大型音乐综艺《创造101》，不仅带来了大量的用户关注，直接产生了新的音乐作品，还创新地探索了国内偶像生产模式，推动了娱乐产业发展。同时其带来的音乐产品、粉丝群体还可以向上游业务聚集，推动传统业务如订阅收入、会员销售等发展。

数字音乐平台成为产业链中的关键一环，它作为上下产业链的连接，起到资源整合创新的作用，也直接对数字音乐产业链的延伸起到推动作用。如腾讯音乐下游三大业务：线上演艺、音乐社交和IP产业。线上演艺是消费端业务中目前发展最为完善的一块，其中包括综艺、影视、线上演唱会、直播和短视频等内容。腾讯音乐不断拓展线上演艺业务，直接进行线上造星。《创造101》和《明日之子》就是它的两款现象级综艺。同时它还通过直播“造星”，发掘有潜力的主播，为其制作唱片等，一个典型的例子便是90后歌手庄心妍，她在酷狗直播平台上成名并在直播数月后便发行了首张数字专辑，一个月内销量便突破 100 万张，至今在酷狗音平台上累计超过 430 万粉丝。

腾讯音乐对新数字音乐业务的探索向我们展示了数字音乐平台的创新能力和引领作用。事实上，正是这些数字音乐平台的努力促进了整个音乐产业链的延伸和繁荣发展，为消费者提供了更丰富的文化产品，也挖掘了音乐产业更多的可能性，促进了音乐产业与科技的融合发展。

（三）北京地区文化数字音乐产业科技创新的现状特点

北京是全国音乐创作、编辑制作、出版发行、视听传播、演出交流、版权交易、科技创新、教育培训和消费体验的中心，聚集了音乐企业、人才、技术、科研、教育等全国优质的资源，已经形成了成熟的产业链，具备了发展音乐产业的显著优势。近年来，北京市音乐产业发展呈现快速发展的态势，基本形成了以音乐演出、数字音乐、教育培训、版权经纪、影视动画、乐器产业等为主的产业结构布局。但也存在着有数量缺质量、精品原创不多，有“高原”缺“高峰”、产业链上下游未打通、科技融合创新力不够、产业发展环境不够好等制约音乐产业高质量发展的问题。同时面对 5G、人工智能、区块链等新技术迅速发展的科技融合大趋势，音乐产业发展面临着新的机遇与挑战。

面对新时代、新形势、新技术，如何将资源优势转化为发展动能，破旧题开新局，通过文化科技融合实现北京音乐产业高质量发展，将是北京市音乐产业未来发展的重要命题和使命。

2019 年底，北京市委、市政府正式出台《关于推动北京音乐产业繁荣发展的实施意见》，立足北京市音乐产业现状与优势，聚焦行业核心问题，提出了将北京建设成为国际音乐之都和华语音乐的全球中心的“一都一中心”战略目标，即推动北京音乐产业体系不断完善，力争涌现一批原创精品，培育一批龙头企业，吸引一批音乐人才，形成一批示范园区。力争到 2025 年北京市音乐及其关联产业年产值达到 1200 亿元。完成建好“两区三平台、着力四个突破”的重要任务。两区即重点打造音乐产业示范园区、音乐文化综合性消费区，推动产业集聚，形成文化名片；三平台即支持建立音乐版权管理及分发服务平台、音乐行业大数据平台、音乐产业发展高端智库平台，全方位服务产业发展；四个突破，指在原创内容、科技创新、品牌节展、文化氛围四大重点领域着力突破，始终占据领先地位。①

面对全球及全国数字音乐产业的发展趋势和北京市“一都一中心”的重要战略定位，北京在推动数字音乐产业科技创新方面开展了以下几方面的工作。

一是坚持价值引领与原创内容相结合。通过激励原创精品，筑牢音乐产业核心层内容创作生产根基；通过对词曲创作、音乐作品、音乐展演、孵化平台、宣传推广等原创优秀作品或项目的扶持奖励，解决音乐产业发展源头问题，提高优质供给水平；通过实施中华民族音乐传承精品工程，大力推动民族音乐的创造性转化和创新性发展；通过推动权威性评奖平台建设，探索建立音乐作品评价体系，解决评奖导向性不明、权威性不足、引领性不突出的问题；通过统筹社会资本、互联网平台力量，激活原创资源的创造活力，解决原创资源分散、缺乏规划引导的问题。

二是坚持科技创新与产业生态建设相结合。坚持创新驱动，推动音乐科技融合。通过关键技术研发、建设名人工作室或实验室、建立产学研对接机制，推动产学研交流合作，解决科技、人才、科研等产业创新要素集聚模式落地的问题，提升科技融合创新的转化应用水平，加快科技创新成果在音乐产业领域的转化应用，加快音乐产业的迭代升级。打造权威在线音乐行业大数据平台，解决数字音乐行业质量体系建设的大数据依据问题，打破行业壁垒，营造公平合理的竞争环境，打通数字音乐产业链，建立数字音乐产业生态。

三是产业集聚和品牌建设相结合。通过打造一批政府引导和市场推动相结合的音乐产业园区和音乐小镇，推动产业集聚，引领高品质消费，打造北京文化名片，塑造城市文化形象，营造助推产业发展的浓郁氛围，发挥北京

① 《北京市推进全国文化中心建设领导小组关于印发〈关于推动北京音乐产业繁荣发展的实施意见〉的通知》，2019 年 12 月 24 日，http：//www. beijing. gov. cn/zhengce/zhengcefagui/201912/t20191231_ 1550276. html。

全国文化中心凝聚荟萃、辐射带动、创新引领、传播交流的功能，解决目前音乐产业要素集而不聚、集而不强、特色化不突出的问题。通过举办产业大会、产业博览会、音乐节等品牌活动，起到带动产业发展、推动行业交流、展示北京品牌、促进国际传播的重要作用，树立北京市音乐产业高质量发展的风向标。

四是加强版权服务和优化政策环境。支持建立音乐版权分发服务体系、数字音乐版权管理及分发平台、版权资产全链条服务平台，解决版权交易乱象，建立起数据公开、信息透明的版权环境，切实保护著作权人合法权益。简化审批手续，优化音乐相关审批办理流程，解决音乐类审批烦琐、时间长、要求不明晰等行业反映的比较突出问题，改善营商环境，吸引更多优秀音乐企业选择在北京发展。

五是加强文化氛围建设和文化消费引导。在音乐演出方面，建设一批 live house 小型音乐场所，解决音乐演出氛围不浓厚问题。通过支持举办北京国际音乐节、国际音乐产业博览会、音乐产业大会等活动，增强北京音乐品牌的国际国内影响力。通过建设以音乐消费为核心综合性生活消费区，推动“音乐+城市文化生活”的融合创新，全面提升市民音乐欣赏水平，激活音乐受众的消费潜力。

六是加强音乐人才培养和资金扶持。在音乐人才培养方面，通过创新体制机制，加强复合型音乐人才培养，吸纳全球音乐人才落户北京，支持海外人才在京设立工作室，享受政策奖励。对音乐人才在京创业给予奖励、为重点音乐企业的高级人才提供工作生活保障等，力求在吸引人才留驻北京上见实效。在资金扶持方面，在北京文化发展基金中设立音乐产业发展专项子基金、依托北京文化投融资服务体系拓宽融资渠道等举措，解决属于轻资产的音乐产业贷款、融资难的问题。①

① 《北京市推进全国文化中心建设领导小组关于印发〈关于推动北京音乐产业繁荣发展的实施意见〉的通知》，2019 年 12 月 24 日，http://www.beijing.gov.cn/zhengce/zhengcefagui/201912/t20191231_1550276.html。

参考文献

Daniel M. Gurtner, "Communication, Pedagogy, and the Gospel of Mark," *Religious Studies Review*, no. 1 (2019).

MacDermott, Raymond J., Mornah, Dekuwmini, "The Effects of Cultural Differences on Bilateral Trade Patterns," *Global economy journal.* no. 4 (2016),

崔恒勇、王哲:《数字音乐专辑的版权转化研究》,《中国出版》2018 年第 10 期。

丁文华:《中国数字创意产业的发展——在 BIRTV2017 主题报告会上的演讲》,《现代电视技术》2017 年第 9 期。

樊凤龙:《中国在线音乐的商业发展模式》,《经济导刊》2008 年第 4 期。

傅丕毅、陈毅华:《MGC 机器生产内容 + AI 人工智能的化学反应——"媒体大脑"在新闻智能生产领域的迭代探索》,《中国记者》2018 年第 7 期。

韩倩倩:《在线音乐市场呈现寡头格局,免费听歌时代渐行渐远》,《中国战略新兴产业》2016 年第 16 期。

亢樱青:《在线音乐生态格局:差异化竞争是关键》,《商学院》2016 年第 9 期。

李思屈:《AI 时代的人类精神与价值传播》,《浙江传媒学院学报》2018 第 2 期。

李思屈:《人工智能时代的价值传播》,《新闻与写作》2018 年第 9 期。

李伟、李佳珂:《音乐产业经济运营模式思考——评〈音乐产业运营与管理〉》,《江西财经大学学报》2019 年第 5 期。

龙帅、邹薇:《中国数字音乐产业盈利模式的变革与发展》,《全国商情(经济理论研究)》2015 年第 3 期。

沈浩、杨莹莹:《大数据与人工智能驱动媒体变革》,《北方传媒研究》2018 年第 6 期。

田光雨:《人工智能:未来媒体变革的发动机——以新华社的实践探索为例》,《南方电视学刊》2018 年第 1 期。

王振中:《中国数字创意产业发展情况综述》,《现代电视技术》2018 年第 5 期。

翁佳:《智能语音技术对播音主持专业与行业影响探究》,《电视研究》2017 年第 12 期。

徐常亮:《媒体大脑:媒体与人工智能的融合重生之路》,《传媒》2018 年第 3 期。

闫旭:《影视数字版权音乐在新媒体中的传播与价值——以二十四节气水墨风音乐为例》,《传媒论坛》2019 年第 19 期。

姚鹤徽:《苹果 i Tunes 在线音乐商店:版权制度的未来模式》,《佛山科学技术学院学报(社会科学版)》2011 年第 5 期。

余旻佳:《AI 如何为媒体赋能——美联社的人工智能创新探索带来的启示》,《传媒

评论》2018 年第 11 期。

余铮、赵飞：《中国数字音乐长尾市场的现状分析与拓展策略》，《湖北民族学院学报（哲学社会科学版）》2016 年第 3 期。

臧志彭：《数字创意产业全球价值链：世界格局审视与中国重构策略》，《中国科技论坛》2018 年第 7 期。

翟欣：《人工智能时代新闻的生产与革新》，《记者摇篮》2018 年第 7 期。

赵刚、孙萌、姚莹：《人工智能与广电新闻业态发展探析》，《中国广播电视学刊》2018 年第 12 期。

周雯、陈亦水：《“文化创意产业研究新视野”：首届数字媒体研究年会综述》，《现代传播》2016 年第 11 期。

朱垚颖：《新闻写作的智能化趋势探析》，《写作》2018 年第 5 期。

邹佳龙：《5G 时代广电面临的挑战和机遇》，《西部广播电视》2019 年第 19 期。

大卫·J·莫泽：《音乐版权》，权彦敏、曹毅搏译，西安交通大学出版社，2013。

韩洁平：《数字内容产业成长机理及发展策略研究》，吉林大学出版社，2011。

宋奇慧主编《中国数字文化产业研究》，北京邮电大学出版社，2013。

熊澄宇、张铮、孔少华：《世界数字文化产业发展现状与趋势》，清华大学出版社，2016。

熊琦主编《数字音乐之道：网络时代音乐著作权许可模式研究》，北京大学出版社，2015。

周志平：《媒体融合背景下数字内容产业创新发展研究》，浙江工商大学出版社，2015。

评 价 篇

Evaluation Report

B.3

北京文化科技融合发展评价报告（2020）

王海峰　江光华　贾 佳　周从从*

摘 要： 本报告构建了北京地区文化科技融合发展评价指标体系，从融合基础、融合投入、融合产出、融合环境四大维度，8 个二级指标，21 个三级指标，对北京 2014～2017 年文化科技融合发展情况进行了评价。结果表明，以 2014 年为基数 100.0，2017 年北京市文化科技融合发展规模指数为 146.6，文化科技融合发展速度指数为 141.2。分领域看，文化科技融合基

* 王海峰，北京工业大学经济学硕士，高级统计师，研究方向为科技经济统计与评价指标体系。现就职于泰康人寿保险有限责任公司；江光华，博士，北京科学学研究中心副研究员，研究方向为文化科技融合、文化产业、科技政策；贾佳，博士，中国科学院科技战略咨询研究院副研究员，研究方向为科技与文化融合、文化创意产业；周从从，文化和旅游部海外文化设施建设管理中心科研助理，研究方向为文化产业、文化科技融合、文化政策。

础、融合产出和融合环境三大指数比上年均实现不同程度的增长，但文化科技融合投入指数出现略微下降。2014～2017年，北京市文化科技融合取得了较为瞩目的发展成绩，但仍存在部分薄弱环节，一是北京文化科技融合整体效果显著，但仍有较大发展潜力；二是文化科技融合的文化基础从规模和速度上都略有下降；三是文化科技融合的人力投入有待加大；四是文化科技融合的财力投入有待加大；五是文化科技融合的社会环境亦有待进一步优化。

关键词： 文化科技融合　公共文化服务　文化产业　北京

为了对北京文化科技融合的总体情况进行宏观描述和把握，有必要建立一套区域文化科技融合评价指标体系，一是对近年来北京文化科技融合发展情况进行纵向评价，二是将北京与上海、广东、浙江、天津、四川等国内相关省市文化科技融合发展进行横向比较，以便于直观地了解北京文化科技融合的发展进程、现状与趋势，客观反映北京文化科技融合发展的优势与不足，为促进北京文化科技融合发展提供决策依据。本报告围绕构建区域文化科技融合发展评价指标体系进行尝试，并从纵向和横向两个维度对北京文化科技融合发展的现状和趋势进行量化评价分析。

一　研究现状与问题概述

区域文化科技融合的评价是一个复杂的研究课题，建立一个实用的、完善的评价指标体系对于描述区域文化科技融合发展状况，正确认识、测评、把握地区文化科技融合发展水平并对其进行国际比较，监测发展中的问题并有针对性地进行解决具有重要意义。2012年颁布的《国家文化科技创新工程纲要》中，关于加强文化科技创新发展环境建设提出了明确要求，“要完善文化科技工作体系和统计评价体系”，同时指出要“加强文化科技工作统计制度、指标体系、调查方法的研究，逐步探索建立一套适用于评价文化科技发展速度、发展水平、发展潜力以及投入产出效益的评价指标体系”。[①]

为此，不少学者、政府研究机构都意识到建立全国统一的标准文化科技创新评价指标系统的必要性，并从国家、地区、城市等多个层面展开了相关研究。这些研究不仅借鉴创意产业研究领域构建的3T、欧洲、中国香港、上海等多个创意指数构架，同时还借鉴信息、专利等涉及科技创新的诸多高科技园区的评价体系因子。中国国家级文化科技融合示范基地发展评价主要从融合环境、融合深度和融合成效三个要素进行测量；也有从宏观、微观、文化和科技融合特质的角度进行测度。倪芝青和楼菁华[②]、蒋伟[③]等通过研究文化与科技之间、创新融合活动之间的相关因素，提出了文化和科技融合示范基地的评价指标体系，该体系包括融合环境、融合深度、融合成效三个一级指标，基地建设、产业结构、创新投入、创新成果、绩效产出、文化贡献六个二级指标，再细分三级指标。综合来看，国家级文化和科技融合基地相关评价指标体系和区域文化科技融合创新能力相关评价指标体系大都涵盖了融合基础、融合环境、融合能力、融合效益等方面，创意城市相关评价指标体系大都涵盖了城市或地区经济发展、人力资源、文化环境等方面，在具体的评价指标中，专利申请量、文化产业增加值占GDP比重、R&D（研究与试验发展）经费占GDP比重、R&D从业人员、图书馆拥有量、互联网用户数等指标出现概率比较大。这些评价指标体系为本研究提供了启迪和借鉴。

目前，我国文化科技融合研究起步较晚，与国外统计口径不太一样，国

① 《国家文化科技创新工程纲要》，2012年8月6日，http://www.most.gov.cn/ztzl/gjwhkjcxgc/whkjgcgy/201208/t20120806_96067.htm。

② 倪芝青、楼菁华：《基于指数研究的城市文化与科技融合发展评价——以杭州为例》，《科技管理研究》2015年第6期。

③ 蒋伟、张龙菲、郑成琳、刘美：《国家级文化科技融合示范基地发展水平的评价体系设计》，第九届中国科技政策与管理学术年会论文集，2013。

内外对文化科技融合评价研究还存在许多不足之处。主要体现在以下几个方面。

1. 存在重融合、轻评价的现象

目前，国内外有关区域文化科技融合发展评价的资料较为缺乏。在中国知网上输入“文化科技”“文化科技融合”等关键词，从1996年至2018年，与文化科技融合发展研究相关的论文有5000多篇。近年来有不断增多的趋势，从2012年开始发表的相关论文数量就已经超过500篇，研究内容涉及我国文化科技融合发展的各个领域。但其中关于文化科技融合发展评价的文章则是少之又少，在上述搜索结果中进行主题词为“评价”的二次检索，仅有12篇论文。总体来看，当前对文化科技融合的理论研究主要集中在融合机制、融合模式、融合对策等定性研究方面，相关的评价研究则很少。在定量评价研究方面，国内外学者在创意城市、文化产业、科技创新等单方面的研究很多，而且各自形成了较为成熟完整的理论框架，但对于文化科技融合方面的定量评价研究较为欠缺。

2. 文化科技融合评价研究有待深入

近年来，我国文化科技融合创新得到深入发展和推进，对文化科技发展开展评价的研究不断涌现。如倪芝青基于指数研究对杭州市文化与科技融合评价指标体系进行了研究，孙智君和刘蕊涵分析了长江经济带十一省市文化与科技融合创新指数，山红梅和吴琦对文化科技融合能力成熟度进行了评价研究，蒋伟等人设计了国家级文化和科技融合示范基地发展水平的评价体系，贾佳等学者对国家级文化和科技融合示范基地的文化科技融合创新指数及创新指标体系建设进行了深入分析。整体来看，关于文化科技融合评价的科研成果较为缺乏，各学者研究领域及侧重点也有差异。当前对于文化科技融合的界定及其内涵外延还未形成统一的认识，对于文化科技融合产业也没有明确的界定和统计口径，因此导致文化科技融合的效果较难评价。

3. 文化科技融合评价指标体系尚待完善

目前来看，在文化科技融合相关评价研究中，有学者建立了评价指标体系，但有许多评价指标很难量化，可操作性较弱。如蒋伟[①]提出的国家级文化和科技融合示范基地的评价指标体系，该体系包括融合环境、融合深度、融合成效三个一级指标，其提出的评价指标大都只是一个思路，重在概念层面，许多指标难以量化。再比如倪芝青、楼菁华[②]的杭州文化与科技融合发展评价指标体系，其中的市级文创园面积等指标数据可能只有杭州能提供或者是内部数据，不具有横向可比性。根据文化科技融合的理论与特点，建立健全区域文化科技融合评价指标体系，从定量上对区域文化科技的融合效果进行评价，是文化科技融合发展研究过程中亟待解决的重要问题之一。为此，本报告拟构建一套适应于省市等层面的区域文化科技融合评价指标体系，通过对北京等区域文化科技融合发展情况进行评价，以期深入了解北京文化科技融合发展情况，发现区域文化科技融合过程中存在的问题，科学、合理、动态地监测北京区域文化科技融合情况。

二　北京文化科技融合评价指标体系的构建

（一）构建原则

文化科技融合评价指标体系应包括有利于文化科技融合发展的各项条件，它是由若干个具有一定联系同时又相互补充，具有一定层次性、逻辑结构性的指标构成的系统整体。在指标选取时重点考虑以下原则。

1. 科学性原则

评价指标体系的设计必须客观真实地反映区域文化科技融合发展的内在规律，指标的选择要有充分的理论依据，要以文化科技融合的内涵为基础，要有针对性。

① 蒋伟、张龙菲、郑成琳、刘美：《国家级文化科技融合示范基地发展水平的评价体系设计》，第九届中国科技政策与管理学术年会论文集，2013。

② 倪芝青、楼菁华：《基于指数研究的城市文化与科技融合发展评价——以杭州为例》，《科技管理研究》2015 年第 6 期。

2. 系统性原则

文化科技融合是文化与科技和社会环境等诸多方面相互协调推动的系统性发展过程，故其评价指标体系一定要能够全面地反映文化科技融合所包含的各个方面。

3. 可比性原则

文化科技融合评价的结果不仅能够进行同一区域的纵向比较，还要有利于进行区域之间的横向比较。要尽量采用国际通用的统计指标，统计口径和范围尽可能保持一致，保证指标的可比性。

4. 可操作性原则

首先要求每个指标数据具有可采集性；其次要求每个指标的内容要具备易理解性，在使用指标时不会产生歧义；最后所构建的指标体系能够在使用中能够较为准确和方便地运用，能被社会理解和接受。

5. 相对独立性原则

应尽可能选择具有相对独立性的指标，减少与其他指标存在相关性较强的指标，以具有可比性的相对指标为主，以提升评价的准确性与科学性。

6. 导向性原则

区域文化科技融合评价指标体系的构建应有利于引导区域更好地加强文化科技融合，促进文化发展。

（二）构建思路

根据文化和科技融合的内涵，在借鉴国内外学者有关创意城市评价、区域文化和科技创新能力评价、文化和科技融合示范基地评价等研究成果的基础上，结合统计指标相应数据的可获得性，本研究试从融合基础、融合投入、融合产出、融合环境四个维度出发，构建区域文化科技融合评价指标模型（见图1）。

1. 融合基础：衡量区域文化科技融合基础的扎实度

融合基础主要体现为区域文化与科技各自发展的水平。只有当文化和科技两个方面的发展达到了一定水平，才能有效地整合文化和科技资源，提升区域文化科技创新能力，促进区域文化科技深度融合效果的实现。

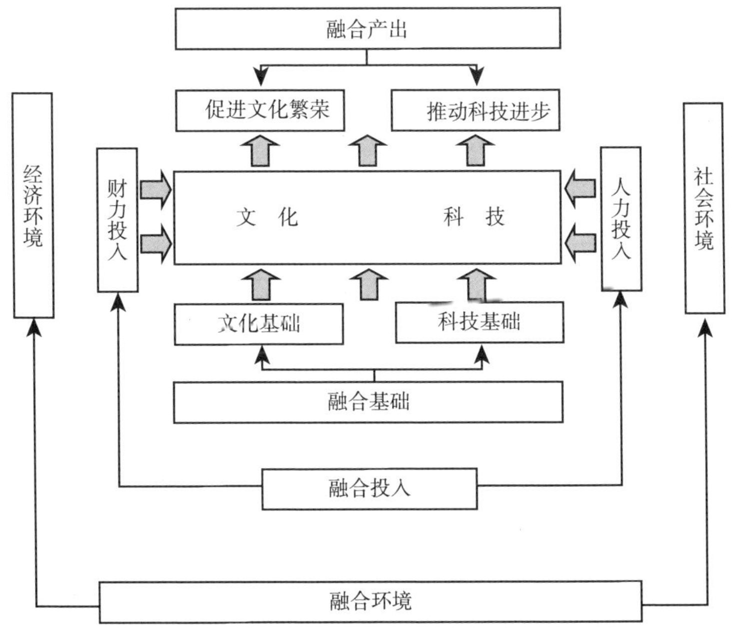

图 1　区域文化科技融合评价指标模型

2. 融合投入：衡量区域文化科技融合投入的强度

融合投入主要是评价区域在文化科技融合发展方面的投入情况。文化科技融合投入主要通过文化科技融合领域的人力投入和财力投入两方面来反映。

3. 融合产出：衡量区域文化科技融合效果的显示度

融合产出指的是文化科技融合带来的综合产出绩效，通过促进文化繁荣和推动科技进步两方面直接体现。

4. 融合环境：衡量区域文化科技融合外部环境条件的完善度

融合环境衡量区域文化科技融合具备的保障条件和支撑环境。它对促进区域文化、科技资源集聚、提升文化科技创新能力等发挥着重要作用。涉及地方的经济环境和社会环境两大方面。

（三）评价指标体系

基于以上原则和思路，经过梳理、界定、筛选和分类，并进行多轮专家讨论验证，最终确定了区域文化科技融合评价指标体系（见表 1）。

表 1　区域文化科技融合评价指标体系

一级指标	二级指标	三级指标
融合基础	文化基础	文化体育与传媒支出占财政一般预算支出的比重
		地区居民人均文化娱乐消费支出
		文化创意产业增加值占 GDP 的比重
	科技基础	R&D 经费投入强度
		地区万人有效专利数
		知识密集型服务业增加值占 GDP 的比重
融合投入	人力投入	人文社科类高校 R&D 人员数
		规模以上文化制造企业 R&D 人员折合全时当量
	财力投入	年度科普经费筹集额
		文化创意产业活动单位资产总额
融合产出	促进文化繁荣	规模以上文化制造企业新产品开发项目数
		广播影视科技创新奖情况
		游戏、动漫企业营业收入总额
	推动科技进步	文化及相关产业发明专利授权总数
		外观设计专利授权量
		当年文化企业认定国家高新技术企业数量
融合环境	经济环境	地区人均 GDP
		上市文化企业数
	社会环境	地区万人拥有文化馆、图书馆、博物馆、艺术表演馆数量
		互联网宽带接入端口
		每万人口参加科普(技)讲座、展览人次

为了客观认识北京在文化科技融合发展中较国内其他省市的优势和不足，在上述指标体系的基础上，根据指标数据的可获得性，遴选出部分具有代表性和可比性的指标，建立简化的、可用于横向比较的区域文化科技融合评价指标体系（见表 2）。

需要说明的是，鉴于采取指标评价的方法进行区域发展的比较分析，本身具有一定的局限性，加之区域文化科技融合评价的定量分析和横向比较尚属首次，可用的统计指标偏少，在各区域都通用的指标就更少，因此通过计算得到的各区域文化科技融合指数仅可尝试用于审视北京之于国内其他文化发达省份的相对优劣势，各地指数值仅供比较参考。

表 2　简化的区域文化科技融合评价指标体系

一级指标	二级指标	简化的三级指标
融合基础	文化基础	文化创意产业增加值占 GDP 的比重
	科技基础	R&D 经费投入强度
融合投入	人力投入	规模以上文化制造企业 R&D 人员折合全时当量
	财力投入	年度科普经费筹集额
融合产出	促进文化繁荣	文化及相关产业发明专利授权总数
		当年文化企业认定国家高新技术企业数量
	推动科技进步	游戏、动漫企业营业收入总额
		广播影视科技创新奖情况
融合环境	经济环境	地区人均 GDP
	社会环境	每万人口参加科普（技）讲座、展览人次

（四）指标解释及说明

1. 文化体育与传媒支出占财政一般预算支出的比重。文化体育与传媒支出是指政府社会团体等部门在文化、体育、广播影视、新闻出版、文物保护与宣传展示等方面的支出。财政一般预算支出是各级财政部门对集中的一般预算收入有计划地分配和使用而安排的支出。文化体育与传媒支出占财政一般预算支出的比重反映了各级财政对文化事业投入的力度。

2. 地区居民人均文化娱乐消费支出。地区居民人均文化娱乐消费支出是指某一居民用于文化娱乐的人均消费支出。居民文化娱乐消费水平不断提高，对文化产品和服务的更高需求有助于拉动文化产业的发展。

3. 文化创意产业增加值占 GDP 的比重。文化创意产业是以文化内容和创意成果为核心价值，以知识产权实现或消费为交易特征，为社会公众提供文化体验的具有内在联系的行业集群。文化创意产业增加值占 GDP 的比重可以体现地区文化创意产业的活力。

4. R&D（研究与试验发展）经费投入强度。R&D 指在科学技术领域，为增加科技创新成果和知识总量，运用积累的知识去创造新的应用和成果所

进行的系统性、创造性的研发活动。国际上通常采用R&D活动的规模和强度指标来反映一国的科技实力和核心竞争力。R&D经费投入强度是指研究与试验发展经费支出占地区生产总值的比例，是衡量某个地区在科技创新努力程度的关键指标之一。

5. 地区万人有效专利数。有效发明专利数是衡量地区科技创新活动成果的重要指标，是某一单位作为专利权人在报告年度拥有的、经国内外知识产权行政部门授权且在有效期内的发明专利件数。

6. 知识密集型服务业增加值占GDP的比重。知识密集型服务业是发达国家和国际组织在研究和统计上广泛采用的一个概念。1996年，经济合作与发展组织（简称经合组织，OECD）提出，知识已成为推动发达国家生产率进步和经济增长的重要源泉，知识经济是发达国家经济的重要特征。根据经验划分，知识密集型服务业内容主要包括金融、信息、商务服务、教育和医疗五类服务行业，它们都更频繁地使用高新技术，是吸纳高素质劳动力就业的主要行业，是创新活动的主要载体。

7. 人文社科类高校R&D人员数。人文社科类指的是人文与社科两大类。R&D人员是指调查单位内部从事基础研究、应用研究和试验发展三类活动的人员，包括直接参加上述三类项目活动的人员以及这三类项目的管理人员和直接服务人员。

8. 规模以上文化制造企业R&D人员折合全时当量。R&D人员全时当量指报告期企业R&D全时人员（全年从事R&D活动累积工作时间占全部工作时间的90%及以上人员）工作量与非全时人员按实际工作时间折算的工作量之和。规模以上文化制造业企业指年主营业务收入在2000万元及以上的工业企业法人（《文化及相关产业分类2012)》)。

9. 年度科普经费筹集额。政府拨款、社会资本等对科普领域的投入，支持科普事业发展经费总额。

10. 文化创意产业活动单位资产总额。文化创意产业主要包含文化艺术、新闻出版、广播、电视、电影、软件、网络及计算机服务、广告会展、艺术品交易、设计服务、旅游、休闲娱乐和其他辅助服务。

11. 规模以上文化制造企业新产品开发项目数。新产品是指采用新的技术原理、新的设计构思来进行研制、生产的全新产品，或在结构、材质、工艺等某一方面比原有产品具有明显改进，进而显著提高产品性能或扩大使用功能的产品。

12. 广播影视科技创新奖情况。广播影视科技创新奖是国家广播电视总局为奖励在广播影视科学技术工作中做出较大贡献的集体和个人而设定的奖项。奖励在广播影视科学技术研究与开发、成果转化与产业化、工程建设与改造、广播影视决策与安全运行管理科学化、国外先进技术引进与消化吸收以及标准与计量等方面的科学技术创新，促进广播影视科学技术事业发展。共设高新技术研究与开发奖、科技成果应用与技术革新奖、工程技术奖和软科学奖四个奖项。按科学技术水平和技术能力、经济效益和社会效益、推动科技进步的作用三个条件进行综合评定。

13. 游戏、动漫企业营业收入总额。动漫企业指经文化和旅游部、财政部、国家税务总局三部门联合认定的从事漫画创作、动画创作、网络动漫（含手机动漫）创作、动漫舞台创作、动漫软件开发和动漫衍生产品研发等动漫业务的企业。营业收入是从事主营业务或其他业务所取得的收入，指在一定时期内，商业企业销售商品或提供劳务所获得的货币收入。

14. 文化及相关产业发明专利授权总数。其指在文化及其相关产业领域内，当年对产品、方法或者其改进所提出的新的技术方案所获得的发明专利授权数量。

15. 外观设计专利授权量。外观设计专利指对产品的形状、图案、色彩或者其结合所做出的富有美感并适于工业上应用的新设计。该指标反映当年获得拥有自主知识产权的外观设计成果情况。

16. 当年文化企业认定国家高新技术企业数量。其指当年在文化领域内，按照《高新技术企业认定管理办法》，持续进行研究开发与技术成果转化，形成企业核心自主知识产权，并以此为基础开展经营活动，且在中国境内（不包括港、澳、台地区）注册一年以上的居民企业。

17. 地区人均 GDP。人均国内生产总值是人们了解和把握一个国家或地区的宏观经济运行状况的有效工具，发展经济学中将该指标作为衡量经济发展状况的重要指标之一。

18. 上市文化企业数量。根据《中华人民共和国公司法》第四章第五节的相关规定，上市公司是指所公开发行的股票经过国务院或者国务院授权的证券管理部门批准在证券交易所上市交易的股份有限公司。上市文化企业数量指地区文化企业在主板、中小板、创业板、新三板等上市的数量。

19. 地区万人拥有文化馆、图书馆、博物馆、艺术表演馆数量。文化馆是开展群众文化活动，并给群众文娱活动提供场所的机构。图书馆是搜集、整理、收藏图书资料以供人阅览、参考的机构。博物馆包括以博物馆（院）、纪念馆（舍）、美术（艺术）馆、科技馆、陈列馆等专有名称开展活动的单位，是以研究、教育、欣赏的目的，收藏、保护、展示人类活动和自然环境的见证物，向公众开放，非营利性、永久性社会服务机构。艺术表演场馆指由文化部门主办或实行行业管理（经文化市场行政部门审批或已申报登记并领取相关许可证），有观众席、舞台、灯光设备，公开售票、专供文艺团体演出的文化活动场所。

20. 互联网宽带接入端口。其指用于接入互联网用户的各类实际安装运行的接入端口的数量，包括 XDSL 用户接入端口、LAN 接入端口、FTTH/O 端口及其他类型接入端口等。

21. 每万人口参加科普（技）讲座、展览人次。科普（技）讲座、展览是提高公众科技意识和科学素养的重要途径。每万人口参加科普（技）讲座、展览人数反映了社会公众参与科学普及的积极性。

三　评价方法

（一）计算方法

近年来，围绕多指标综合评价，相应的计算方法已有几十种，对北京文化科技融合发展进行评价，我们选用的是综合评价指数分析法。

综合评价指数分析法能综合反映社会现象的变动方向和程度，并能够分析测定现象各构成要素对现象发展变动的影响方向和程度，反映现象的变动趋势以及现象在不同地区之间的对比关系。

1. 综合评价指数的目的和意义

综合评价指数是按照原始绝对值数据进行无量纲化处理后，按照指标权重的确定、基础数据的甄别处理、基础指标的处理方法和指数的处理模型，计算出体现北京科技文化融合综合评价指数，是绝对量的体现。

一级指标编号：k，本文中取值 1 ~4；

二级指标分段编号：$l_k = N_{k-1} + 1, N_{k-1} + 2, \cdots, N_k$。

指标变量定义：

z_i：第 i 个地区综合指数；

z'_i：第 i 个地区综合指标值；

y_{ik}：第 i 个地区第 k 项一级指数；

y'_{ik}：第 i 个地区第 k 项一级指标值；

x_{il_k}：第 i 个地区第 l_k 项二级指数；

$U_i^{l_k}$：第 i 个地区第 l_k 项二级指标值。

权重变量定义：

α_k：第 k 项一级指标权重，$\sum_{k=1}^{4} \alpha_k = 1$；

β_{l_k}：第 l_k 项二级指标权重，$\sum_{l_k=N_{k-1}+1}^{N_k} \beta_{lk} = 1$。

为了消除多指标综合评价中计量单位上的差异和指标数值的数量级等的差别，解决指标的可综合性问题，需要对数据进行无量纲化处理。本报告在进行同一地区历年变化研究过程中，采用基期法对二级指标值进行无量纲归一化处理，得到二级指数。

$$x_{il_k} = \frac{U_i^{l_k}}{U_0^0}$$

其中：U_0^0 为各指标基期数据。

运用综合加权法计算一级指数。

$$y'_{ik} = \sum_{l_k = N_{k-1}+1}^{N_k} x_{il_k} \times \beta_{l_k} \quad k = 1,2,3 \quad i = 1,2,\cdots,I$$

$$y_{ik} = \frac{y'_{ik}}{\max\limits_i \{y'_{ik}\}} \times 100 \quad k = 1,2,3 \quad i = 1,2,\cdots,I$$

运用综合加权法计算综合指数。

$$z'_i = \sum_{k=1}^{3} y'_{ik} \times \alpha_k \quad i = 1,2,\cdots,I$$

$$z_i = \frac{z'_i}{\max\limits_i \{z'_i\}} \times 100 \quad i = 1,2,\cdots,I$$

在进行不同省市同一年度的比较研究过程中，采用标杆法对二级指标值进行无量纲归一化处理，得到二级指数。

$$x_{il_k} = \frac{U_i^{l_k}}{\max\limits_i \{U_i^{l_k}\}}$$

2. 发展速度指数

文化科技融合发展指标体系分成三个层次。第一个层次用以反映文化科技融合总体发展情况，通过计算总体发展指数实现；第二个层次用以反映在融合基础、投入、产出和环境 4 个方面的情况，通过计算相关分项指数实现；第三个层次用以反映构成融合能力各方面的具体发展情况，通过上述 4 个领域、21 个评价指标实现。

（1）确定指标权重

在比较国内外赋权方法优劣的基础上，参考中国创新指标体系框架，采用“逐级等权法”进行权数的分配。

（2）计算指标增速

通常，在计算指标的增速或发展速度过程中，均是以基期年份指标值作为基准进行比较。在某一指标体系中，如果按照通常的方法来计算各指标的增速，然后进行加权平均，由于可能存在某些指标增速过高（或过低）的情况，会造成部分指标计算得到的增速之间不可比（一些指标增速过高或过低，掩盖了其他指标的作用），从而造成整个指标体系失真。因此，必须采用一定的方法，对指标体系中各指标增速的范围进行控制。将指标增速的基准值设定为该指标的两年平均值是一种较好的方法，通过这种方法计算得到的各指标增速的范围，可以控制在［－200，200］。本文的指标体系中，所有指标均为正向指标。①

各指标相邻年份增长速度的计算公式为：

$V_{it} = \left[\frac{X_{it} - X_{it-1}}{(X_{it} + X_{it-1})/2}\right] * 100$，其中，$i$ 为指标的序号，t 为评价的年份，本文中 $t \geqslant 2015$。

3. 合成分领域的指数和总指数

指数的合成方法，可以分为以下三个基本步骤：

（1）计算各领域所辖指标加权增速

$C_t = \sum_{i=1}^{k} w_i * V_{it}$，$w_i$ 为各指标对其所属领域的权重，k 为该领域内指标的个数，t 为年份，$t \geqslant 2015$。

（2）计算定基累计发展各领域分指数

$E_{t+1} = E_t * \left(\frac{200 + C_{t+1}}{200 - C_{t+1}}\right)$，$t$ 为年份，本文中 $t \geqslant 2014$，初期值100。

（3）计算定基累计发展总指数

$Z_{t+1} = \sum_{i=1}^{4} \alpha_i E_{t+1}$，$t$ 为年份，α_i 为各领域的权重。

（二）数据来源

评价指标体系中各项指标数据来源（见表3）。

① 国家统计局：《2018年中国创新指数为212.0　科技创新能力再上新台阶》，国家统计局网站，2019年10月24日。

表 3　北京区域文化科技融合评价指标体系、权重分布及数据来源

一级指标	二级指标	三级指标	数据来源
融合基础（1/4）	文化基础（1/2）	文化体育与传媒支出占财政一般预算支出的比重（1/3）	《中国统计年鉴》
		地区居民人均文化娱乐消费支出（1/3）	《中国文化及相关产业统计年鉴》
		文化创意产业增加值占 GDP 的比重（1/3）	《北京统计年鉴》
	科技基础（1/2）	R&D 经费投入强度（1/3）	《中国科技统计年鉴》
		地区万人有效专利数（1/3）	《中国科技统计年鉴》
		知识密集型服务业增加值占 GDP 的比重（1/3）	《中国区域创新能力监测报告》
融合投入（1/4）	人力投入（1/2）	人文社科类高校 R&D 人员数（1/2）	《中国科技统计年鉴》
		规模以上文化制造企业 R&D 人员折合全时当量（1/2）	《中国文化及相关产业统计年鉴》
	财力投入（1/2）	年度科普经费筹集额数（1/2）	《中国科技统计年鉴》
		文化创意产业活动单位资产总额（1/2）	《北京统计年鉴》
融合产出（1/4）	促进文化繁荣（1/2）	规模以上文化制造企业新产品开发项目数（1/3）	《中国文化及相关产业统计年鉴》
		广播影视科技创新奖情况（1/3）	国家广播电视总局官网
		游戏、动漫企业营业收入总额（1/3）	北京文投大数据有限公司
	推动科技进步（1/2）	文化及相关产业发明专利授权总数（1/3）	EPS 数据平台、中国文化数据库
		外观设计专利授权量（1/3）	《中国科技统计年鉴》
		当年文化企业认定国家高新数量（1/3）	北京文投大数据有限公司
融合环境（1/4）	经济环境（1/2）	地区人均 GDP（1/2）	《北京统计年鉴》
		上市文化企业数（1/2）	北京文投大数据有限公司
	社会环境（1/2）	地区万人拥有文化馆、图书馆、博物馆、艺术表演馆数量（1/3）	《北京统计年鉴》、EPS 数据平台
		互联网宽带接入端口（1/3）	《中国统计年鉴》
		每万人口参加科普（技）讲座、展览人次（1/3）	《中国科普统计年鉴》

注：各分领域的权重均为 1/4，某一分领域内指标对所属领域的权重为 1/n（n 为该领域指标个数）。

四　北京文化科技融合发展评价分析

（一）评价指标原始数据

基于上述确定的评价指标体系和数据来源，采集 2013 ~ 2017 年的相关

数据（见表4）对当前北京文化科技融合发展的总体水平进行评价，沿时间轴进行纵向比较分析，并选择国内相关省市进行横向比较研究。

表4　2013～2017年北京市文化科技融合评价指标原始数据

指标名称	2013年	2014年	2015年	2016年	2017年
文化体育与传媒支出占财政一般预算支出的比重(%)	3.71	3.62	3.29	3.10	3.06
地区居民人均文化娱乐消费支出(元)	2133.30	2333.70	2592.10	2351.40	2395.00
文化创意产业增加值占GDP的比重(%)	13.02	13.90	13.74	13.95	14.28
R&D经费投入强度(%)	5.98	5.95	6.01	5.96	5.64
地区万人有效专利数(项)	103.70	127.70	158.90	192.20	228.00
知识密集型服务业增加值占GDP的比重(%)	38.60	41.90	43.00	44.50	45.30
人文社科类高校R&D人员数(人)	36347	38772	41428	40440	43464
规模以上文化制造企业R&D人员折合全时当量(人年)	1107	1121	974	1062	906
年度科普经费筹集额数(万元)	203614.00	217381.00	212622.00	251204.00	269586.00
文化创意产业活动单位资产总额(亿元)	18234.20	26441.80	31893.90	37921.30	37577.10
规模以上文化制造企业新产品开发项目数(个)	357	347	299	263	292
广播影视科技创新奖情况(分)	—	90.00	91.40	91.10	97.80
游戏、动漫企业营业收入总额(亿元)	—	514.60	686.40	907.50	1050.20
文化及相关产业发明专利授权总数(项)	921	945	1399	1840	2288
外观设计专利授权量(项)	5675	7353	12950	15266	14846
当年文化企业认定国家高新数量(家)	170	331	409	351	946
地区人均GDP(元)	93213.00	99995.00	106497.00	118198.00	128927.00
文化领域上市企业数(家)	21	32	53	79	93
地区万人拥有文化馆、图书馆、博物馆、艺术表演馆等数量(个)	0.26	0.26	0.28	0.29	0.29
互联网宽带接入端口(万个)	1186.80	1159.86	1580.53	1784.04	1818.04
每万人口参加科普(技)讲座、展览人次(人次)	18775	21043	25050	21460	28528

注：广播影视科技创新奖情况。广播影视科技创新奖设突出贡献奖、一等奖、二等奖、三等奖，设定突出贡献奖4分、一等奖3分、二等奖2分、三等奖1分。部分奖项有多个单位共同获得，基于公平性，各单位根据贡献大小共享奖项得分。具体算法举例：某一等奖由a单位、b单位、c单位三家单位合作获得，其中a单位的得分为3/（1+2+3）*3=1.5分；b单位的得分为2/（1+2+3）*3=1分；c单位的得分为1/（1+2+3）*3=0.5分。

（二）发展规模指数

通过评价指标模型测算，可以看出，以2014年为基期的文化科技融合规模指数由100.0增至146.6。分领域看，文化科技融合基础不断夯实，融合投入规模进一步加大，融合产出规模成效显现，经济社会融合环境不断优化，文化科技融合发展规模再上新台阶（见表5、图2、图3）。

表5　2014～2017年北京文化科技融合发展规模指数

评价指标	2014年	2015年	2016年	2017年	2017年较上年变化
文化和科技融合发展规模指数	100.0	116.1	129.4	146.6	增加
一、融合基础	100.0	104.8	107.3	111.9	增加
文化基础	100.0	100.3	95.6	96.6	增加
科技基础	100.0	109.4	119.0	127.1	增加
二、融合投入	100.0	103.0	114.5	114.8	增加
人力投入	100.0	96.9	99.5	96.5	减少
财力投入	100.0	109.2	129.5	133.1	增加
三、融合产出	100.0	128.1	143.6	187.8	增加
促进文化繁荣	100.0	107.0	117.8	132.3	增加
推动科技进步	100.0	149.2	169.5	243.3	增加
四、融合环境	100.0	128.4	152.3	171.9	增加
经济环境	100.0	136.1	182.5	209.8	增加
社会环境	100.0	120.6	122.1	134.0	增加

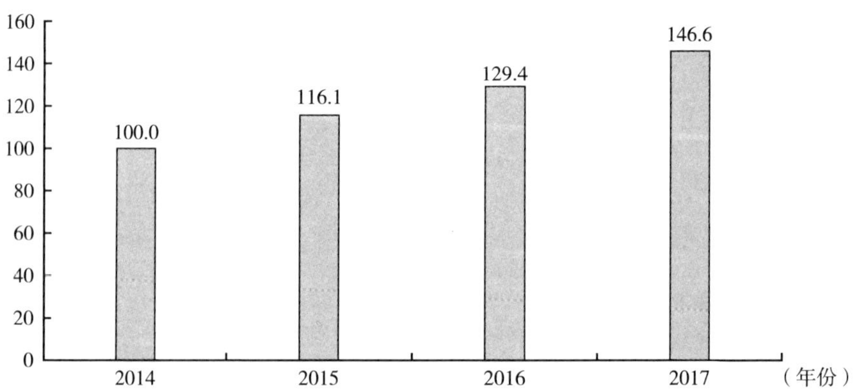

图2　2014～2017年北京文化科技融合发展规模指数（2014年为基期）

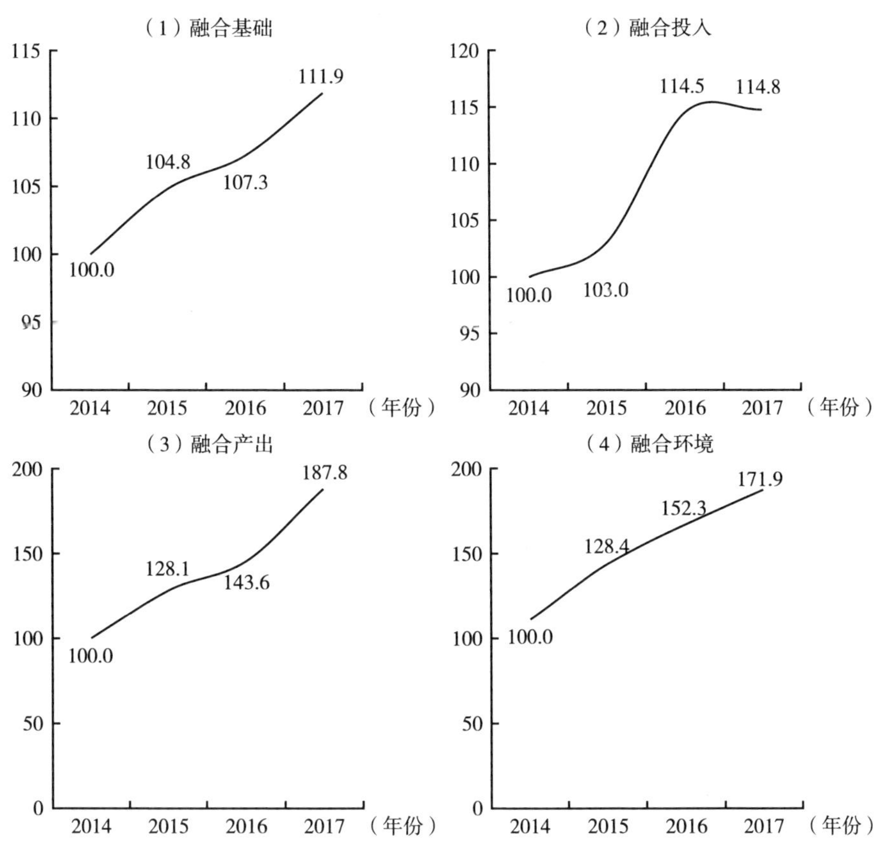

图3　2014～2017年北京文化科技融合发展规模指数（分领域）

1. 融合基础规模指数

2017年融合基础规模指数达到111.9，较上年的107.3进一步增加，该领域中的两项指标然均出现增加，文化基础为96.6，较上年的95.6略有增加，但与基期2014年相比文化基础仍显不足，文化基础规模仅在2015年出现增长，达到100.3，2016年和2017年均出现下降。2017年科技基础规模指数为127.1，规模较2016年出现较大增长，自2015年，科技基础规模保持逐年增长态势（见图4）。

2. 融合投入规模指数

2017年融合投入规模指数达到114.8，较上年的114.5略微提升，该领

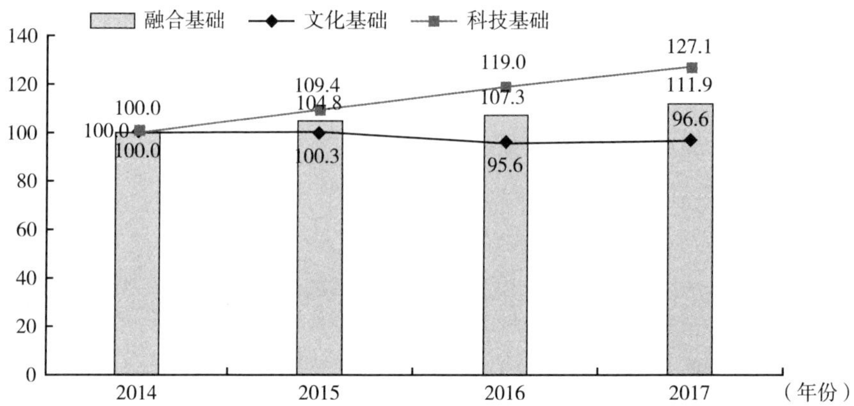

图4　2014～2017年北京文化科技融合基础规模指数（2014年为基期）

域中两个指标呈现一增一减态势，人力投入规模指数为96.5，较2016年的99.5下降了3个百分点，人力投入规模自2015年起呈下降趋势，说明北京文化科技融合的人投入势态不佳，有待进一步加强。2017年财力投入规模指数为133.1，较2016年的129.5有所增加，且该指标近三年均呈现增长态势，说明北京文化科技融合的财力投入势态较好（见图5）。

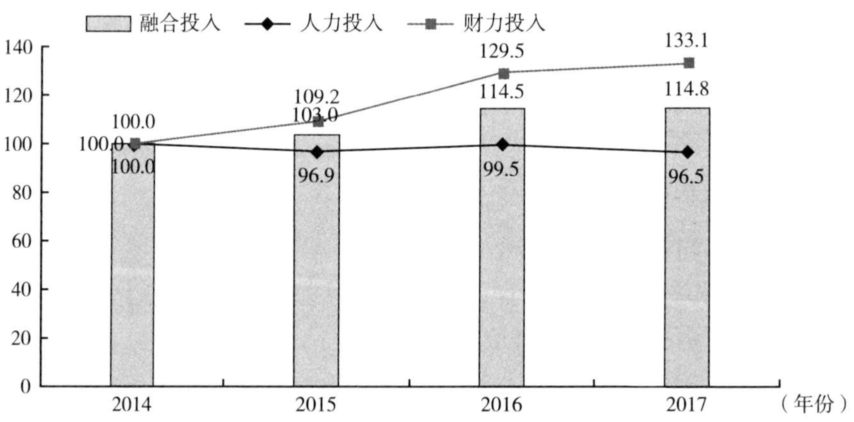

图5　2014～2017年北京文化科技融合投入规模指数（2014年为基期）

3. 融合产出规模指数

2017年融合产出规模指数达到187.8，是所有分领域指标中最大的，较

2016 年的 143.6 大幅增长，说明文化科技融合的产出规模呈现较大的规模增长。该领域中两个指标在规模上较上年均呈现增长趋势，特别是在推动科技进步方面，2017 年该指数为 243.3，推动科技进步的发展规模是基期的 2.4 倍之多，较 2016 年的 169.5 出现非常大的增长，这说明北京在文化科技融合推动科技进步方面取得的成效非常显著。在促进文化繁荣方面，2017 年该指数为 132.3，较 2016 年的 117.8 同样呈现一定的增长，较 2015 年的 107.0 也有较大增长，这说明北京在文化科技融合促进文化繁荣方面取得的成效也较为显著（见图 6）。

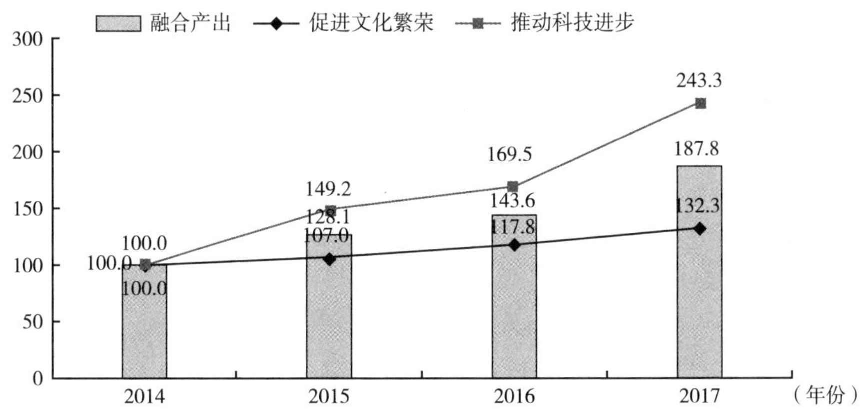

图 6　2014～2017 年北京文化科技融合产出规模指数（2014 年为基期）

4. 融合环境规模指数

2017 年融合环境规模指数达到 171.9，较 2016 年的 152.3 增长显著，该领域两个指标较上年均出现增长态势，特别是经济环境规模指标，达到 209.8（2016 年为 182.5，2015 年为 136.1），是基期的 2.1 倍，这说明北京文化科技融合的经济环境方面取得的较大突破，成效显著。2017 年社会环境指数为 134.0，较 2016 年的 122.1 同样呈现一定增长，较 2015 年的 120.6 也有较大增长，这说明北京文化科技融合在社会环境方面的成效也较为显著（见图 7）。

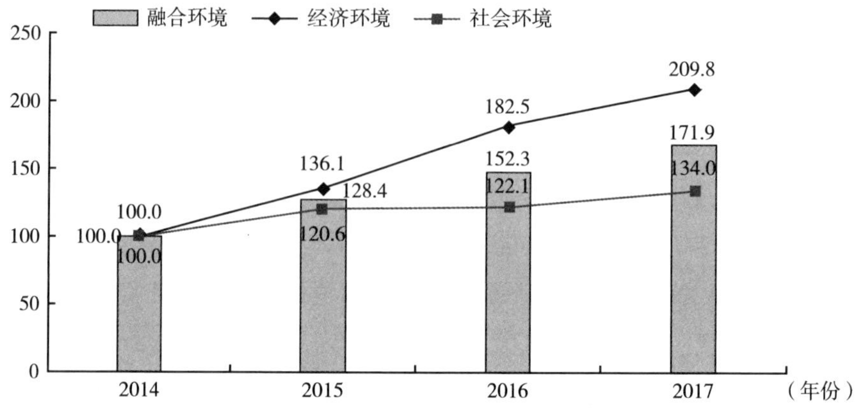

图7　2014～2017 年北京文化科技融合环境规模指数（2014 年为基期）

（三）发展速度指数

通过发展指数测算结果，可以看出，2017 年北京文化科技融合发展速度指数首次突破 140（以 2014 年为基期 100.0），较上年增长 12.6%，增速较上年加快 3.5 个百分点（见表 6、图 8）。分领域看，文化科技融合基础、融合产出和融合环境三大指数比上年均实现不同程度的增长，但文化科技融合投入指数出现略微下降（见图 9）。测算结果表明，2017 年北京文化科技融合创新基础不断夯实，融合产出成果丰硕，成效不断显现，融合环境不断优化，文化实力和科技创新能力再上新台阶。

表6　2014～2017 年北京文化和科技融合发展速度指数

评价指标	2014 年	2015 年	2016 年	2017 年	2017 年较上年速度变动
北京文化科技融合发展速度指数	100.0	114.8	125.4	141.2	加快
一、融合基础	100.0	104.4	106.1	109.2	加快
文化基础	100.0	99.9	95.3	96.2	加快
科技基础	100.0	108.8	116.9	122.2	加快
二、融合投入	100.0	102.5	114.1	114.0	放缓
人力投入	100.0	96.4	99.4	95.2	放缓
财力投入	100.0	108.6	128.7	132.7	加快

续表

评价指标	2014 年	2015 年	2016 年	2017 年	2017 年较上年速度变动
三、融合产出	100.0	126.3	136.3	179.2	加快
促进文化繁荣	100.0	105.2	110.5	123.0	加快
推动科技进步	100.0	147.4	162.0	235.3	加快
四、融合环境	100.0	126.2	145.1	162.6	加快
经济环境	100.0	132.4	170.0	192.6	加快
社会环境	100.0	120.0	120.1	132.5	加快

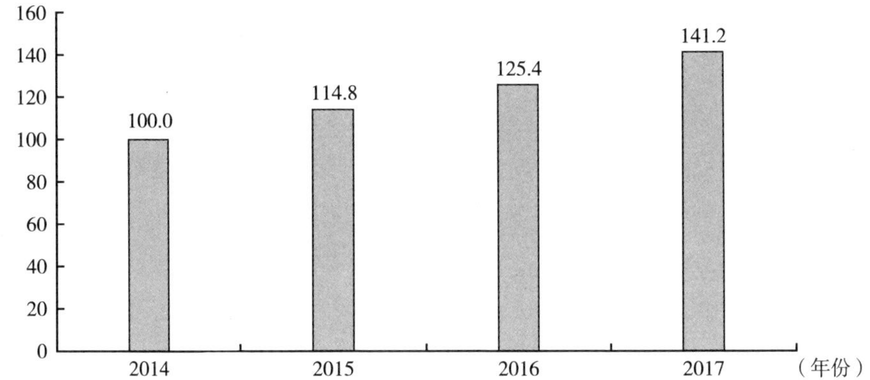

图 8　2014～2017 年北京文化科技融合发展速度指数（2014 年为基期）

1. 融合基础速度指数

2017 年北京文化科技融合基础速度指数达到 109.2，比上年增长 2.9%，增速较上年加快 1.2 个百分点。2014 年起北京文化科技融合基础速度指数呈现逐年增长态势，该领域中，两个指标一降一升，其中文化基础速度指数总体呈现下降态势，2017 年降至 96.2，低于 2014 年的 100.0，略高于 2016 年的 95.3；科技基础速度指数呈现逐年稳定增长态势，2017 年为 122.2，较上年增长 4.5%（见图 10）。

2. 融合投入速度指数

2017 年融合投入速度指数达到 114.0，呈现略微下降态势，下降 0.1 个百分点，但仍高于 110。北京文化科技融投入领域中，两个指标一升一降，

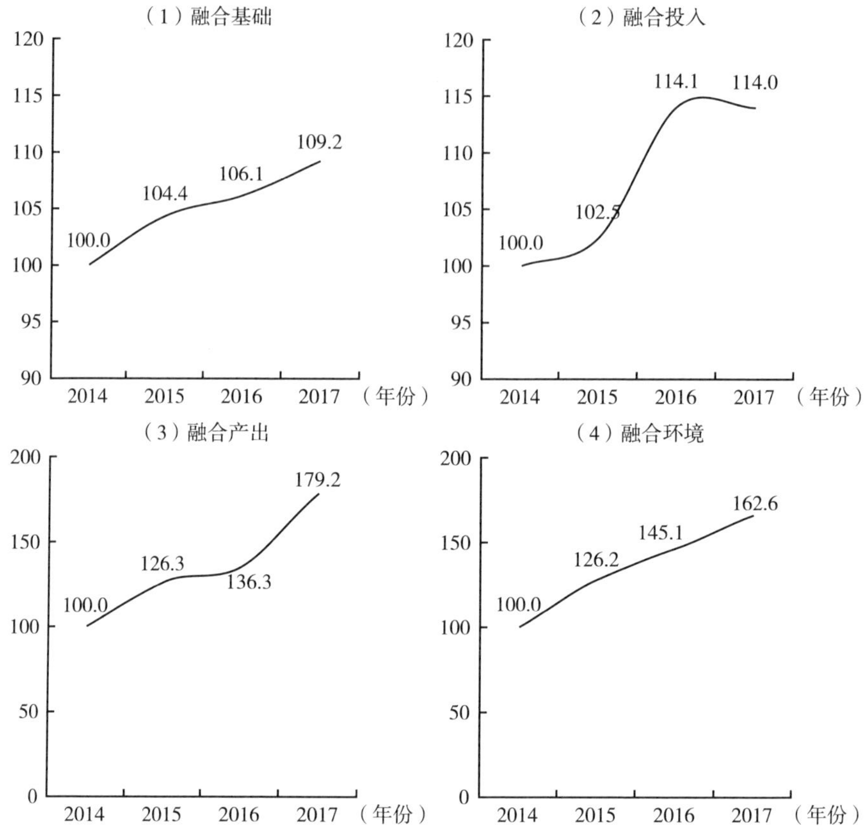

（1）融合基础
120
115
110
105
100
95
90
100.0
104.4
106.1
109.2
2014
2015
2016
2017
（年份）
（2）融合投入
120
115
110
105
100
95
90
100.0
102.5
114.1
114.0
2014
2015
2016
2017
（年份）
（3）融合产出
200
150
100
50
0
100.0
126.3
136.3
179.2
2014
2015
2016
2017
（年份）
（4）融合环境
200
150
100
50
0
100.0
126.2
145.1
162.6
2014
2015
2016
2017
（年份）

图 9　2014～2017 年北京文化科技融合发展速度指数（分领域）

融合基础
文化基础
科技基础
140
120
100
80
60
40
20
0
100.0
100.0
100.0
108.8
104.4
99.9
116.9
106.1
95.3
122.2
109.2
96.2
2014
2015
2016
2017
（年份）

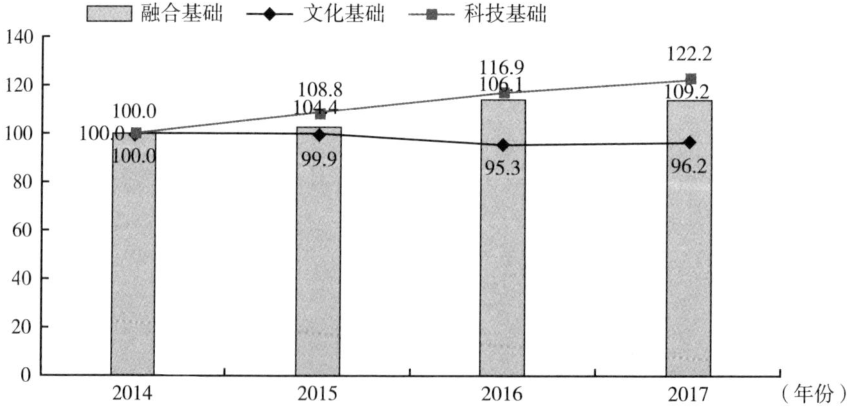

图 10　2014～2017 年北京文化科技融合基础发展速度指数（2014 年为基期）

2017 年人力投入速度指数出现下降，为 95.2，较上年下降 4.2 个百分点。2017 年财力投入速度指数为 132.7，较 2016 年增长 3.1%（见图 11）。

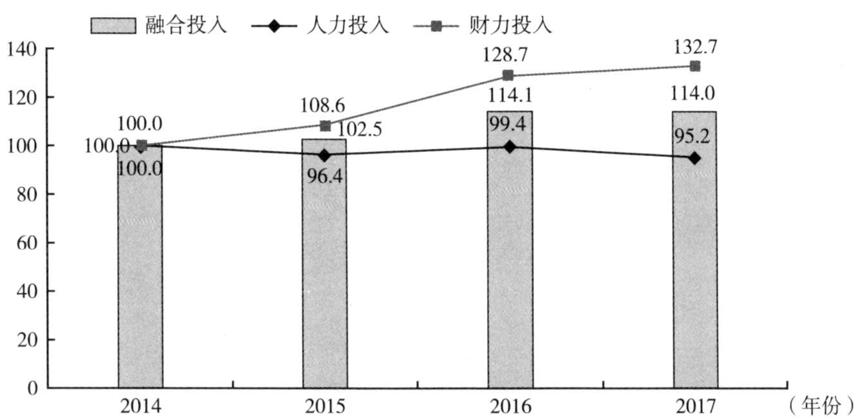

图 11　2014 ~ 2017 年北京文化科技融合投入发展速度指数（2014 年为基期）

3. 融合产出速度指数

2017 年北京文化科技融合产出速度指数达到 179.2，比上年增长 31.5%，是所有分领域指标中增速最快的。融合产出速度指数的两个指标指数均实现增长，其中，促进文化繁荣速度指数为 123.0，比上年增长 11.3%，推动科技进步速度指数为 235.3，较上年增长 45.2%，在全部二级评价指标指数中处于领跑状态（见图 12）。

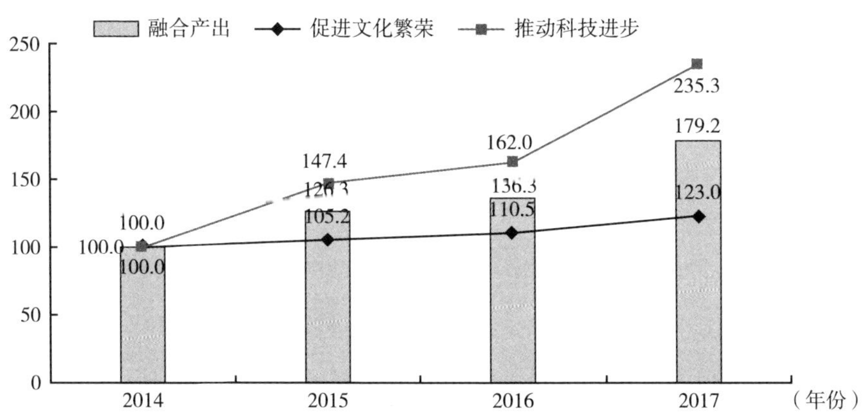

图 12　2014 ~ 2017 年北京文化科技融合产出发展速度指数（2014 年为基期）

4. 融合环境速度指数

2017 年北京文化科技融合环境速度指数达到 162.6，近年来融合环境发展指数呈现逐年优化提升的良好发展态势。2017 年两个指标均实现增长，特别是经济环境速度指数增长较为明显，为 192.6，较 2016 年上升 13.3%。社会环境速度指数为 132.5，继续保持增长态势，较上年增长 10.3%（见图 13）。

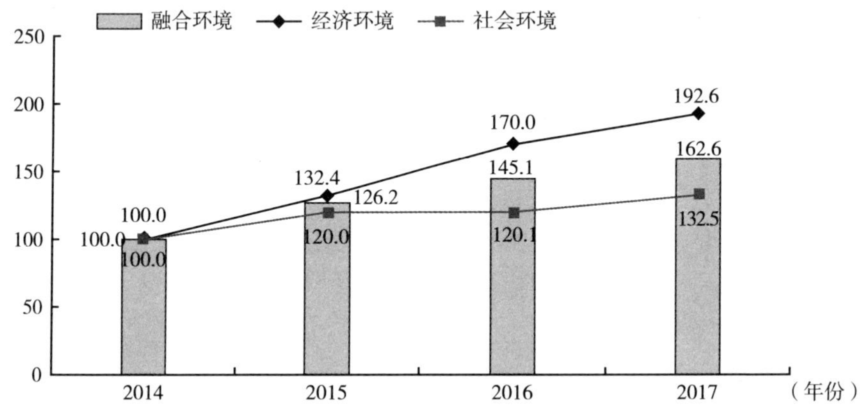

图 13　2014～2017 年北京文化科技融合环境发展速度指数（2014 年为基期）

（四）北京与国内重点省市的比较

由于各省的统计指标存在差异，从区域文化科技融合评价指标体系中选取 10 个指标对我国部分地区文化科技融合发展进行对比分析。其中，融合基础包含文化创意产业增加值占 GDP 的比重、R&D 经费投入强度 2 个指标；融合投入从年度科普经费筹集额数、规模以上文化制造企业 R&D 人员折合全时当量 2 个指标进行衡量；融合产出通过文化及相关产业发明专利授权总数、当年文化企业认定国家高新技术企业数量、游戏和动漫企业营业收入总额、广播影视科技创新奖情况 4 个指标反映；融合环境通过地区人均 GDP 和每万人口参加科普（技）讲座、展览人次 2 个指标进行评价。在进行区域文化和科技融合发展状况比较研究时，各指标以等权重进行计算，具体如表7和表8所示。数据标准化处理过程中，以北京、上海、广东、浙江、天津和四川各项指标中最大值为标杆，其他值与其相比得到分项指标评价分数，最后按权重计算得到评价指数。

表7　北京文化科技融合评价指标体系及权重分布

分领域	指标名称	单位	权重
融合基础（1/4）	文化创意产业增加值占GDP的比重	%	1/2
	R&D经费投入强度	%	1/2
融合投入（1/4）	年度科普经费筹集额数	万元	1/2
	规模以上文化制造企业R&D人员折合全时当量	人年	1/2
融合产出（1/4）	文化及相关产业发明专利授权总数	项	1/4
	当年文化企业认定国家高新数量	家	1/4
	游戏、动漫企业营业收入总额	亿元	1/4
	广播影视科技创新奖情况	分	1/4
融合环境（1/4）	地区人均GDP	万元	1/2
	每万人口参加科普（技）讲座、展览人次	人次	1/2

注：各分领域的权数均为1/4，某一分领域内指标对所属领域的权重为1/n（n为该领域指标数）。

表8　2017年北京和国内部分省市文化科技融合评价指标原始数据

指标名称	北京	上海	广东	浙江	天津	四川
文化产业增加值占GDP的比重（%）	9.64	6.79	5.37	6.19	3.34	4.16
R&D经费投入强度（%）	5.64	4.00	2.61	2.45	2.47	1.72
年度科普经费筹集额数（万元）	269586	173064	88147	98799	23422	78125
规模以上文化制造企业R&D人员折合全时当量（人年）	906	2281	28830	13794	1888	9317
文化及相关产业发明专利授权总数（项）	2288	924	3615	1346	234	377
当年文化企业认定国家高新数量（家）	946	678	1751	467	120	247
游戏、动漫企业营业收入总额（亿元）	1050.2	795.8	842.5	312.3	99.5	199.4
广播影视科技创新奖情况（分）	97.80	17.72	1.52	25.27	2.67	4.00
地区人均GDP（万元）	12.89	12.66	8.09	9.20	11.89	4.46
每万人口参加科普（技）讲座、展览人次（人次）	28528	12746	1922	3851	3605	2359

资料来源：《中国统计年鉴》《北京统计年鉴》《中国科技统计年鉴》《中国文化及相关产业统计年鉴》以及北京文投大数据有限公司、国家广播电视总局等机构的官方网站。

1. 各省市综合对比评价

从各省市一级指标综合对比评价分析结果可以看出，2017 年北京的文化科技融合指数最高，为 82.7；广东居于第二位，指数 55.6；上海为第三位，指数 54.4；浙江、天津和四川分别为第四、五和六位。从各分项情况看，北京仍有较大的发展潜力（见表 9、图 14）。

表 9　2017 年北京市和国内部分省市文化科技融合指数

	北京	上海	广东	浙江	天津	四川
指数	82.7	54.4	55.6	42.1	26.4	25.2
评价指数排名	1	3	2	4	5	6

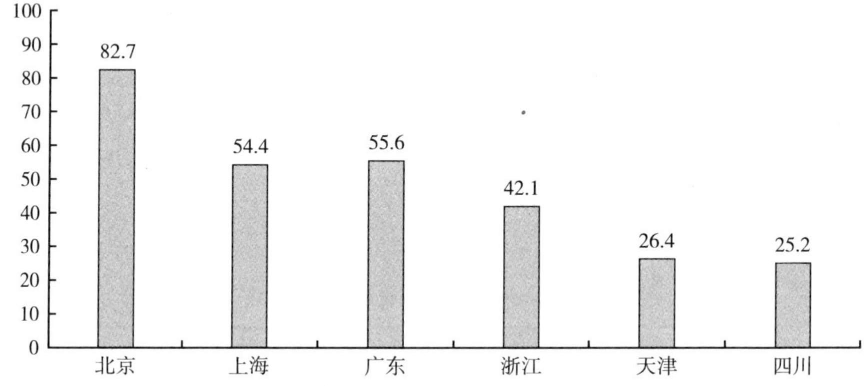

图 14　2017 年北京与国内部分省市文化科技融合指数比较

2. 二级指标评价

从二级指标评价结果对比可以看出，2017 年，北京的文化科技融合基础为 100.0，高于上海的 70.7，浙江的 53.8；北京的文化科技融合投入 51.6，低于广东的 66.3，主要由于规模以上文化制造企业 R&D 人员折合全时当量较低；北京文化科技融合产出 79.3，居于首位，广东 70.4；北京文化科技融合环境 100.0，居于首位，上海 71.4，居于第二位（见表 10、图 15）。

（1）融合基础。文化科技融合基础维度综合考量了文化产业增加值占 GDP 的比重、R&D 经费投入强度两个指标。可以看出，融合基础维度文化和科技融合发展排名依次为北京、上海、浙江、广东、天津、四川，其中北京文化和科技融合基础为100.0，其文化创意产业增加值占GDP的比重、R&D经费投入强度在6个地区均为最高；上海的融合基础为70.7；浙江与广东接近，分别为53.8和51.0；天津、四川的融合基础低于40，文化和科技融合基础亟待改善。

（2）融合投入。文化科技融合投入维度从年度科普经费筹集额数、规模以上文化制造企业R&D人员折合全时当量2个指标的角度进行比较。从对比结果中可以看出，广东对文化和科技融合的投入最大，为66.3；其次是北京和浙江；而上海和四川接近，分别为36.1和30.6；天津的融合投入最低，仅为7.6。

（3）融合产出。文化科技融合产出维度从文化及相关产业发明专利授权总数、文化企业认定国家高新技术企业数量、游戏和动漫企业营业收入总额、广播影视科技创新奖情况4个方面对文化和科技融合发展进行比较。对比评价结果显示，北京文化科技融合产出最高，为79.3；广东第二位，为70.4；其他省市均低于40，排名依次为上海、浙江、四川、天津；天津融合产出低于10，天津市的文化及相关产业发明专利授权总数、当年文化企业认定国家高新技术企业数量、游戏、动漫企业营业收入总额均为六大地区最低。

（4）融合环境。选取地区人均GDP和每万人口参加科普（技）讲座、展览人次2个二级指标对文化和科技融合发展的融合环境情况进行比较。从对比结果可以看出，北京的文化科技融合环境最好，为100.0，上海居于第二位，为71.4；天津居于第三位，为52.4；四川融合环境仅为21.5，文化科技融合的经济社会环境有待改善。

表10　2017年北京和国内部分省市二级指标

分领域	北京	上海	广东	浙江	天津	四川
融合基础	100.0	70.7	51.0	53.8	39.2	36.8
融合投入	51.6	36.1	66.3	42.2	7.6	30.6
融合产出	79.3	39.5	70.4	29.9	6.4	11.9
融合环境	100.0	71.4	34.8	42.5	52.4	21.5

3. 三级指标评价

综合来看，北京在文化创意产业增加值占GDP的比重、R&D经费投入

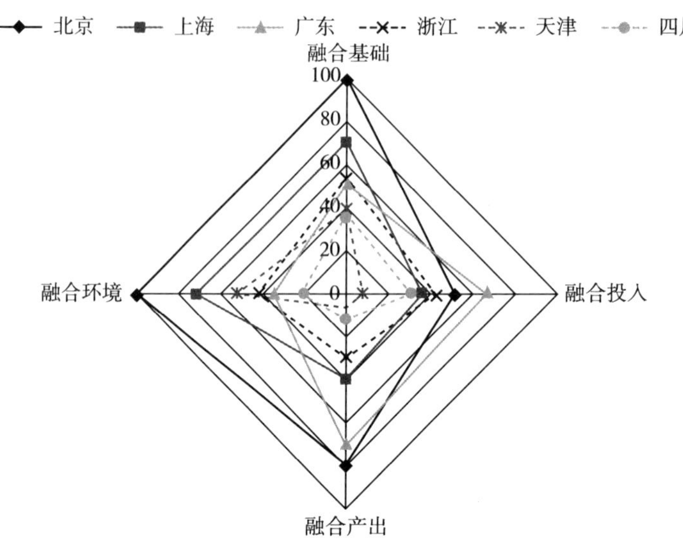

图 15　2017 年北京与国内部分省市文化科技融合指数比较（分领域）

强度、年度科普经费筹集额数、游戏动漫企业营业收入总额、广播影视科技创新奖情况、地区人均 GDP 以及每万人口参加科普（技）讲座、展览人次七项指标中占有绝对优势。规模以上文化制造企业 R&D 人员折合全时当量、文化及相关产业发明专利授权总数、当年文化企业认定国家高新技术企业数量三项指标相对较弱。由于北京以服务业为主，生产制造类企业相对不多，导致文化企业认定国家高新技术企业数量不多，从而与企业数量相关的制造企业 R&D 人员数量、文化及相关产业发明指标也相对不高（见图 16）。

从图 16 可以看出，文化创意产业增加值占 GDP 比重中，北京最高，其次为上海和浙江，说明北京的文化创意产业增加值占 GDP 比重在全国处于领先位置。

从 R&D 经费投入强度看，北京依然最高，其次为上海和广东，研发投入经费是地区创新活动的重要衡量指标，说明北京不断加大文化科技领域的研发投入，重视促进文化科技领域的创新活动。

从年度科普经费筹集额数看，北京领先全国，其次为上海，其他省市较低，这也印证了北京作为全国文化中心的显著地位，在科学普及提升公民科学素养等投入方面给予了较大的经费支持，打造了北京在全国文化科学中的核心地位。

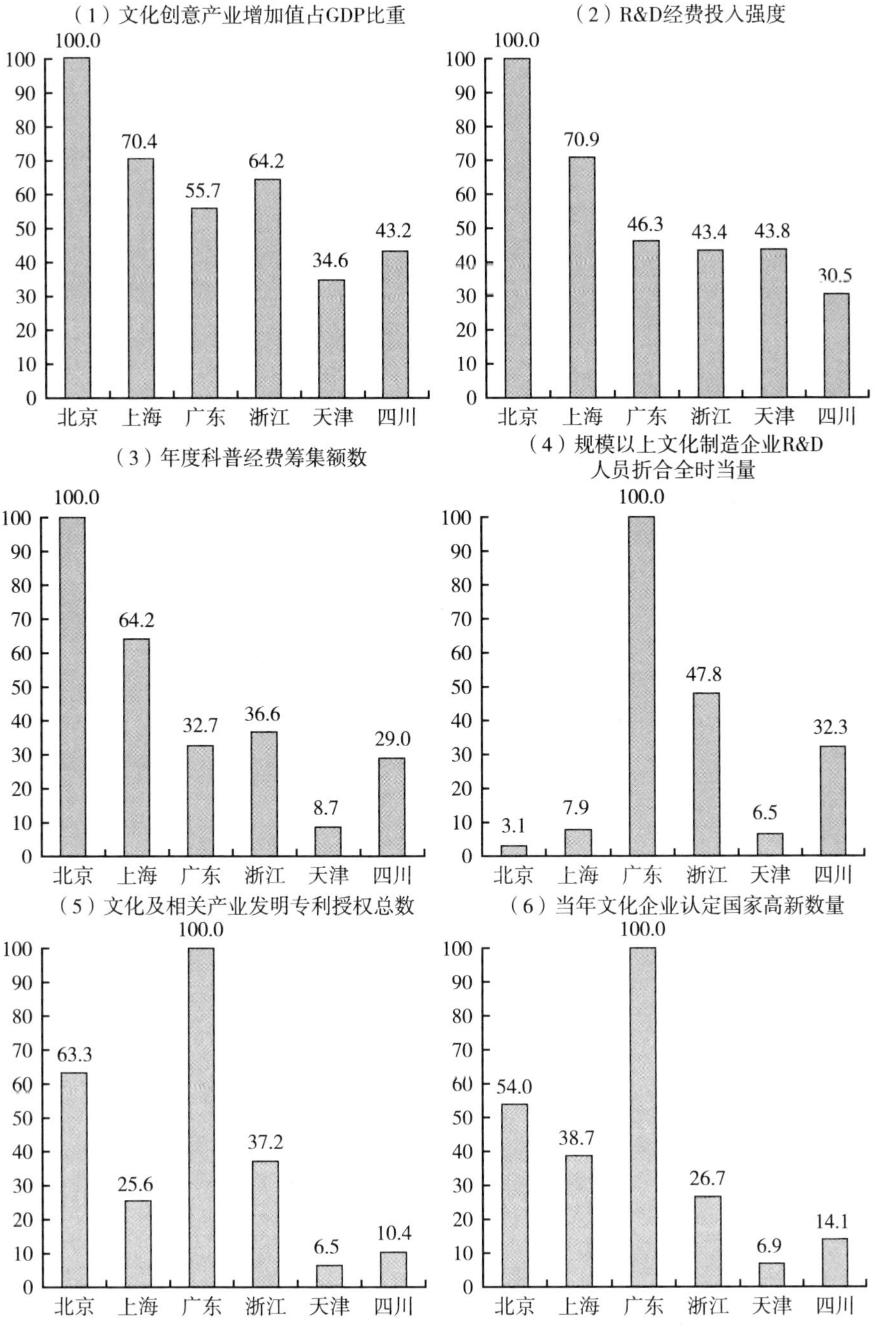

（1）文化创意产业增加值占GDP比重

北京	上海	广东	浙江	天津	四川
100.0	70.4	55.7	64.2	34.6	43.2

（2）R&D经费投入强度

北京	上海	广东	浙江	天津	四川
100.0	70.9	46.3	43.4	43.8	30.5

（3）年度科普经费筹集额数

北京	上海	广东	浙江	天津	四川
100.0	64.2	32.7	36.6	8.7	29.0

（4）规模以上文化制造企业R&D人员折合全时当量

北京	上海	广东	浙江	天津	四川
3.1	7.9	100.0	47.8	6.5	32.3

（5）文化及相关产业发明专利授权总数

北京	上海	广东	浙江	天津	四川
63.3	25.6	100.0	37.2	6.5	10.4

（6）当年文化企业认定国家高新数量

北京	上海	广东	浙江	天津	四川
54.0	38.7	100.0	26.7	6.9	14.1

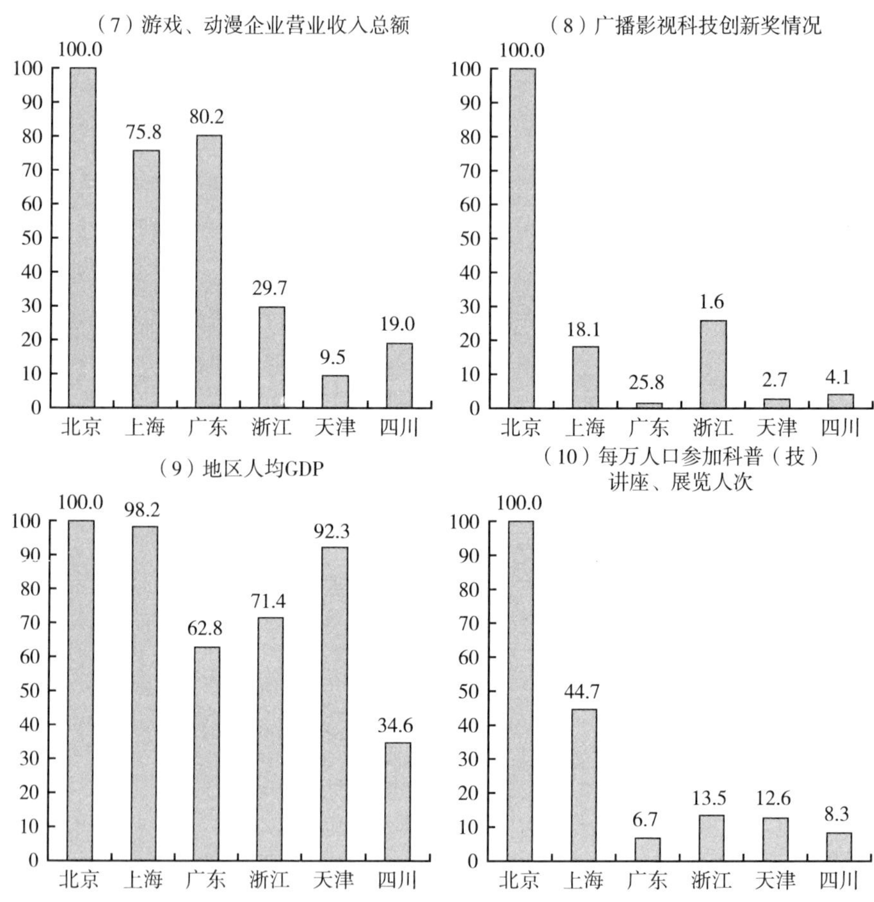

图16　北京与国内部分省市文化科技融合指数比较（具体指标）

从规模以上文化制造企业 R&D 人员折合全时当量看，北京处于相对较低的位置，广东处于首位，这与近年来北京大力发展第三产业有一定关系，由于该指标反映的是制造业领域研发人员的投入情况，北京经济社会发展正由制造业主导向第三产业服务业主导发展转型，符合北京的发展战略目标。

从文化及相关产业发明专利授权总数看，北京仅次于广东，虽然制造业领域人员投入减少，但研究和试验发展的经费投入和产出仍处于优势地位。

从当年文化企业认定国家高新技术企业数量看，北京处于第二位置，低于广东，这与上述北京服务业转型发展相互印证，但国家高新技术企业的数量并不处于弱势，且研发产出专利规模也较强。

从游戏动漫企业营业收入总额看，北京处于优势地位，游戏动漫企业具有较强的文化输出能力。

从广播影视科技创新奖情况看，北京处于绝对领先地位，获奖数量远超其他省市。

从地区人均 GDP 看，2017 年，北京的人均 GDP 超越天津，成为全国首位，这也是北京的人均 GDP，首次在全国登顶。这与北京经济快速发展、严控人口规模等关系密切。2017 年末，北京常住人口为 2170.7 万人，自 2000 年以来首次出现负增长。① 近年来北京不断疏解非首都功能、疏解人口，在疏解非首都功能过程中，北京市的经济受到的影响不大。而在人口疏解之后，北京市的人口也有了下降，两个因素叠加，GDP 总量的增加和人口的减少，让北京市的人均 GDP 大幅度上升。

从每万人口参加科普（技）讲座、展览人次看，北京以较大优势处于领先地位。北京作为全国首都，具有文化科技融合发展天然独特的环境优势，科普（技）讲座举办 52839 次，低于上海的 66246 次，也低于浙江的 61193 次，但 1053.2 万人次参加，高于上海的 923.9 万人次，低于浙江的 1056 万人次。2017 年北京举办科普（技）展览 4425 次，5139.3 万人次参观，展览次数不及上海的 5800 次，但参观人次高于上海的 2158.4 万人次，也高于浙江的 1118.5 万人次（举办 7042 次），广东举办 4531 次，1510.4 万人次参观。②

（五）结论与对策建议

根据评价指标体系，分析了北京文化科技融合规模指数、北京文化科技融合发展指数以及与国内重点省市文化科技融合横向比较。从分析结果可以看出，北京文化科技融合近年来取得了较为瞩目的发展成绩，但仍存在部分

---

① 资料来源于北京市统计局、国家统计局北京调查总队发布的北京 2017 年全球经济数据。

② 资料来源于《中国科普统计年鉴》。

薄弱环节，主要是融合基础有待进一步夯实，融合投入还需进一步加大。

1. 北京文化科技融合整体效果显著，但仍有较大发展潜力

整体来看，2014 年至 2017 年，北京的文化科技融合发展无论从规模还是速度上来说，均呈现不断上升的趋势，尤其是融合产出成果丰硕，特别是推动科技进步效果显著。从与其他五省市总体情况的横向比较来看，北京文化科技融合发展程度最好，其次是广东、上海、浙江、四川、天津。然而从分项指标看，北京与其他省市部分指标仍有一定的差距，未来北京仍有较大提升发展潜力。

2. 北京文化科技融合的文化基础从规模和速度上都略有下降

从评价结果看，2017 年北京文化科技融合的文化基础规模指数为 96. 6，较 2014 年有所下降；北京文化科技融合文化基础发展速度指数仅为 96. 2，发展速度偏慢。主要原因在于文化体育与传媒支出占财政一般预算支出的比重下降较为明显，地区居民人均文化娱乐消费支出也不及上海。

3. 北京文化科技融合的人力投入有待加大

2017 年北京文化科技融合文化人力投入发展速度指数仅为 95. 2，人力投入较慢；从人力投入的规模情况看，2017 年北京文化科技融合文化人力投入规模指数为 96. 5，低于前 3 年。具体原因是由于规模以上文化制造企业 R&D 人员折合全时当量有所下降。北京地区近年来服务业发展占比不断提升，服务业增加值占比超 80%，这就要求北京应该抓住规模以上文化制造重点企业，做大企业，加大研发人员投入，培育文化制造行业龙头企业。

4. 北京文化科技融合的财力投入有待加大

2017 年在北京文化科技融合发展指数中，财力投入发展速度指数为 132. 7，较上年增长 3. 1%，增速下降 15 个百分点，财力投入增长速度放缓，主要是因为文化及相关产业固定资产投资放缓，文化创意产业活动单位资产总额有所下降。北京应不断引导企业加大文化科技产业投资力度，壮大文化及相关产业发展，鼓励和引导社会资本投资文化科技产业和文化事业项目，推进文化总部经济建设，加大文化科技产业发展的金融的支持力度和政策扶持力度，完善文化经济政策，促进文化科技融合式发展、内涵式发展、

集约化发展、品牌化发展和国际化发展。

5. 北京文化科技融合的社会环境有待优化

在北京文化科技融合发展指数中，融合环境指数虽然具有一定的优势，但融合环境投入增长速度放缓，这是经济环境和社会环境两方面因素共同作用的结果。近年来北京人均 GDP 增速放缓，地区万人拥有文化馆、图书馆、博物馆、艺术表演馆数量保持相对稳定，文化领域上市企业总数增加，但增速放缓。未来北京应促进北京地区文化馆、图书馆、艺术表演馆等场所提质增效，加快整合北京市文化资源，提高公共文化服务水平，充分发挥文化资源丰富、文化人才聚集优势，实现文化与市场的有机对接，满足地区居民日益增长的文化精神生活需求。同时，北京应增加科普（技）讲座和科普（技）展览的数量和质量，满足更多人民群众的文化科技需求。

参考文献

山红梅、吴琦：《文化科技融合能力成熟度评价研究》，《决策与信息（下旬刊）》2016 年第 3 期。

张小洁：《北京文化创意指数研究》，北京市第十五次统计科学讨论会获奖论文集，2009。

贾佳、许立勇、李方丽：《区域文化科技融合创新指标体系研究》，《科技促进发展》2018 年第 12 期。

孙智君、刘蕊涵：《长江经济带十一省市文化与科技融合创新指数测度分析》，《科技进步与对策》2018 年第 21 期。

政　策　篇

Policy Report

B.4
国内外促进文化科技融合发展政策报告（2020）

张国会　涂　平　刘　兵　周佳伦　葛瑶瑶*

摘　要： 文化与科技融合产生的众多业态发展模式，正在成为文化产业发展的新方向和产业竞争热点，也成为各国文化产业政策的主要关注点。发达国家纷纷出台相关政策措施，通过政府引导、法律支持等多种方式推动文化科技融合的快速发展。本报告梳理了英、法、美、日等国家以及国内上海、广东、浙江、北京等省市在推动文化科技融合方面的相关政策与措施，对其做法进行了较为系统的分析与总结，并提炼其成功经验。通过梳理分析可见，近年来北京出台了一系列政策措施推动文化创意产

* 张国会，北京科学学研究中心副研究员；涂平，北京科学学研究中心副研究员；刘兵，国家文化科技创新服务联盟秘书长；周佳伦，清华校友总会文创专委会副秘书长；葛瑶瑶，清华大学本科生。成语、祝圣棋、张婧婳、李松林、荀莉、徐姝琦对本报告亦有贡献。

业、设计产业、动漫游戏等特色产业的发展，并积极推动文化与科技、旅游等融合，系列措施有力地推动了北京文化及相关产业的繁荣与发展，但同时北京文化产业仍然存在产业发展核心关键技术受制于人、龙头企业大而不强、品牌产品较少等问题。本报告在梳理北京文化科技融合发展相关政策及发展效果的基础上，结合当前北京文化科技融合发展需求及国内外相关政策经验，尝试提出了有益北京文化科技融合发展的系列措施建议，包括提升文化产业的科技创新原创力、推动文化科技融合企业的发展模式创新、打造文化知名品牌提升文化发展内涵、完善有利于文化科技创新的资金多元投入机制、注重知识产权保护与人才培养、加强相关政策与行政管理的顶层设计。

关键词： 文化科技融合　文化产业政策　数字技术　知识产权保护

纵观当今世界，文化与军事、经济、科技等要素一起构成各国全球竞争的重要内容。许多国家积极谋篇布局，努力提升自身的文化创新发展实力与核心竞争力。英、法、美、日等国家纷纷出台政策措施，通过政府引导、法律支持、促进产业集聚、发展新型文化产业、培育人才等多种方式推动文化科技融合的快速发展。我国也在国家和省市等多个层面制定相关政策措施积极引导、推动文化科技融合发展工作。北京作为全国文化中心、科技创新中心，文化科技融合发展具有重要战略意义。目前，北京已针对文化创意产业、设计产业、动漫产业等多个产业领域出台实施了一系列政策与措施推动文化科技融合发展，并取得了较为明显的成效。未来，面对愈加严峻的国际竞争形势，面对首都城市功能建设与新时期发展需求，北京需要更加明确、细致、系统并具有针对性的文化科技融合发展政策，有力地促进文化科技融合发展，进一步提升首都文化核心竞争力。

一　国外促进文化科技融合发展的经验借鉴

（一）国外经验做法

世界各国，特别是发达国家，都把提高文化竞争力和科技竞争力作为增强国家核心竞争力的重要战略内容。这些国家虽然没有明确提出文化科技融合发展的说法，但是都在花大力气推动文化产业、内容产业、版权产业、文化创意产业、数字创意产业等不同概念产业的发展。相关概念的内涵和外延互有交叉。研究这些国家推进相关产业发展的经验做法，具有重要借鉴意义。

1. 英国

随着行业的不断发展，英国创意产业已进入“创意经济”（creative economy）时代。多个地区的创意产业发展速度超过当地其他产业，对于英国来说，创意产业在经济、国际声誉等方面贡献突出。2018 年 11 月 28 日，英国文化、媒体和体育部（DCMS）发布的新闻称，2017 年英国的创意产业为经济做出了创纪录的贡献，突破了 1000 亿英镑大关。最新数据显示，数字、文化、媒体和体育领域相关产业产值达 2680 亿英镑。

为推动文化科技融合发展，英国政府从 20 世纪末开始大力参与并推动文化创意产业发展。

一是实行“分权化”创意产业发展模式，强调政府管理与民间力量的共同协作。英国政府设立了专门管理文化的机构，所有与文化有关的事情，由文化、媒体和体育部统管。英国政府对文化产业的管理和投入实行“一臂之距”的原则，即政府对文化拨款采取间接管理模式，政府将资金投入给相关非营利组织或机构，而不干涉他们的运行。在促进文化与科技融合、发展创意经济方面，英国通过首创的“臂距原则”，很好地将政府与市场结合起来，成为世界创意经济的风向标。

二是政府通过积极措施引导产业发展战略方向。1997 年，英国政府就成立了“创意产业特别小组”（Creative Industry Task Force，CITF）指导文化创意产业发展。小组多次发布研究报告为英国创意产业发展出谋划策，帮助政府制定政策以及创新制度安排，如加强制度建设、规划创意产业发展方向等政策，对创意产业的发展起到积极的推动作用。伦敦政府更是把创意产业列为核心产业重点发展，确立了将表演艺术、电影、广告、建筑、出版、设计、音乐、软件、互动休闲游戏软件、电视和广播、手工艺品和古董交易市场、艺术品以及时装设计在内的13种行业作为文化创意产业加以重点支持。

三是支持创意产业数字化发展。英国重视科学技术发展，特别是数字化技术。2009年英国提出了纲领性文件《数字英国》，推广全民数字应用，提供数字保护，从而将英国打造成世界的“数字之都”。该文件旨在打造良好的数字文化创意产业环境，为英国的数字内容、应用和服务打造充满活力的投资环境，使英国的数字经济能够广泛吸引国内外的投资。在英国，文化创意与数字科技相辅相成。以数字技术支撑的传媒、出版、影视制作、动漫、娱乐产品产业十分发达。在伦敦创意产业各行业中，IT、软件和计算机服务占伦敦创意产业GVA（Gross Value Adelecl，毛附加值）的比重最大，2015年占行业GVA的38.0%；其次是电影、电视、视频、广播和摄影（20.5%），以及出版（13.5%）；再次是博物馆、画廊和图书馆（1.2%）；工艺贡献最少，仅占2015年GVA的0.2%。[①]

四是重视创意产业集群式和园区化建设。英国创意产业企业主要集中在英格兰岛的东南部，企业数量最多、营业额最大的地区当属伦敦。苏格兰的爱丁堡、格拉斯哥两大城市以及北爱尔兰的首府贝尔法斯特也是创意产业相对发达的城市。2018年11月英国政府将创意产业划分为九大集群，分布在英国的主要八大城市地区：布里斯托、利兹、伦敦、约克、卡迪夫、贝尔法斯特、邓迪和爱丁堡。同时，政府将伦敦西区、谢菲尔德文化产业园区、伍

① OECD经济调查：《2017年伦敦创意产业报告》，https：//www. london. gov. uk/sites/default/files/working_ paper_ 89 – creative – industries – 2017. pdf。

尔弗汉普顿文化园区等创意文化产业园区作为组织与发展平台，为园区内企业提供相关的服务和支持，帮助中小企业发展成长。

五是注重拓展海外市场。英国非常重视本国创意产业在世界各国之间的交流合作，致力于推动文化创意产业的国际化发展道路。2003 年英国组织发起了伦敦设计节（London Design Festival），并坚持每年举办，活动规模日益扩大。到 2010 年，设计节成功举办了 200 多场活动，参与人员多达 35 万人，范围几乎覆盖全球主要国家。

六是加强创意产业人才吸纳和培养。自 2011 年以来，英国创意产业的就业人数增加了 1/4，比整体经济增速快 3 倍。创意产业委员也提出行业发展战略，呼吁确立企业雇用员工多元化、引入政府部门监测、提升女性就业等目标和发展方向。吸纳海外优秀人才，将包括创意产业在内的一些关键领域的第一层级（特殊人才）签证数量增加了一倍。政府持续与行业和指定的主管机构（包括英格兰艺术委员会）合作，探索如何进一步推广这种签证途径，并确保更多创意产业人才从中受益。

2. 法国

法国悠久的历史文化积淀和辉煌灿烂的文化成就令人瞩目，在现代化发展的过程中，历史文物古迹及地方特色文化习俗等得到了非常好的保护。在此基础之上法国进行文化产业的开发与创新，不断完善产业政策，顺应时代要求以创新为驱动力，不断提升法国文化的竞争力与世界影响力。法国强劲的旅游业和时尚奢侈品产业正是依托文化传承加以时代创新，从而发展成为法国的名片。文化传承与创新也为法国经济、科技及哲学等领域的发展提供了支持。

一是采取国家干预管理方式，将文化作为全国性事务予以管理。通过政府权力，法国加强对国家文化事业的管控，并于二战后专门设置了文化部，开展国家文化工作，使得文化产业如时尚产业等在战后迅速兴起。

二是支持数字化技术与文化相结合发展模式。在 2010 年法国就提出了“数字化法国”发展战略，希望借助数字技术提升法国的文化竞争力。这一战略在文化领域得到充分应用和体现。法国博物馆利用数字化高新技术对其丰富的艺术藏品进行信息化处理，将藏品搬上网站，使文化艺术传播的途径更加多元化。

三是建设创新网络平台，推动文化产业发展资源的共享。政府引导建立了面向各行业的创新平台网络体系，向创新型企业和机构提供包括设备、人员信息等相关服务，推动资源共享。为促进中小型企业发展，政府采取了一系列措施引导实现企业间的资源整合，形成庞大的科技创新资源网络，促进企业的技术创新、技术转移和成果转化；推行“技术转移（DMTT）和加速技术转移公司（SATT）互助计划”，加速科技成果的转移和传播。

四是努力解决法国普遍存在的中小型文化企业融资困难问题。针对这一问题，法国政府于2014年设立了COSME项目来扩大中小型企业融资途径，计划在2014~2020年向中小型企业提供约20亿欧元的资助。此外，法国政府还通过积极拓宽文化产业领域的融资渠道、实行减税政策、鼓励工商业投资文化产业等方式保证文化产业的可持续发展。

五是注重文化创意人才的培养。法国教育部实行数字技术、新媒体技术与高等教育融合的3C创意教育模式，为文化产业发展提供源源不断的人才与智力支持。另外，法国注重吸纳国际人才。2006年法国新移民法规定外来移民中科技人才的比例要增加到50%，而原来对这一比例的规定为7%。2008年又进一步推出《优秀人才居留证》政策。系列政策的出台一定程度加大了文化科技产业人才储备。

3. 美国

美国的创意产业主要聚集在加利福尼亚州、得克萨斯州、纽约州以及佛罗里达州四个州。其中，洛杉矶所在的加利福尼亚州是美国八大电影公司总部、好莱坞、第一个迪斯尼游乐园所在地；纽约州拥有纽约大都会博物馆、苏荷（SOHO）现代文化艺术、百老汇等文化产业。

在文化产业出口方面，美国毋庸置疑居世界首位。美国影视产品在全球市场已取得绝对优势地位。在欧洲，美国电影已占据欧洲电影票房的70%。在加拿大，95%的电影、93%的电视剧、75%的英语电视节目主要被美国所

控制。[1] 在拉丁美洲、大洋洲和亚洲，美国影片的优势地位也日趋明显。

美国文化产业以市场为导向，政府不过多干涉，只提供优质的政府管理服务和完善的市场环境。

一是注重发展版权产业并立法保护。美国从 20 世纪开始颁布了《人文艺术法令》《电子通讯法令》等一系列的法律法规确保文化产业的发展优势。2005 年颁布的《版权法令》更是极大地促进了知识产权保护和文化产业的发展。美国的文化产业主要由版权产业构成，书籍、音乐、电影、广播电视、电脑软件、报纸传媒、游戏等构成了美国原创 IP 的主要组成部分，规范的版权市场刺激着美国的企业与个人原创产业多元且蓬勃发展。正是这些法律法规的颁布实施，为文化科技融合发展提供了良好的社会环境。

二是科技深度融入文化，并为美式文化在全球的传播提供强有力的手段支持。美国在影视制作、大众传媒产业、图书出版产业等领域都在不断地进行科技与文化的深度融合。美国电影业是世界上最发达的，其电影产业链完善，电影制作技术优良，高新技术在电影制作中声音、特效和 IMAX 等领域广泛应用。美国电影《阿凡达》中 3D 技术的首次成功运用使其在全球电影票房史上独占鳌头。美国的文化科技融合也推动实现了出版工作流程的再造和出版业商业模式的创新，使得数字化产业链条得以重构。美国还引领了文化创造高新产品新价值模式潮流，比较典型的就是苹果公司，让科技产品拥有艺术品位。

三是不断创新完善优化融资机制和投资环境，为文化产业的发展筹措资金提供保障。美国文化产业发展的资金来源，除联邦政府投资外，还有一些大公司、基金会和个人捐助资金等资金投入。洛克菲勒、花旗银行、摩根等财团都与文化产业有着千丝万缕的联系，为文化产业带来大量资助和投资。同时，美国大量利用国际资本的直接投资来发展文化产业。美国在文化产品市场上实行严格的贸易保护政策，其他国家只能采取直接投资的方法进入美

① 《美国文化产业是如何实现全球化的？文化输出影响世界》，2019 年 2 月 23 日，http：//www. 360doc. com/content/19/0223/14/8250148_ 816994679. shtml。

国市场，因此每年都有大量的其他国家的资金通过跨国公司等途径进入美国，如日本的索尼影视娱乐公司收购了哥伦比亚影业公司、三星电影公司。另外美国政府对文化产业领域的非营利性领域进行持续有效的金融支持，尽管资金额度不大，但鼓励各州、各企业及全社会对文化事业进行的赞助和支持。

四是一些大学成为文化科技融合人才的优秀培育场。哥伦比亚大学关注人工智能、VR 技术、跨媒体设计、游戏与动漫媒体交叉传播技术、语音技术、图像识别等技术，以及引导这些技术在娱乐业创作艺术品、商业实践等领域得到最好的应用与体现，寻求与媒体技术交叉的新应用领域项目、人才、企业。美国艺术中心设计学院（以下简称艺术中心）成立于 1930 年，坐落在美国加利福尼亚州帕萨迪纳市，是世界顶尖的设计学院，其产品设计、工业设计与交通设计专业在美国排名第一。艺术中心的毕业生成为世界不同领域的领军人物，并将创新型实践引入自己所在的领域。很多艺术中心毕业生在各大汽车公司担任首席设计师，如 Chris Bangle（宝马）、Ken Okuyama（保时捷）以及 Franz von Holzhausen（特斯拉）。Yves Behar（Fuseproject）、Laura Dye（耐克）和 De Liu（MiPhone）更是全球产品设计和品牌化行业的翘楚。如今艺术中心联合微软、惠普、迪士尼、ADP、通用电器、本田、宝马、波音、雀巢等众多公司推出了赞助项目和设计风暴计划。

4. 日本

1995 年，日本发表《新文化立国：关于振兴文化的几个重要策略》，确立了“文化立国”战略。经过近 30 年的发展，日本文化创意产业已经成为除美国以外的第二大文化产业体系。日本文部科学省、经济产业省、总务省、国土交通省、文化厅等各级政府机构都对“文化立国”战略给予大力支持。

一是政府主导确立“文化立国”发展战略。日本早在 1995 年，就确立了面向 21 世纪的“文化立国”战略，明确提出要把日本建成世界第一知识产权强国。2003 年，日本政府正式把“新文化产业”确定为国家发展战略的一项重要内容。

二是注重电子技术与文化产业的融合发展。以日本动漫 IP 游戏与 VR/AR 技术的结合为例。随着 VR 产业的不断壮大以及 VR 技术的不断发展，日本动漫 IP 与 VR 技术相结合的成果愈加丰富。在动漫中，人们利用 VR 技术获得身临其境的体验感和更直观的视觉感，从主观角度体验作品的故事世界，也可以自由改变视角加深对作品的理解。比如利用了此类技术创作的《大雄与梦幻三剑士》《加速世界》《. hack》《乌龙派出所 – 079 – 超乌龙的新发明》《家庭教师 – 120 – 假想空间》《名侦探柯南：贝克街的亡灵》《钢弹创斗者潜网大战》等作品。AR 技术也广泛应用于日本游戏产业。如日本游戏巨头任天堂在其掌机任天堂 3DS 系列中，其游戏机自带一款以增强现实为主要玩法的游戏。PSP 游戏《隐形妖怪》也是一款增强现实游戏。

三是国际化的竞争战略。随着经济的全球化发展，日本文化界普遍认识到只立足本国文化市场无法支撑长期的发展，多样化的文化艺术交流才能使文化产业保持旺盛和持久的活力。因此，日本在文化产业发展中，强调文化的交流与辐射，支持与世界各国开展文化交流。同时日本注重学习、引进外国资本和国外的先进技术，为本国的文化发展注入创新活力。

（二）相关启示借鉴

1. 政府部门发挥积极作用，给予战略方向引导与政策支持

政府行政部门高度重视，并实行目标明确的行政引导，是英国、法国、日本、美国普遍实行的做法。

英国推动文化科技融合采取的是政府主导型模式，政府发挥强有力的干预和主导作用。1997 年，英国成立“创意产业特别小组”引导文化创意产业加速发展。1998 年从政府层面提出了文化创意产业强国战略，推动产业结构升级发展。

法国也是采取国家干预管理方式，将文化作为全国性事务予以管理。法国地区发展署于 2004 年 9 月发起产业集群项目，引导文化创意产业集群实

现了快速有效发展。颁布《电子书统一定价法》支持中小独立书店发展，维护多元化的文化产品销售网络。

日本也发布《新文化立国：关于振兴文化的几个重要策略》，确立了“文化立国”的发展战略。

美国虽然秉承自由和市场竞争理念，在行政机构设置上没有文化部门，没有明确的官方文化政策文件，但是在国家层面上对文化产业发展给予了很高的关注度，先后颁布了一系列的法规，特别是于2005年颁布的《版权法令》，从资金支持、取消文化管制、大力保护知识产权与版权等方面，为文化产业发展保驾护航。

2. 鼓励并积极推动文化与数字、信息等现代高科技融合

各国重视文化产业与数字技术、互联网技术的融合发展，注重将传统文化产业融入现代科技要素，发掘文化产业发展新动能。英国提出了纲领性的文件《数字英国》，以数字技术支撑传媒、出版、影视制作、动漫、娱乐产品产业等的发展，大力打造“数字之都”。法国也提出了“数字化法国”的发展战略，进一步推动了法国文化产业的发展。美国影视制作、出版等领域大量运用科技手段与现代表现形式提升文化产品质量。日本也积极将电子产业与文化产业相结合，积极推动文化电子新产品，促进文化与科技跨领域融合发展。

3. 注重产业园区建设，引导形成文化科技融合产业集群

英国的伍尔弗汉普顿文化园区、伦敦西区、谢菲尔德文化产业园区等已经实现规模化、专业化发展，并建立了完善的园区服务体系。法国巴黎“数字角”通过多个产业与区域资源的融合，已经推动相关领域企业和机构联结形成文化产业发展共同体。

4. 搭建技术研发与信息服务平台，推动资源与信息共享

各国通过强化科研开发、搭建资源共享平台等措施，加速文化领域科技成果转化。

日本政府通过技术补贴、税收减免等优惠政策和措施支持企业创建；支持企业与高校的合作，通过建设研究机构、开展技术成果研讨会等促进产学

资源融合发展。

法国设立“技术转移（DMTT）和加速技术转移公司（SATT）互助计划”，建设技术转移公司促进企业与科研院所合作，建立技术转让区域中心（CRITT），提供技术鉴定等服务支持中小企业创新发展。

5. 构建完备的知识产权保护、金融支持、人才培育机制

注重知识产权与版权保护。“版权产业”（Copyright industry）发展在美国文化产业格局中具有举足轻重的地位。《版权法令》更是解决了文化领域的知识产权保护问题，推动了文化产业的大发展。日本积极打击海外盗版，成立 CODA（内容产品海外流通促进机构），与中国、韩国、美国等国家相关机构团体加强合作联合打击海外盗版。在我国与优酷、土豆、56、酷 6、爱奇艺等视频网站公司深入合作，开发盗版视频比对系统、自动监测系统，及时删除违法的网络视频。

中小型文化企业的发展，资金紧张是普遍存在的问题，各国都有相关措施加以扶持。英国设立基金直接为中小文化企业发展提供资金支持，同时还为个人提供创新发展基金。法国设立了 COSME 项目，旨在解决中小型企业融资困难的问题。美国通过完善的融资体制和金融制度的创新，为文化企业创新发展提供包括来自联邦政府、州政府、一些大公司、基金会和个人捐助等多渠道的资金支持。

多层面构建人才培育体系。英国学校教育鼓励学生自己动手制作创意短片。学院教师都是“双师型”，既有理论知识，又有实践经验，老师必须定期回专业领域工作，不断更新知识。英国从 20 世纪 90 年代初就开设了高校数字媒体专业，培育文化科技复合型人才。此外规定英联邦国家高新技术创意人才不需签证可以在英国工作两年。美国则紧跟产业发展需要设置相关专业培育专业人才，美国高校如纽约大学、哥伦比亚大学等全球知名大学都开设有数字媒体等专业。全美有几十所大学开办了艺术管理专业。

6. 引导产业的国际合作与交流，积极推动开拓国际市场

英国政府重视本国创意产业在国际之间的合作与交流。2002 年开始举

办创意集群（Creative Clusters）年会。“创意伦敦”工作协调小组与伦敦发展署共同发起并每年举办伦敦设计节（London Design Festival），推动伦敦文化创意产业发展的国际化。法国政府支持甚至陪同企业家参加大型国际文化产品博览会和沙龙，采取税收优惠手段激励出口，积极搭建文化产品推广数字平台，面向海外扩大文化产业的国际影响力。日本文化界一方面强调推动实现文化以及相关产业的国际交流与辐射；另一方面注重引进外国投资和国外先进技术及理念，为本国文化产业发展注入资金支持与创意活力。

二　我国促进文化科技融合的相关政策

（一）国家层面的相关政策

1. 通过中央文件、国家规划等引导文化科技融合发展

自 2011 年党的十七届六中全会通过《中共中央关于深化文化体制改革推动社会主义文化大发展大繁荣若干重大问题的决定》正式提出文化科技融合问题以来，文化科技融合概念就开始比较频繁地出现在国家各类相关文件与政策中，成为国家推动第三产业特别是文化大发展大繁荣的一个新抓手。2012 年 11 月党的十八大报告进一步指出，要“促进文化和科技融合，发展新型文化业态，提高文化产业规模化、集约化、专业化水平”。

紧随其后，系列规划计划类文件为文化科技融合发展指明了重点工作方向。2012 年 6 月，科技部与中宣部等六部门联合印发了《国家文化科技创新工程纲要》，以创新工程的形式对文化科技融合发展做出了进一步部署。在共性关键技术研究、传统产业升级、新兴产业培育、提升文化事业服务能力、加强发展环境建设五个方面提出工作任务。同年 9 月，《文化部“十二五”文化科技发展规划》针对国家级科技重点项目、基础科研项目、核心技术研发、文化行业技术标准、先进适用技术转化推广、文化与科技融合示

范基地等，对文化领域推进科技发展提出了更加具体的要求与部署。2017年《“十三五”时期文化科技创新规划》的发布，进一步明确了“十三五”时期文化科技融合创新发展路线图，并力求到2020年要基本形成以市场为导向，以需求为牵引，以应用为驱动，以文化科技企业为技术创新主体，以协同创新、研发攻关、成果转化、区域统筹、人才培养等为主要构成的文化科技创新体系。

2017年10月，习近平总书记在党的十九大报告中，为新时代文化产业发展方向做出明确指示。这是继十七届六中全会和党的十八大报告之后做出的有关文化科技融合方面的更进一步的战略部署。

2019年8月，科技部、中央宣传部、中央网信办、财政部、文化和旅游部、国家广播电视总局六部门联合印发了《关于促进文化和科技深度融合的指导意见》（以下简称《意见》），提出要“进一步促进文化和科技深度融合，全面提升文化科技创新能力，转变文化发展方式，推动文化事业和文化产业更好更快发展，更好满足人民精神文化生活新期待，增强人民群众的获得感和幸福感”。《意见》提出了加强文化共性关键技术研发、完善文化科技创新体系建设、加快文化科技成果产业化推广、加强文化大数据体系建设、推动媒体融合向纵深发展、促进内容生产和传播手段现代化、提升文化装备技术水平、强化文化技术标准研制与推广八项重点任务。

2. 推动文化科技融合示范基地建设

在大力引导文化科技融合发展的同时，国家还出台具体措施推动文化科技融合示范基地的认定与建设，借由产业基地的集聚发展优势推动文化科技的进一步深度融合。

2012年，科技部、中宣部、文化部、广电总局、新闻出版总署五部门联合开展了首批国家级文化和科技融合示范基地的认定工作，北京中关村国家级文化和科技融合示范基地、上海张江国家级文化和科技融合示范基地等16家被认定为首批国家级文化和科技融合示范基地。2013年底，联合认定南京国家级文化和科技融合示范基地等18家为第二批国家级文化和科技融合示范基地。

为全面掌握2013年国家级文化和科技融合示范基地的建设发展情况，总结推广先进经验，引导和规范基地后续建设，2014年3月科技部高新司和中宣部改革办出台了《关于开展国家级文化和科技融合示范基地评价工作的通知》（国科高函〔2014〕22号），会同有关部门联合开展国家级文化和科技融合示范基地评价工作，对包括北京中关村国家级文化和科技融合示范基地的34家基地从基地经济发展、文化和科技创新能力、文化和科技创新与创业服务环境建设等方面进行考察和评价。

2018年3月，为进一步加强并规范对国家级文化和科技融合示范基地的认定管理，科技部、中宣部、中央网信办、文化和旅游部、国家广播电视总局联合印发《国家文化和科技融合示范基地认定管理办法（试行）》，并开展了集聚类基地、单体类基地两类基地的认定工作。同年7月，为进一步提升与优化示范基地管理、推动示范基地进一步优化发展，科技部办公厅和中宣部文改办发布《关于加强现有国家级文化和科技融合示范基地规范优化工作的通知》，规定现有34家国家级文化和科技融合示范基地要按照相关要求加以规范及优化提升，并接受考核和动态管理。示范基地的认定与建设，为文化与科技融合产业发展提供了强有力的政策支撑。

3. 强化文化创意和设计服务产业发展

2014年2月，国务院印发《关于推进文化创意和设计服务与相关产业融合发展的若干意见》（以下简称《意见》），提出要加快推进“文化创意和设计服务与实体经济深度融合”。《意见》大力推动文化创意和设计服务与装备制造业、消费品工业、建筑业、信息业、旅游业、农业和体育产业等领域融合发展。

文化部于2014年3月印发了《关于贯彻落实〈国务院关于推进文化创意和设计服务与相关产业融合发展的若干意见〉的实施意见》，明确提出要加快文化与科技融合，并对推动文化与科技融合的具体工作领域与内容、推动融合的路径措施等进行了更加明确的阐述。

2016 年 5 月，文化部等四部门联合发布《关于推动文化文物单位文化创意产品开发的若干意见》，其中对文化创意产品开发等涉及文化科技融合发展内容做出部署，指出要深入发掘文化文物单位馆藏文化资源，充分运用创意和科技手段，推动文化创意产品开发。

4. 其他相关政策

除了上述政策以外，国家还制定出台了多项相关政策措施，包括支持动漫产业、规范文化产业发展专项资金使用、支持文化企业申报国家高新、支持政府购买社会公共文化服务等。

2008 年 12 月，文化部、财政部、国家税务总局印发了《动漫企业认定管理办法（试行）》，从企业类型、注册时间、主营业务、动漫产品和人员、技术、场所条件等方面综合衡量，制定了适合我国动漫产业发展特点的动漫企业认定标准。2013 年 11 月，财政部、国家税务总局印发了《关于动漫产业增值税和营业税政策的通知》，提出对属于增值税一般纳税人的动漫企业销售其自主开发生产的动漫软件，按 17% 的税率征收增值税后，对其增值税实际税负超过 3% 的部分，实行即征即退政策；动漫软件出口免征增值税；动漫企业为开发动漫产品提供的服务以及在境内转让动漫版权，减按 3% 税率征收营业税。

2012 年 4 月，财政部重新修订印发《文化产业发展专项资金管理暂行办法》（财文资〔2012〕4 号），提出推进文化科技创新和文化传播体系建设，对文化企业开展高新技术研发与应用、技术装备升级改造、数字化建设、传播渠道建设、公共技术服务平台建设等予以支持。

2013 年 9 月，科技部、财政部、国家税务总局出台《关于在中关村国家自主创新示范区开展高新技术企业认定中文化产业支撑技术等领域范围试点的通知》，大力支持示范区为文化企业提供技术支撑的企业发展，提出从事文化产业技术支撑服务的企业，按规定认定为高新技术企业的，减按 15% 税率征收企业所得税。

国家层面的相关政策参见表 1。

表1　国家文化科技融合政策

序号	政策文件	文号	发文时间
国家文化科技发展战略规划			
1	《关于印发〈国家文化科技创新工程纲要〉的通知》	国科发高〔2012〕759 号	2012 年 6 月 27 日
2	《文化部办公厅关于印发〈文化部“十二五”文化科技发展规划〉的通知》	办科技发〔2012〕18 号	2012 年 9 月 12 日
3	《文化部“十三五”时期文化科技创新规划》	文科技发〔2017〕9 号	2017 年 4 月 26 日
文化科技融合示范基地建设			
4	《关于认定首批国家级文化和科技融合示范基地的通知》	国科发高〔2012〕631 号	2012 年 5 月 10 日
5	《科技部　中央宣传部　文化部　新闻出版广电总局关于认定第二批国家级文化和科技融合示范基地的通知》	国科发高〔2013〕692 号	2013 年 12 月 12 日
6	《科技部高新司　中宣部改革办关于开展国家级文化和科技融合示范基地评价工作的通知》	国科高函〔2014〕22 号	2014 年 3 月 24 日
7	《科技部　中宣部　中央网信办　文化和旅游部　国家广播电视总局关于印发〈国家文化和科技融合示范基地认定管理办法（试行）〉的通知》	国科发高〔2018〕72 号	2018 年 3 月 29 日
8	《科技部办公厅　中宣部文改办关于开展2018 年国家文化和科技融合示范基地申报工作的通知》	国科办高〔2018〕17 号	2018 年 5 月 22 日
9	《科技部办公厅　中宣部文改办关于加强现有国家级文化和科技融合示范基地规范优化工作的通知》	国科办高〔2018〕34 号	2018 年 7 月 3 日
文化创意和设计服务			
10	《国务院关于推进文化创意和设计服务与相关产业融合发展的若干意见》	国发〔2014〕10 号	2014 年 2 月 26 日
11	《文化部关于贯彻落实〈国务院关于推进文化创意和设计服务与相关产业融合发展的若干意见〉的实施意见》	文产发〔2014〕15 号	2014 年 3 月 20 日
12	《国务院办公厅转发文化部等部门关于推动文化文物单位文化创意产品开发若干意见的通知》	国办发〔2016〕36 号	2016 年 5 月 11 日

续表

序号	政策文件	文号	发文时间
其他			
13	《文化部　财政部　国家税务总局关于印发〈动漫企业认定管理办法(试行)〉的通知》	文市发〔2008〕51 号	2008 年 12 月 18 日
14	《财政部关于重新修订印发〈文化产业发展专项资金管理暂行办法〉的通知》	财文资〔2012〕4 号	2012 年 4 月 28 日
15	《科技部　财政部　国家税务总局关于在中关村国家自主创新示范区开展高新技术企业认定中文化产业支撑技术等领域范围试点的通知》	国科发高〔2013〕595 号	2013 年 9 月 29 日
16	《财政部　国家税务总局关于动漫产业增值税和营业税政策的通知》	财税〔2013〕98 号	2013 年 11 月 28 日
17	《国务院办公厅转发文化部等部门关于做好政府向社会力量购买公共文化服务工作意见的通知》	国办发〔2015〕37 号	2015 年 5 月 5 日

资料来源：中国政府网等官方网站。

（二）国内其他省市相关政策

随着文化创意及设计等产业发展，国内各省市也纷纷出台相关政策措施推动本地区文化及相关产业发展。

1. 上海

上海是我国率先发展文化创意产业的城市之一，产业发展一直居全国领先地位。随着产业不断创新、突破和发展，产业规模持续扩大，产业结构不断优化，企业活力不断增强，各种所有制企业齐头并进，产业呈现明显的集聚发展态势。

一是多领域布局，推动文化科技融合发展。2010 年以来，上海为促进文化科技融合发展，从文化科技融合、文化创意和设计产业、影视产业、网络视听、动漫等多个角度，出台了相关的规划、行动计划、意见、办法等一系列文件推动产业发展（见表 2）。持续稳定的政策体系推动产业发展取得明显成效。2017 年，上海文化产业实现增加值 2081.42 亿元，占地区生产总值的比重为6.80%，占我国文化及相关产业总增加值的5.99%。其中，创意设计类实现增加值454.45亿元，占文化产业增加值的21.83%。内容创作生产类实现增加值占文化产业增加值的24.99%。[①] 创作表演服务、数字内容服务、出版服务、广播影视节目制作、内容保存服务、工艺美术品制造等快速发展。以出版、广电、媒体为首的传统文化产业在不断探索、加快转型步伐，新兴文化领域产业不断拓展市场发展空间，“互联网+文化”融合成为上海文化产业发展的另一个重要特征。新老产业互相影响，互相渗透，互相融合，加快推动文化科技融合产业不断创新发展。

表2 上海文化科技融合政策

序号	政策文件	文号	发文时间
规划计划			
1	《上海推进文化和科技融合发展三年行动计划》		2012年8月22日
2	《上海市“十三五”时期文化改革发展规划》	沪委办发〔2016〕38号	2016年11月4日
3	《全力打响“上海文化”品牌加快建成国际文化大都市三年行动计划（2018~2020年）》		2018年5月14日
文化创意和设计产业			
4	《上海市促进文化创意产业发展财政扶持资金实施办法（试行）》	沪文创办〔2012〕10号	2012年6月11日
5	《上海市促进文化创意产业发展财政扶持资金实施办法》	沪文创办〔2014〕19号	2014年10月15日
6	《上海市人民政府关于贯彻〈国务院关于推进文化创意和设计服务与相关产业融合发展的若干意见〉的实施意见》	沪府发〔2015〕1号	2015年1月9日
7	《上海市促进创意设计产业发展财政专项资金实施办法》	沪财教〔2015〕12号	2015年4月28日
8	《上海市文化创意产业发展三年行动计划（2016~2018年）》		2016年3月

① 资料来源于《2018年上海文化产业发展报告》。

续表

序号	政策文件	文号	发文时间
9	《上海创意与设计产业发展"十三五"规划》	沪经信都〔2017〕22 号	2017 年 1 月 9 日
10	《关于加快本市文化创意产业创新发展的若干意见》	沪委发〔2017〕33 号	2017 年 12 月 12 日
11	《上海市促进文化创意产业发展财政扶持资金管理办法》	沪文创办〔2018〕38 号	2018 年 4 月 30 日
12	《上海市经济和信息化委员会等关于印发〈促进上海创意与设计产业发展的实施办法〉的通知》	沪经信都〔2018〕339 号	2018 年 5 月 28 日
网络视听、动漫、影视产业			
13	《上海市网络视听产业专项资金管理办法(试行)》		2011 年 12 月 10 日
14	《上海市新(改)数字影院建设扶持专项资金补助管理办法》		(2014 ~ 2015 年版)
15	《上海市动漫游戏产业发展扶持资金管理办法》		(2014 ~ 2017 年版)
16	《上海动漫游戏产业发展扶持奖励办法》		(2010 ~ 2018 年版)
17	《关于促进上海网络视听产业发展的实施办法》	沪文广影视〔2018〕146 号	2018 年 5 月 4 日
18	《关于促进上海动漫游戏产业发展的若干实施办法》	沪文广影视〔2018〕147 号	2018 年 5 月 4 日
19	《关于促进上海影视产业发展的实施办法》	沪文广影视〔2018〕149 号	2018 年 5 月 4 日

资料来源：上海市政府部门网站。

二是坚持推动文化与科技在各个领域的深度融合。(1) 积极推动三网融合，支持杨浦全国 NGB－W 示范区和技术实验室等平台建设。在数字家电领域，推进数字家庭与超高清电视关键技术研发与应用，推动中国标准参与全球下一代广播电视标准竞争。(2) 大力提高虚拟现实、计算机视觉与图形学、传感器等领域的技术研发水平；引导支持虚拟现实技术在电影、电视、游戏、设计、医疗等领域的有机应用。(3) 引导企业用好高新技术企业认定、研发费用加计扣除等政策，构架健全创新培育体系，建设文化科技融合发展环境。

三是大力打造文化科技融合发展的产业基地。近年来，上海文化创新体系雏形初现，围绕上海张江国家数字出版基地、中国（上海）网络视听产业基地、国家对外文化贸易基地、金山国家绿色创意印刷示范园区、国家音乐产业基地（上海）等一批国家级产业基地，积极推动文化科技融合发展，成效显著，基地辐射带动效应不断增强。2018 年 6 月，上海徐汇区成为目前全国唯一的、以城区推动上海文化贸易加速发展的示范区和先行者，被中宣部、商务部认定为首批国家文化出口基地。2018 年 12 月，上海宝玉石交易中心升级为国家级平台，正式更名为中国（上海）宝玉石交易中心。① 上海市政府积极开展“市级文创园区”认定，137 家文化创意产业园区（含 20 家示范园区）获市级文创园区称号，目前园区入驻文创企业已达 2 万多家，营收近 5000 多亿元。②

四是构建形成了“一轴、一圈、两带、多区”的产业空间布局，引导产业集聚发展（见表 3）。根据上海市人民政府印发的《上海市产业地图》，上海 80% 以上文化创意产业园区位于中心城区，贯穿北部大学密集区、沿苏州河及内环线。上海市文化创意产业园区主要集中在中心城区，108 个园区中中心城区占据了 93 个，占比达到 86%。③

表 3　上海文化创意产业发展的空间布局

类型	功能区	区域
一轴	东西向文化创意产业发展轴	大虹桥会战产业园区、昌平路设计集聚带、环人民广场演绎活力区、陆家嘴、上海国际旅游度假区等
一圈	沿中外环新经济圈	金领之都、长江软件园、木文化博览园、智慧照明四新经济产业基地、越界创意园等
两带	沿黄浦江、苏州河文化创意发展带	徐汇西岸传媒文化走廊、浦东世博前滩文化园区、世博城市最佳实践区、普陀长风文化生态园等
多区		环同济创意设计集聚区、上海江南智造文化创意产业集聚区、金沙江路互联网影视集聚带、上海虹桥时尚创意产业集聚区、国家数字出版基地、国家音乐产业基地等

资料来源：《上海市产业地图》官网。

① 资料来源于《2018 年上海文化产业发展报告》。

② 《新时代新作为新篇章丨上海认定 137 家市级文创园区》，澎湃新闻，2019 年 7 月 25 日。

③ 《基于园区地图看上海市文化创意产业空间分布特征》，福睿智库，2018 年 12 月 18 日。

2. 广东

广东以特殊的地理位置和率先改革开放的勇气，成为中国南部文化创意产业的中心地。广东对文化科技融合发展的支持，主要体现在工业设计、文化内容创意、文化互联网企业、文化旅游业等发展方面。

一是出台系列政策，推动文化与科技在制造业与服务业多领域的融合与协调发展（见表4）。例如2015年广东省人民政府印发《广东省推进文化创意和设计服务与相关产业融合发展行动计划（2015～2020年）》，提出提升工业设计能力塑造广东制造新优势、加快数字内容产业发展、提升人居环境质量、提升旅游发展文化内涵、挖掘特色农业发展潜力、拓展体育产业发展空间、提升文化产业整体实力等主要任务。广东省的文化科技融合发展涵盖工业设计、数字内容创意、内容创意设计、文化旅游、文化先进技术攻关等多个领域。近年来，动漫游戏、电竞等新兴业态也实现了较快速度的发展。2017年，广东数字出版产值达到1800亿元，总量居全国第一。文化装备产业发展基础雄厚，以先进科技为引领的演艺设备、游戏游艺设备等文化科技装备业，分别占全国同行业生产总值的85%和98%。电子游戏业收入达到1515亿元，占全国的73.9%，占全球的20.4%。动漫业发展迅速，产值400亿元，占全国的1/3。①

表4　广东文化科技融合政策

序号	政策文件	文号	发文时间
规划计划			
1	《广东省建设文化强省规划纲要(2011～2020年)》	粤发〔2012〕12号	2010年7月23日
2	《广东省文化事业发展“十二五”规划的通知》	粤府办〔2012〕27号	2012年4月6日
3	《广东省人民政府办公厅关于印发广东省文化产业振兴规划(2011～2015年)的通知》	粤府办〔2012〕79号	2012年7月30日
4	《中共广州市委广州市人民政府关于加快实施创新驱动发展战略的决定》	穗字〔2015〕4号	2015年8月10日

① 《广东文化产业交出高质量成绩单规模总量领跑全国》，深圳新闻网，2019年5月18日。

续表

序号	政策文件	文号	发文时间
工业设计和文化创意产业			
5	《转发省文化厅关于加快珠江三角洲地区文化创意产业发展的指导意见的通知》	粤府办〔2011〕42 号	2011 年 6 月 20 日
6	《广东省人民政府办公厅关于促进我省设计产业发展的若干意见》	粤府办发〔2012〕89 号	2012 年 9 月 2 日
7	《深圳市政府印发〈关于加快工业设计业发展若干措施的通知〉》	深府〔2012〕137 号	2012 年 12 月 10 日
8	《广东省推进文化创意和设计服务与相关产业融合发展行动计划（2015～2020年）》	粤府函〔2015〕314 号	2015 年 11 月 13 日
9	《广东省住房和城乡建设厅关于繁荣建筑创作的若干意见》	粤建市函〔2018〕1848 号	2018 年 8 月 10 日
10	《深圳市工业设计业发展专项资金管理办法》	深经贸信息规字〔2018〕11 号	2018 年 8 月 30 日
产业园区建设			
11	《广东省文化厅省级文化产业示范园区管理办法》	粤文市〔2016〕63 号	2016 年 3 月 17 日
12	《广东省文化厅关于开展 2018 年度省级文化产业示范园区创建工作的通知》	粤文市〔2018〕63 号	2018 年
文化发展			
13	《关于进一步繁荣发展我省少数民族文化事业的意见》	粤府办〔2010〕11 号	2010 年 3 月 8 日
14	《关于加快文化强省建设的若干文化经济政策》	粤宣通〔2013〕28 号	2013 年
15	《广东省文化厅关于进一步支持粤东西北地区文化发展的若干措施》	粤文办〔2013〕94 号	2013 年 12 月 5 日
16	《广东省文化厅关于进一步支持我省少数民族地区文化发展若干措施》	粤文办〔2014〕60 号	2014 年
17	《关于加快构建现代公共文化服务体系的实施意见》	粤办发〔2015〕17 号	2015 年 7 月 12 日
文化科技融合			
18	《关于促进我省文化和科技融合发展的意见》	粤办发〔2013〕1 号	2013 年
19	《广州市人民政府办公厅关于促进我市文化与科技融合的实施意见》	穗府办函〔2017〕223 号	2017 年 9 月 10 日

资料来源：广东省政府官方网站。

二是工业设计持续稳步快速发展。广东工业设计分布于深圳等地。深圳工业设计产值占据着我国工业设计总产值的“半壁江山”。2018 年，深圳市拥有工业设计师及相关从业人员 12 万人，工业设计企业产值达到 100 亿元，拥有国家级工业设计中心 5 家，省市级工业设计中心百余家。深圳获得的 iF 和红点设计奖数量居我国内地大中城市首位。[①] 2013 年，深圳市人民政府成功主办了第一届深圳国际工业设计大展，截至 2018 年深圳市已成功举办了 6 届深圳国际工业设计大展。深圳已经成为“全球工业设计风向标”，推动着工业设计向高端化、国际化、品牌化发展。广东顺德的工业设计城，经过十年发展，从旧厂房胜利蜕变为中国工业设计高地。来自深圳的心雷、浪尖、嘉兰图、同天等一批工业设计企业和园区运营商作为先导进驻园区。在深圳设计力量的带动下，再加上本土的美的、科龙、东菱等大企业溢出辐射，宏翼、潜龙、永爱、六维空间、和壹、方块、斗禾、计客等一大批本土设计力量相继涌现，成为顺德工业设计领域的中坚力量。

三是注重“文化 + 科技”发展模式。以华侨城集团和华强方特文化科技集团等创新创意文化企业为例，高科技手段的引入使其创造出更具有价值的产品和服务。2019 年 5 月，光明日报社和经济日报社在第十五届中国（深圳）国际文化产业博览交易会上联合发布了第十一届“全国文化企业 30 强”名单。来自深圳的华侨城集团和华强方特文化科技集团入选其中。华侨城文化集团进行了“IP + VR”的战略布局，以实现数字产业的多媒体交互，促进文化产业的融合与升级。深圳华强文化科技集团是最早投入 VR、AR 技术研究的文化企业。华强方特用“文化 + 科技”自主创新讲述中国故事，打造从主题乐园创意设计、研究开发、内容制作、施工建设到市场运营的全产业链运营，在主题乐园、动漫产品、特种电影等多个领域打造了众多具有世界影响力的文化精品。着力探索打造动漫 IP 生态圈，构建多样化的中国文化。华强方特打造了“熊出没”“生肖传奇”“小鸡不好惹”等 10 余个耳熟能详的动漫品牌。

① 《2018 年深圳工业设计产值达 100 亿元》，中国新闻网，2019 年 2 月 22 日。

四是注重推动“文化 + 互联网”发展。自 2016 年起，广东经营性互联网文化单位主体数量保持中国第一。腾讯音乐及网易云音乐成为国内数字音乐产业链的“一超一强”。截至 2017 年底，腾讯音乐合计市场渗透率达到 76%，成为国内在线音乐市场的第一名。[①] 微信、QQ、酷狗音乐，均位居 App 安装量排行榜前列。腾讯公司累计申请专利超过 7 万件，目前已成为全国最大的互联网企业，居全球互联网企业首位。[②]

五是文化媒体企业与互联网融合，取得快速发展。广东新媒体迅速崛起。以南方报业“南方 +”、南方都市报“并读新闻”、南方财经“21 财经”等为主的媒体客户端，下载量和用户量均居于全国前列。广东各媒体类型的融合传播力不断提升，文化产业领域大为拓展。

六是注重培育骨干企业和园区。2017 年、2018 年广东省文化厅连续两年发布省级文化产业示范园区创建资格名单，珠海市金嘉创意谷、深圳市 2013 文化创客谷、广州星力动漫游戏产业园、盛达电子信息创新园、中国（深圳）新媒体广告产业园、UTCP 大学城创意园集聚区、珠海 V12 文化创意产业园等被纳入省级文化产业园区创建单位。2017 年《广州市人民政府办公厅关于促进我市文化与科技融合的实施意见》提出要继续发挥国家级文化产业示范基地、省级文化产业园区以及市级战略性新兴产业基地的产业基础与发展优势，优化产业布局，统筹协调发展资源，形成更加完善的全产业链。

3. 浙江

近年来，浙江高度重视文化产业的科技融合发展，注重特色产业培育，全面提升文化软实力。影视制作、“互联网 +”新闻出版、动漫游戏、文化演艺和文化产品制造等产业领域快速发展，凸显科技对文化的支撑力量。

一是主要从文化产业发展政策角度系统支持本土特色文化的产业化、高科技化（见表 5）。浙江主要以文化类规划、计划或意见等文件形式发布相关

---

① 资料来源于中国报告网。

② 《粤文化产业加速转型开放，连续 15 年居全国首位》，《南方日报》2018 年 5 月 9 日。

举措，系统推进文化科技融合发展。为推动文化实现产业化、高科技化、生态化发展，浙江省在文化产业发展“十三五”规划中制定了“三区”战略定位，要建设全国文化内容生产先导区、全国文化产业融合发展示范区、全国文化产业新兴业态引领区。同时各地市级政府依据自身产业发展特点发布了一些产业发展具体措施重点支持动漫产业、数字产业、时尚设计等具体产业的发展。2017 年，浙江文化及相关特色产业的增加值达到了 3745 亿元，综合实力位居全国第 4 位。[①] 文化产业已成为浙江国民经济支柱性产业之一。新闻出版、影视服务和数字内容与动漫等逐步确立了在全国的优势。依托浙江时代、浙江横店等的影视演艺产业稳步发展，网络文学、网络影视、动漫游戏、数字音乐、数字电视、数字教育等数字内容产业及现代传媒出版产业发展迅速；服务于服装服饰、皮革制品、家居用品、珠宝首饰等时尚产业的文化创意设计实现转型升级；依托特色小镇、旅游风情小镇等的红色文化、古城文化旅游等产业持续完善；文化装备制造业正在积蓄力量。

表 5　浙江文化科技融合政策

序号	政策文件	文号	发文时间
规划意见			
1	《浙江省文化产业发展规划(2010～2015)》	浙政发〔2011〕3 号	2011 年 1 月 7 日
2	《浙江省人民政府关于印发浙江省文化服务业“十二五”发展规划的通知》	浙政发〔2011〕53 号	2011 年 7 月 28 日
3	《中共浙江省委浙江省人民政府关于进一步加快文化产业发展的若干意见》	浙委发〔2013〕28 号	2013 年 8 月 19 日
4	《浙江省人民政府办公厅关于进一步推动我省文化产业加快发展的实施意见》	浙政办发〔2015〕49 号	2015 年 5 月 18 日
5	《浙江省人民政府办公厅关于印发浙江省文化产业发展“十三五”规划的通知》	浙政办发〔2016〕122 号	2016 年 9 月 28 日
6	《浙江省委、省政府发布了〈关于加快把文化产业打造成为万亿级产业的意见〉》	浙委发〔2017〕36 号	2017 年 9 月 26 日
7	《浙江省文化产业人才发展规划(2017～2022 年)》	浙宣〔2017〕63 号	2017 年 11 月 27 日

① 资料来源于浙江省统计局。

续表

序号	政策文件	文号	发文时间
文化创意产业			
8	《杭州市文化创意产业发展规划(2009～2015年)》	市委办发〔2009〕92号	2009年5月23日
9	《浙江省文化创意产业发展规划(2008～2020)》		2009年7月13日
10	《杭州市文化创意产业发展“十三五”规划》	杭政办函〔2017〕45号	2017年4月26日
动漫产业			
11	《杭州市动漫游戏产业发展规划(2006～2010)》	杭政函〔2005〕216号	2005年12月7日
12	《杭州市委市政府办公厅关于鼓励和扶持动漫游戏产业发展的补充意见》	市委办〔2010〕3号	2010年2月21日
13	《关于推进杭州市动漫游戏产业做优做强的实施意见》	市委办〔2017〕77号	2017年12月27日
14	《持续推动杭州“动漫之都”建设行动计划(2018～2020年)》	市文创委〔2017〕5号	2018年1月24日
时尚产业			
15	《浙江省人民政府关于加快发展时尚产业的指导意见》	浙政发〔2015〕15号	2015年5月29日

资料来源：浙江省政府官方网站。

二是积极推动影视、旅游、手工艺等园区及特色区域的建设与发展。浙江积极支持杭州、宁波、横店三个国家级文化和科技融合示范基地建设，成功打造了一批文化与科技融合示范项目和示范园区。已经形成了一批特色文化产业区块：文化旅游区块在以宗教文化和江南水乡为特色寻求特色发展；杭州现代传媒、横店影视、滨江高新文化等新兴文化区块，则以影视文化为核心实现创新发展。

三是大力支持数字传媒等领域的龙头企业实现创新发展。近十多年来浙江龙头企业发展成效显著。在2017年全国“文化企业30强”评选中，浙江出版联合集团、浙报传媒、华策影视、宋城演艺、华谊兄弟5家文化企业入选；华数传媒、思美传媒获得提名奖；入选数量名列全国各省市第一。广厦集团、横店集团、宋城集团等一批民营文化龙头企业脱颖而出，产业发展

势头强劲。

四是支持动漫产业发展。浙江作为全国率先发展动画产业的省份之一，动画产业发展已有30多年历史，目前浙江的动画产量位居全国之首。政府也在大力支持动画产业发展，各项政策基本在全省实现了全覆盖。宁波、温州、绍兴、嘉兴等地积极打造动漫文化产业基地、出台动漫产业扶持政策。杭州经过多年发展，动画产业已经领跑全国。杭州致力于打造“动漫之都”，每年一届的国际动漫节已经举办多年，并形成了品牌效应。杭州高新区（滨江）是中国首批国家级动画产业基地之一。先后有中南卡通、宏梦卡通、玄机科技、盛世龙图等龙头企业入驻，并推出一批受到观众喜爱的优秀动画片。2009年，浙江成立了动漫产业学会，这是全国首家研究动漫产业的省级学术社团。经过多年发展，浙江涌现了一批动漫制作企业，浙江中南集团卡通影视有限公司、杭州漫奇妙动漫制作有限公司、浙江时空影视文化传播有限公司、浙江太子龙文化传播有限公司、杭州玄机科技信息技术有限公司、宁波水木动画设计有限公司等正在稳步发展。

五是积极构建文化科技融合发展推广交流平台与信息技术共享平台等。持续举办中国（义乌）文化产品交易会和中国国际动漫节。实施“文化走出去”战略，积极打造“浙江文化节”文化交流品牌；在法国、美国、澳大利亚、俄罗斯、英国等多国举办“浙江文化周”。在中国台湾举办“台湾·浙江文化节”活动。加快推进浙江省动漫产业学会等组织建设，完善省级文化与科技协同创新机制。充分发挥在大数据、虚拟技术等领域的技术领先优势，建设浙江文化产业发展服务云平台，强化文化信息数据中心和数据交换系统功能，推行文化信息智慧化服务，建设省文化资源多媒体数据库。

（三）政策实施的效果和影响

自2011年文化科技融合作为国家战略实施以来，随着中央和各部门政策的大力支持和推动，特别是国家文化科技创新工程实施8年来，我国文化科技融合及相关产业进入快速发展期，取得了一批重要的成果，并呈现以下发展趋势。

一是文化科技融合创新的深度和广度不断拓展，新产品、新模式、新业态不断涌现，5G、大数据、人工智能、云计算、超高清、增强现实、虚拟现实、全息技术、物联网、3D 打印等新科技与文化产业的融合逐步向文化内容创作、生产、管理、传播与消费体验全产业链传导，从供给侧、需求侧全面推动文化事业、文化产业及旅游业的发展。文化事业及文旅产业领域的共性技术支撑能力不断增强。在数字创意、广播影视、文化艺术、网络出版等行业研发了一批国产化关键设备与集成系统技术，文化重点领域关键装备和系统软件国产化水平得到提升。在文化资源保护开发共享、知识产权保护、文化安全监管、文化诚信评价等方面突破了一批文化管理共性技术，文化科技服务能力得到提高。在文化旅游、数字创意、文化艺术、广播影视、新闻出版、网络文化等重点文化行业制定了一批技术和服务标准规范，引导和规范相关产业和行业健康发展。

二是通过文化科技深度融合，文化产业服务能力得到全面提升。在文化资源传承和保护方面，围绕文物、典籍、民俗、宗教等各类物质与非物质文化遗产传承和保护，突破了一批文化资源数字化关键技术，加强了文化资源数字化保护和开发利用，成功探索了数字文化资源公益服务与商业运营协同发展的运行模式，开展文化资源数字化公共服务与社会化运营服务示范。在公共文化服务方面，结合国家公共文化服务体系建设，加强农家书屋、文化馆、图书馆、博物馆、科技馆等文化公共服务平台的网络化和数字化建设，重点针对农村、边疆少数民族地区、社区等的精神文化生活实际需求，实现对公众文化产品的普惠和精准投放，推动全社会文化共享，提高国民文化消费力。充分利用官方和民间文化交流渠道，聚合国际文化交流资源，构建了网络化国际文化交流服务平台，架设国际文化互通的桥梁，弘扬中国传统文化。在文化市场管理方面，针对多种形态网络环境中各种形式文化内容的传播安全需求，研发了文化安全信息监管、文化安全评价及文化传播平台安全管控技术，形成了文化安全监管整体技术解决方案，完善文化产品评估标准体系，建立版权公共管理与举证服务平台，保护著作权人合法权益。

三是通过文化科技深度融合，推动了传统文化产业的优化和升级。在文

化艺术方面，重点围绕演艺、工艺美术等产业发展，开展技术创新和应用服务示范。在传统演艺方面，研发了一批演艺关键支撑技术，包括增强舞台艺术表现力的声光电综合集成应用技术、基于虚拟现实的舞美设计与舞台布景技术、移动舞台装备制造技术和演出院线网络化协同技术等，提升了文化演出的艺术创作力、感染力、表现力和传播力，调整和优化传统文化演艺产业结构。在工艺美术方面，加强高新技术与陶瓷、漆器、织造、印染、雕刻等中国传统工艺有机结合，建立了文化艺术品知识数据库，在传承民族传统工艺特色的基础上，推陈出新，焕发生命力。

在广播影视方面，围绕下一代广播电视网、互联网电视、数字高清、移动多媒体、电影产业科技提升以及融合网络创新服务等广播影视文化产业布局，重点研发下一代广播电视网关键支撑技术、地面数字电视与有线和直播卫星协同覆盖与综合管理技术、影视动漫生产与集成制作技术以及新媒体集成管理与分发传播技术，促进广播电视网升级换代及新技术推广，提升了影视制作质量和效率，提高了影视装备国产化水平，推进网络与内容协同发展，形成网络互通、内容丰富的广播影视文化传播服务体系。

在新闻出版方面，围绕新闻出版全产业链上的内容资源集成、出版、印刷、发行、版权保护等重点环节开展技术创新与应用示范。研发了全媒体资源管理与集成技术、语义分析搜索及自动分类标引技术、多介质多形态内容发布技术、彩色电子纸等新技术，促进传统新闻出版产业的数字化转型升级，形成了覆盖网络、手机以及适用于各种终端的数字出版内容生产供给体系；研发了数字印刷和绿色环保印刷技术，促进传统印刷设备的升级改造和节能减排；重点支持了电子图书、数字报刊、网络原创文学、网络教育出版、数据库出版、手机出版等数字出版新兴业态，提升创新能力；研发了数字版权保护关键技术，推动数字出版产业健康发展。

四是通过文化科技深度融合，推动了以数字创意产业为主体的新兴文化产业的发展。在创意设计方面，加强了文化创意设计与展示自主核心技术和装备研发，形成整体技术集成解决方案。构建了专业化媒体超算与协同式创意设计云服务平台，可以面向广告、会展、工艺品等文化创意设计开展社会化服务，提升文化创意设计的表现力和创作力，提高创意设计效率和质量。在网络文化方面，研发了网络原创文学、微博、网络剧、微电影等新兴网络文化形态、网络信息集成传播技术及前沿引导技术，形成了新兴网络文化创新服务模式，繁荣了民间文学、影视、音乐创作与传播。研发了新型网络娱乐化学习模式与云服务平台技术，聚合中华传统文化教育学习资源开展应用示范，弘扬中华传统文化和社会主义核心价值观。利用先进技术手段，开展了形式多样和内容丰富的高质量科学普及，创新文化产品的创作、生产与传播，提高全社会文化和科学素质。研发了动漫游戏与虚拟仿真技术在设计、制造、科普、教育、体育、建筑、旅游、商务等产业领域中的集成应用，加强了动漫衍生品综合开发及文化娱乐装备的集成制造，促进动漫创意文化元素与相关产业的融合发展。

五是在文化科技融合驱动下，文化旅游产业从传统的观光经济转向体验经济，文化 IP 创意与科技交互新业态及空间整合协同打造的体验场景和引爆业态，成为文旅体验经济的重要支撑。随着智慧文化旅游相关技术的突破，中华地理风情和民族文化信息资源库的建立，基于移动互联网和地理位置大数据平台服务体系的建立，为游客提供了越来越便捷、细致的文化旅游服务。特别是随着一批新型展演关键技术以及文化主题公园关键技术及装备的突破，以全息投影、互动投影、LED 天幕等为代表的数字技术和以 AR、VR、人工智能等为代表的场景科技的大量应用，强化了视觉表现力和震撼性，营造沉浸式体验感，推动以剧场、实景空间为载体的传统旅游演艺转向以科技为支撑的多空间沉浸式新型展演，把在地文化 IP 与旅游的体验性、消费性进行融合，以公共集聚空间、商业消费空间、文化体验空间、旅游休闲空间四类空间为载体，通过引爆、支撑、延伸三级业态联动，打通了文化旅游消费链条，助力城市和景区引流聚客、消费升级，实现“文化＋科技＋金融”的商业模式创新，创造文化体验新方式，引领文化消费新业态，推动了文化旅游新兴消费产业集群发展。

六是文化科技创新发展环境建设取得重要进展。在文化科技创新载体建设方面，依托国家高新技术产业开发区、国家可持续发展实验区等，已建立

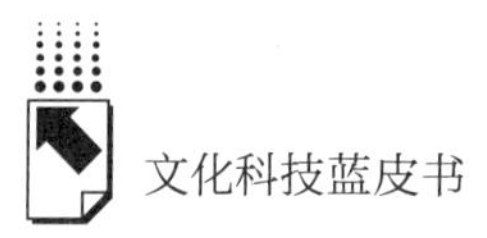

了三批共53家各具特色的国家级文化科技融合示范基地，推动文化科技产业集群建设。完善了促进高技术企业和文化产业发展的相关政策，培育了一批带动性强的文化科技创新型领军企业，加强项目、基地、人才和政策的统筹，加速推进科研成果的产业化。在文化科技创新服务体系建设方面，充分利用和整合现有资源，依托高等院校、科研院所及文化科技企业，培育建设了一批文化科技相关的研究中心，开展文化科技发展战略和政策研究、共性技术研究和国际交流合作，提高文化领域基础科技创新能力。加强文化科技专业孵化器和国家大学科技园建设，促进文化科技成果转化和创新创业人才培养，培育和扶植文化科技类中小企业快速成长。加强产学研用的紧密结合，构建了以技术创新型企业、文化综合服务运营商及骨干文化企业为主体的文化技术创新战略联盟。面向文化事业与文化产业发展，加强文化产品与设备测试服务平台建设，建立了测试服务体系，提供社会化检测和咨询服务。在文化科技工作体系和统计评价体系方面，以促进文化科技创新发展为目标，建立了科技、宣传、文化、旅游等跨部门文化科技协调工作机制，形成了有利于文化科技发展的工作体系，初步建立了文化科技工作统计制度、指标体系。

三　北京促进文化科技融合发展的相关政策

作为全国文化中心、科技创新中心，北京市高度重视文化科技融合发展，在积极贯彻落实国家相关政策措施的同时，多角度、多层面制定各项举措，支持文化产业的科技研发、文化与科技的融合发展。

（一）北京市出台的相关政策

国家出台的一系列文化科技融合的顶层设计和相关政策文件，为北京制定出台相关政策、推进文化科技融合发展提供了有力的思想指导和坚实的理论武装。

引导形成文化科技融合发展。2000年以来，北京市政府陆续编制出台了《2001～2005年北京市文化建设发展纲要》《2004～2008年北京市文化产业发展规划》《北京市“十二五”时期科技北京发展建设规划》《北京市促进文化科技融合发展的若干措施》等文化类及科技类政策文件，积极推进文化科技融合发展。

支持文化创意产业发展。2006 年以后，北京加快对文化创意产业的支持步伐，先后出台了《北京市促进文化创意产业发展的若干政策》《北京市文化创意产业发展专项资金管理办法（试行）》《北京市文化创意产业集聚区认定和管理办法（试行）》等推动文化创意产业发展的政策文件，通过设立专项资金、税收优惠、信用担保等措施促进产业发展。

支持设计、动漫等特色产业发展。2010 年北京市人民政府批转北京市科学技术委员会出台《北京市促进设计产业发展的指导意见》促进设计产业发展。2011 年北京市文化局发布《关于做好我市动漫企业认定工作有关事项的通知》，为动漫产业发展提供良好的政策支持。此后设计产业、文化创意产业，以及动漫产业等的发展成为北京市推动文化科技融合发展的重要抓手，支持相关产业领域发展的政策相继出台，为文化科技融合发展带来充足的发展助力（见表 6）。

表 6　北京市文化科技融合政策

序号	政策文件	文号	发文时间
推动文化产业发展中的科技研发			
1	《2001～2005 年北京市文化建设发展纲要》		2001 年
2	《2004～2008 年北京市文化产业发展规划》		2004 年
3	《关于印发〈北京市文化创新发展专项资金管理办法(试行)〉的通知》	京财文〔2012〕1440 号	2012 年 7 月 16 日
4	《北京市人民政府关于印发〈北京市“十三五”时期加强全国文化中心建设规划〉的通知》	京政发〔2016〕20 号	2016 年 6 月 3 日
5	《北京市推进全国文化中心建设领导小组办公室关于印发〈北京市公共文化服务体系示范区建设运行机制〉〈北京市加快推进公共文化服务示范区建设行动计划(2017～2020 年)〉的通知》	京文建办发〔2017〕3 号	2017 年 11 月 8 日

续表

序号	政策文件	文号	发文时间
6	《北京市促进文化科技融合发展的若干措施》		2018 年 12 月
推动科技发展中的文化科技融合			
7	《北京市"十二五"时期科技北京发展建设规划》	京政发〔2011〕46 号	2011 年 9 月 1 日
8	《北京市"十三五"时期加强全国科技创新中心建设规划》	京政发〔2016〕44 号	2016 年 9 月 22 日
促进设计产业发展			
9	《北京市促进设计产业发展的指导意见》	京政发〔2010〕29 号	2010 年 10 月 12 日
10	《关于印发〈北京市设计创新中心认定管理办法(试行)〉的通知》	京科发〔2013〕177 号	2013 年 5 月 6 日
11	《北京"设计之都"建设发展规划纲要》	京科发〔2013〕373 号	2013 年 8 月 26 日
12	《北京市人民政府关于印发〈北京市推进文化创意和设计服务与相关产业融合发展行动计划(2015 ~ 2020 年)〉的通知》	京政发〔2015〕20 号	2015 年 4 月 7 日
促进文化创意产业发展			
13	《北京市文化创意产业集聚区认定和管理办法(试行)》	京发改〔2006〕2395 号	2006 年 9 月 26 日
14	《北京市促进文化创意产业发展的若干政策》	京办发〔2006〕30 号	2006 年 11 月 7 日
15	《北京市文化创意产业发展专项资金管理办法(试行)》	京财文〔2006〕2731 号	2006 年 12 月 11 日
16	《北京市财政局关于印发〈北京市文化创意产业发展专项资金管理办法实施细则〉的通知》	京财文〔2010〕2170 号	2010 年 10 月 20 日
17	《关于大力推动首都功能核心区文化发展的意见》	京文物〔2010〕1332 号	2010 年 11 月 4 日
18	《北京市人民政府关于印发〈北京市文化创意产业功能区建设发展规划(2014 ~ 2020 年)〉和〈北京市文化创意产业提升规划(2014 ~ 2020 年)〉的通知》	京政发〔2014〕13 号	2014 年 5 月 26 日
19	《北京市"十三五"时期文化创意产业发展规划》	京宣发〔2016〕29 号	2016 年 7 月
20	《北京市文化创意产业发展专项资金企业项目征集评审管理办法(试行)》	京文资发〔2016〕1 号	2016 年 1 月 29 日

续表

序号	政策文件	文号	发文时间
21	《北京市文化创意产业发展专项资金项目补助实施细则(试行)》	京文资发〔2016〕2 号	2016 年 1 月 29 日
22	《北京市文化创意产业发展专项资金项目奖励实施细则(试行)》	京文资发〔2016〕3 号	2016 年 1 月 29 日
23	《北京市人民政府办公厅关于印发〈北京市文化创意产业发展指导目录(2016 年版)〉的通知》	京政办发〔2016〕23 号	2016 年 5 月 12 日
24	《中共北京市委北京市人民政府关于印发〈关于推进文化创意产业创新发展的意见〉的通知》	京发〔2018〕14 号	2018 年 6 月 21 日
推动动漫产业发展			
25	《北京市文化局关于做好我市动漫企业认定工作有关事项的通知》	京文网发〔2011〕587 号	2011 年 8 月 18 日
26	《北京市文化局关于印发〈北京市原创动漫作品扶持办法(试行)〉的通知》	京文网发〔2012〕512 号	2012 年 6 月 25 日
27	《北京市原创动漫形象作品专项扶持资金管理办法(试行)》	京文产发〔2013〕487 号	2013 年 5 月 30 日

资料来源：北京市政府官方网站。

1. 出台引导文化科技融合发展的规划和计划等

在规划和计划方面，北京市虽然没有出台专门的文化科技融合发展的规划计划，但是在科技类和文化类规划计划中，都有相应内容对文化科技融合发展进行规划。

（1）在文化类规划等相关文件中，较多涉及推动文化产业科技研发及提升科技创新能力的政策和内容。

2012 年 7 月，北京市财政局印发《北京市文化创新发展专项资金管理办法（试行）》，提出要促进文化与科技、旅游、体育、金融等相关产业的融合发展，利用北京市文化创新发展专项资金大力支持文化领域公益性事业建设、发展现代文化产业、体制机制改革、人才队伍建设等方面。

2016 年 6 月，北京市人民政府出台《北京市“十三五”时期加强全国文化中心建设规划》，提出要注重传统文化产业的科技发展，同时运用最新科技成果，发展和培育动漫游戏、3D 打印、移动多媒体、网络电视、绿色印刷、虚拟会展、艺术品网络交易等文化科技融合新业态。注重灵活运用科技优惠政策推动文化企业科技发展，推动完善文化类高新技术企业认定标准，引导文化企业围绕产业发展加强科技研发投入。

2017 年 9 月，北京市推进全国文化中心建设领导小组办公室印发的《北京市公共文化服务体系示范区建设运行机制》《北京市加快推进公共文化服务示范区建设行动计划（2017～2020 年）》指出，以文化科技融合为依托，推动公共文化服务体系建设信息化。提出利用数字化、信息化技术，依托互联网、物联网，拓展公共文化服务领域和空间。提出利用现代科技手段提升舞台表演形式，创新科普舞台剧、科学表演秀等科普文化形式，以科技创新推动传统文化传承与应用创新。利用科技手段提升文化公共服务，建设公共文化服务云系统，推进文化信息资源共享工程、数字文化社区和公共电子阅览室建设等重点任务。

北京市政府 2018 年 12 月印发的《北京市促进文化科技融合发展的若干措施》成为第一个从标题中明确提出文化科技融合概念的文件。文件从扶持文化科技融合重点企业发展、加强文化科技融合示范基地建设、提升文化创意设计服务发展水平、推动传统文化领域科技运用升级、促进文化科技融合新兴业态发展、完善文化科技融合金融服务政策、搭建文化科技融合专业平台、支持文化科技融合行业标准制定、加强文化科技融合知识产权保护、完善文化科技融合服务保障机制十个方面提出了深入推进文化科技融合发展的战略方向。

（2）在科技类规划，特别是全国科技创新中心建设相关文件中，会对文化科技融合推动科技创新与可持续发展提出具体的要求和相关工作内容。

2011 年 9 月，北京市出台《“十二五”时期科技北京发展建设规划》（以下简称《规划》），指出加大科技对现代服务业发展的支撑和引领力度，以科技服务业、信息服务业和文化创意产业为发展重点，加强商业模式创新和技术集成创新，推动成果高效转化，构建新型产业体系，提升服务业产业核心竞争力。《规划》同时指出科技发展要支撑首都文化教育事业创新发展，加快推动首都文保、体育、旅游等领域的高新技术研发和推广应用，提升文化事业的信息化数字化水平、科教融合促进教育优先发展、推动文化领域技术成果加快应用。

2016 年 9 月，北京市出台《北京市“十三五”科技创新中心建设规划》，提出以“设计之都”建设为龙头，深化科技与文化融合发展，全面推进“设计之都”建设，提升科技支撑文化发展水平，鼓励新型文化业态发展，推进中关村国家级文化和科技融合示范基地建设。

2. 支持设计产业发展与“设计之都”建设

设计产业作为文化科技融合的一个重要产业领域，近十年来一直受到政府关注并予以大力推进。

2010 年，北京市出台《北京市促进设计产业发展的指导意见》，开始着力推动北京设计产业发展。2012 年，北京正式加入联合国教科文组织的全球创意城市网络，成为“设计之都”。2013 年北京市制定出台了《北京“设计之都”建设发展规划纲要》，落实申都承诺。“设计之都”建设成为北京文化科技融合产业发展的重点领域。《北京“设计之都”建设发展规划纲要》提出要实施国际化工程、产业振兴工程、城市品质提升工程、品牌塑造工程、人才助推工程五大工程，大力推动北京“设计之都”建设。远期目标是到 2020 年基本建成全国设计核心引领区和具有全球影响力的设计创新中心，使“设计之都”成为首都世界城市的重要标志；“北京设计”的国际影响力大幅提升，设计产业年收入突破 2000 亿元，设计品牌认知度和创新能力明显增强，设计提升城市品质的作用凸显，设计人才队伍建设成效显著。

2013 年，北京市科学技术委员会印发《北京市设计创新中心认定管理办法（试行）》，重点对以设计为主营业务的法人单位申报北京市设计创新中心进行认定。认定范围包括工业设计、建筑设计、工程设计、规划设计、集成电路设计、服装设计、工艺美术设计、平面设计、展示设计、电脑动漫设计、时尚设计等多个领域。

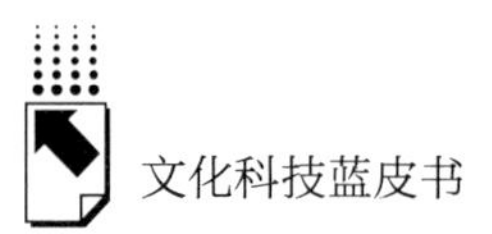

2015 年出台的《北京市推进文化创意和设计服务与相关产业融合发展行动计划（2015～2020 年）》对设计产业发展提出了更加细致的工作要求，包括搭建创意设计公共服务平台、提升中国设计红星奖评选等品牌活动影响力等。

3. 推动文化创意产业发展

支持文化创意产业发展，是北京市促进文化科技融合发展的重要政策内容。

（1）文化创意发展规划

2010 年 11 月，中共北京市委办公厅印发的《关于大力推动首都功能核心区文化发展的意见》中就提出，大力发展文化创意产业，建设一批有国内外影响力的文化创意产业集聚区，发展设计策展、传媒广告、信息咨询服务等以文化为内涵、科技为手段的新兴行业。

2014 年 5 月，北京市人民政府发布《北京市文化创意产业功能区建设发展规划（2014～2020 年）》提出“文化科技融合和文化金融融合两条主线，带动七大板块支撑”的产业空间集聚布局，打造文化科技融合示范功能区、动漫网游及数字内容功能区；提出构建“一核、一带、两轴、多中心”的空间发展格局，将重点加快动漫网游、新媒体、数字出版、设计服务等文化科技融合重点行业发展，为顺义新城和亦庄新城等“东部发展带”注入新的文化创意活力。同时印发的《北京市文化创意产业提升规划（2014～2020 年）》则提出要依托高新技术增强文化产品的表现力、感染力、传播力，强化文化对科技手段的内容支撑、创意和设计提升，促进文化与科技双向深度融合。重点培育动漫游戏、移动互联网应用、视听新媒体、3D 打印和绿色印刷等新兴文化业态。

2015 年 4 月，北京市人民政府印发《北京市推进文化创意和设计服务与相关产业融合发展行动计划（2015～2020 年）》，紧紧围绕积极释放创意创造活力和解放发展生产力的需要，提出了包括文化创意产业提质行动、数字内容产业提速行动、制造业产业链升级行动等明显涉及文化科技融合发展工作内容的十大融合发展行动。

2016 年 7 月，北京市委宣传部等发布《北京市“十三五”时期文化创意产业发展规划》，提出北京市将建设“高精尖”文化创意产业体系，深入推进文化创意产业融合发展。大力发展和培育动漫游戏、3D 打印、移动多媒体、网络电视、虚拟会展、艺术品网络交易等文化科技融合新业态。

（2）文化创意发展具体推进政策

2006 年北京市制订《北京市文化创意产业集聚区认定和管理办法（试行）》，通过规范集聚区建设和发展的标准，带动文化创意企业形成集聚规模。同时设立文化创意产业集聚区基础设施专项资金，资金规模 5 亿元，分三年投入，推动集聚区建设。

同年，北京市人民政府发布《北京市促进文化创意产业发展的若干政策》，自 2006 年起，北京市政府每年安排 5 亿元文化创意产业发展专项资金对文化创意产品、服务和项目予以扶持。

2010 年 10 月，北京市财政局印发《北京市文化创意产业发展专项资金管理办法（试行）》和《北京市文化创意产业发展专项资金管理办法实施细则》，进一步完善专项资金管理和专项资金用途，提出北京市文化创意产业发展专项资金的支持方式分为贷款贴息、项目补贴、政府重点采购、奖励、贷款担保、创业投资引导基金。根据文化创意企业或者项目处于发展的不同阶段，采取不同的方式对其给予支持。

为进一步规范和加强北京市文化创意产业发展专项资金管理，2016 年 1 月，北京市国有文化资产监督管理办公室印发《北京市文化创意产业发展专项资金企业项目征集评审管理办法（试行）》。该文件主要是对申报北京市文化创意产业发展专项资金支持的项目，在通过相应评审工作程序后，予以支持。同时，北京市国有文化资产监督管理办公室为进一步规范专项资金使用，印发《北京市文化创意产业发展专项资金项目补助实施细则（试行）》和《北京市文化创意产业发展专项资金项目奖励实施细则（试行）》，重点是对正在实施的文化创意产业项目进行补贴支持，及对已完成并取得良好社会效益和经济效益的文化创意产业项目进行资金奖励。

为加快建设全国文化中心，努力构建高精尖文化产业体系，2016 年 5 月北京市人民政府办公厅印发《北京市文化创意产业发展指导目录（2016 年版）》（以下简称《目录》）。《目录》依据《文化创意及相关产业分类》

（DB11/T763－2015）编制，将文化创意产业各业态分为鼓励类、限制类和禁止类。其中，鼓励类为鼓励发展的业态，优先享受文化创意产业相关优惠政策；限制类业态在限定区域内或限定条件下不享受文化创意产业相关优惠政策，在限定区域和限定条件之外且符合首都功能定位的，可享受文化创意产业相关优惠政策；禁止类业态不享受文化创意产业相关优惠政策。

2018 年 6 月，中共北京市委、北京市人民政府印发的《关于推进文化创意产业创新发展的意见》将“全面推动文化科技融合，打造数字创意主阵地”作为文化创业产业创新发展的主攻方向之一。提出要加大情感感知、新型人机交互、全息成像、虚拟现实、文化资源数字化处理等技术创新力度，推动新型产品开发；推进发展高精尖文化装备；推动大数据、物联网、云计算、人工智能、超高清等先进技术在文化领域深度应用；提升文化产品与服务的数字化、智能化、网络化水平；基于互联网的支持，创新文化商业模式和产业业态。

4. 积极支持动漫产业

为支持北京动漫产业发展，北京市出台了多项政策支持原创动漫产品和对动漫企业进行认定，主要有北京市文化局在 2011 年 8 月印发的《关于做好我市动漫企业认定工作有关事项的通知》、2012 年 6 月印发的《北京市原创动漫作品扶持办法（试行）》及 2013 年 7 月印发的《北京市原创动漫形象作品专项扶持资金管理办法（试行）》。这些政策对动漫企业进行认定，并对原创漫画作品、原创网络动漫作品、原创手机动漫作品给予资金资助。

另外，北京市还出台了多项政策措施多方支持文化产业创新发展。例如北京市广播电视局的北京影视出版创作基金、提升出版业国际传播力奖励扶持专项资金、北京市音像电子网络出版物奖励扶持专项资金，北京市文化局的北京文化艺术基金艺术人才培养项目，北京市原创动漫形象作品专项扶持基金，北京市科学技术委员会的北京市科技服务业促进专项和北京市科普项目，北京市文化发展中心的北京宣传文化引导基金等，都对文化科技融合项目或人才有不同程度的支持。

（二）政策实施效果

在政府积极推动与政策支持下，北京文化科技融合产业发展获得更加完善的发展环境，并取得显著发展成绩。

1. 在现代科技手段支撑与带动下文化产业展现出良好发展态势

2018 年 8 月 29 日北京市统计局发布公告，自 2018 年 1～7 月数据发布起，按照国家统计局《文化及相关产业分类（2018）》开展文化产业统计监测和数据发布工作，发布内容由原“规模以上文化创意产业情况”调整为“规模以上文化产业情况”。将原来文化创意产业下的九类调整为现在文化产业下的九类，即新闻信息服务、内容创作生产、创意设计服务、文化传播渠道、文化投资运营、文化娱乐休闲服务、文化辅助生产和中介服务、文化装备生产、文化消费终端生产。

北京作为全国文化中心与全国科技创新中心，文化科技融合发展势头强劲。2018 年北京市规模以上文化产业收入 10703.0 亿元，同比增长 11.9%。其中，新闻信息服务增长最快，同比增长 20.7%；创意设计服务同比增长 17.8%；内容创作生产同比增长 8.7%（见表 7）。

表 7　2018 年北京市规模以上文化产业发展情况

项　目	收入		从业人员平均人数	
	金额（亿元）	同比增长（%）	总量（万人）	同比增长（%）
合计	10703.0	11.9	59.0	-1.7
文化核心领域	9292.0	14.1	49.0	-1.1
新闻信息服务	2558.3	20.7	14.2	-1.2
内容创作生产	2005.2	8.7	15.1	0.6
创意设计服务	2771.1	17.8	10.8	-6.1
文化传播渠道	1826.9	7.2	6.1	5.7
文化投资运营	30.5	-7.7	0.3	-5.0
文化娱乐休闲服务	99.8	9.2	2.4	-2.9
文化相关领域	1411.0	-0.6	10.0	-4.6
文化辅助生产和中介服务	654.8	6.6	7.9	-3.0
文化装备生产	168.3	-3.0	1.0	-7.8
文化消费终端生产	587.8	-7.0	1.0	-12.5

资料来源：北京市统计局网站。

2. 互联网技术、数字技术等实现了与文化产业的快速融合发展

近年来，文化创意产业的软件、网络及计算机服务业发展迅速，资产以及收入占比稳步提升，稳居文化创意产业的“半壁江山”。按照北京市统计局统计数据，2017 年软件、网络及计算机服务产业的收入合计达到 8914. 1 亿元，占文化创意产业收入合计的 42. 8%；资产总额达到 22390. 4 亿元，占文化创意产业资产总计的 52. 8%；从业人员 107. 7 万人，吸纳就业人员一半以上，占比 52. 3%。[①]

随着数字技术发展及其与文化产业的深度融合，“数字 +”发展模式带动了数字影视、数字出版、数字音乐等新业态的快速发展。在数字影视方面，北京拥有华谊兄弟、万达电影、中影集团、光线传媒、完美世界、博纳影业、华录百纳、北京文化等实力较强的影视公司。在数字音乐方面，2011 年国家新闻出版广电总局批复同意创建北京国家音乐产业基地，基地包括朝阳区的 1919 音乐产业基地、朝阳区的北京音乐创意产业园、西城区的天桥演艺区、平谷区的中国乐谷、西城区的中国唱片总公司创作园等七个园区。另外，北京通州的九棵树地区因为聚集了大批音乐产业从业人士而逐渐在数字音乐行业内占有一席之地。北京涌现出若干知名数字音乐企业，例如北京风向乐动数字音乐文化传播有限公司等。

3. 文化科技融合明星企业发展实力不断增强

随着文化与科技的深度融合，一批文化科技融合型明星企业实现了快速发展。

朝阳区是中国文化传媒类企业最集聚的区域，集聚了文化企业近 9 万家，其中上市文化企业约 200 家，有 6 个产业基地被认定为国家级文化创意产业基地，还有 8 个挂牌的市级产业聚集区。万达电影、蓝色光标、宣亚国际、掌阅科技、映客直播、信游星空等都是北京市朝阳区的上市文化企业。蜜莱坞、优客工场、微票儿、天下秀等一批独角兽企业在朝阳区实现了快速发展。

---

① 资料来源：《北京统计年鉴 2018》。

在海淀区则聚集了百度、新浪、搜狐、汉王科技、北大方正、爱国者等一批文化科技融合的龙头企业。歌华有线电视、完美世界、华录百纳入围“全国文化企业 30 强”。

在石景山区，聚集了许多动漫游戏企业和数字娱乐文化创意企业，已发展成为北京市重要的游戏产业聚集区。搜狐畅游、完美时空、盛大无线、巨人征途、趣游科技、音乐梦工场、三浦灵狐、银河长兴等文化企业纷纷扎营在此。

4. 文化科技融合发展的产业集聚区建设不断完善

（1）中关村等国家文化和科技融合示范基地得到快速发展。

2012 年 5 月科技部、中宣部、文化部、广电总局、新闻出版总署五部门联合发布了首批国家级文化和科技融合示范基地，北京中关村国家级文化和科技融合示范基地进入 16 家被认定为首批国家级文化和科技融合示范基地的名单中。2013 年在第二批基地认定中，北京朝阳区纳入北京中关村国家级文化和科技融合示范基地，作为其中一园享受相关政策。至此，中关村国家级文化和科技融合示范基地涵盖了海淀园、雍和园、德胜园、石景山园、朝阳园五个分基地。雍和园主打新闻出版与版权交易，德胜园立足设计创意和设计出版，海淀区以数字内容见长，石景山注重发展数字娱乐，朝阳在文化传媒领域有雄厚实力，各个园区各展所长，产业定位特色鲜明、优势互补。

北京市非常重视中关村国家级文化和科技融合示范基地建设，并积极完善配套措施支持其健康发展。从 2012 年开始，北京市科委设立了文化科技融合培育专项，搭建了东城版权交易、西城设计创意、海淀海量数据挖掘、朝阳传媒技术成果集成与信息消费、石景山动漫游戏等一系列公共技术服务平台，大力支持文化科技融合示范关键技术和成果的转化项目，同时各个区县也出台了相关的配套政策。2016 年，《北京市关于加强全国科技创新中心建设的总体方案》和《北京市“十三五”时期加强全国科技创新中心建设规划》，进一步明确提出要加强中关村国家级文化和科技融合示范基地建设。

2019 年 3 月，科技部、中宣部等部门共同认定的 21 家第三批国家文化和科技融合示范基地名单中，北京有北京四达时代软件技术股份有限公司、利亚德光电股份有限公司、掌阅科技股份有限公司、北京蓝色光标数据科技股份有限公司 4 家企业入选。

（2）国家动画产业基地建设顺利推进。

2004 年 12 月，中央电视台中国国际电视总公司、中国电影集团公司进入国家广电总局首批“国家动画产业基地”名单，中国传媒大学、北京电影学院、中国美术学院等成为首批国家动画教学研究基地。2012 年三间房国家动画产业基地挂牌。

经过多年发展，多家国家动画产业基地建设顺利推进，取得明显成果。例如三间房国家动画产业基地，以三间房动漫产业园等为核心，以动漫设计、影音配套等细分行业为主要发展方向，已经聚集 40 多家文化相关企业。曾先后有中国传媒大学动画学院画室、卡波文化传播有限公司、北京凯乐锐艺术有限公司、万豪天际公司、北京影视动画协会、卡通艺术博物馆、万豪卡通和梦幻动画的总部等动漫行业内有影响力的企业、协会等入驻。还有 CCTV 食品频道、智联招聘、思八达营销顾问机构、香港太空产业集团等多家知名企业入驻。2011 年，1919 音乐文化产业基地正式落户园区。

（3）北京市积极推动市级文化创意产业园区的建设工作。

2015 年 10 月，北京市委宣传部发布了北京市首批“市级文化创意产业示范园区”名单，引导支持产业园区发展。包括中国北京出版创意产业园、清华科技园、星光影视园、莱锦文化创意产业园等园区入选。这 4 个园区都具有产业链完善、集聚度高、特色鲜明、运营效益显著、管理运营规范、服务体系健全等特点。其中，星光影视园，是原国家新闻出版广电总局授牌的第一个国家级电视节目制作基地，位置在大兴区国家新媒体产业基地内。园区主打电视节目制作，已经形成了较为完备的上下游产业协作体系，是目前国内最大的电视节目制作基地，聚集了一大批知名企业和机构。新华网、香港卫视、央广购物、陕西卫视、黑龙江龙视传媒等知名广电单位都在此园内。位于西城区德外大街的北京出版创意产业园，是目前国内最大的民营书业企业集聚地，拥有磨铁、时代光华、时代华语、天闻数媒、北京联合出版公司等几十家企业。清华科技园，集聚了包括搜狐、网易、中文在线、锐美奇传媒、沃捷文化传媒等知名企业在内的文化法人单位400多家。园区充分发挥了高校、院所的智力资源优势，是清华大学推动科技成果转化的重要平台，也是以科技带动文化创意产业创新发展的一个典范，是北京市产学研合作建设文化创意产业园区的一个成功案例。莱锦文化创意产业园，位于朝阳区八里庄东里，聚集了包括寰亚电影、华策影视、昌荣传媒、蓝海电视台、中国数码文化集团、东方风行等100多家文化企业。

2018年北京开展首批“北京市文化创意产业园区”认定工作。2018年6月，中共北京市委宣传部、北京市人民政府新闻办公室召开新闻发布会，正式发布《北京市文化创意产业园区认定及规范管理办法（试行）》和《关于加快市级文化创意产业示范园区建设发展的意见》，启动首批北京市文化创意产业园区认定工作。751D·PARK北京时尚设计广场、768创意产业园、77文创园（包括美术馆、雍和宫、国子监3家）、798艺术区、北京城乡文化科技园、北京DRC工业设计创意产业基地、北京大兴新媒体产业基地、中关村软件园、中关村数字电视产业园、中关村雍和航星科技园、中国北京出版创意产业园等33家纳入首批北京市文化创意产业园区名单。

5. 文化科技融合发展相关服务能力不断提升

随着相关政策的不断引导与支持，文化科技融合产业发展相关服务支撑环境不断完善。文化科技融合示范功能区加快建设步伐，创新孵化器、专业楼宇等产业载体不断更新，产业联盟、公共基础支撑平台、金融服务等产业服务环境进一步完善。

中关村海淀园的中关村智造大街，聚集了各种类型专业服务机构，提供从研发设计、软硬件集成式解决方案、敏捷制造、测试认证到知识产权相关的一系列服务，帮助海淀原创的硬科技实现从0到1的突破，缩短硬件产品研发周期，加速产品市场化进度。

朝阳园成立了“朝阳区－高校发展合作联盟”，在努力整合高校、科研院所、科技中介机构、金融机构及其资源，推动实现与朝阳园内企业的对接，为园区内文化创意企业提供更全面的科技服务支撑。

另外，近几年北京市政府还相继成立了众多业务多元化的综合性公共支撑平台，通过共享性、公共性服务能力的不断提升，助推文化科技融合实现更高效发展，如北京市文化创意产业投融资服务平台、影视内容制作传输平台、数字内容动漫孵化服务平台、数字内容创意人才培训平台等。这些支撑平台的建设对北京文化产业与科技融合起到了积极的促进作用。

四　进一步促进北京文化科技融合的政策建议

尽管北京市多年来一直在积极制定并执行相关政策措施推动文化科技融合发展，但随着产业与技术发展形势的不断变化以及国内外创新竞争形势不断加剧，在政策研究制定与执行方面，仍存在一些有待完善之处。为了持续推动北京文化科技融合发展，建议在现有政策体系基础上，进一步强化对文化科技融合企业具体发展问题的关注与支持引导。

1. 努力提升文化产业的科技创新原创能力

文化产业属于知识和创意的密集型产业，无论内容创新还是其相关领域的科技革新，创造力与创新力都是构建其核心竞争力与商业价值的前提与基础，也是制约文化产业发展的关键因素。因此，要通过理念创新、手段创新、管理创新、模式创新等多种方式，提高文化企业科技创新的热情与动力，完善文化企业科技创新环境，这是培育文化产业科技自主核心竞争力的首要任务。

一是鼓励组建具有国际影响力的文化科技创新研发机构，加快文化领域共性关键技术研发，加速开展相关基础技术、基础设施与技术装备研发与创新。在文化科技融合重点行业领域建设一批国际一流的新型研究机构，建立和完善文化科技创新服务平台体系。在相关基础研究领域和重大应用技术领域，以需求为导向、以项目为载体，支持建设一批文化科技企业技术中心、研发中心、工程实验室、科学家工作室和博士后流动工作站，大力开展前沿技术研究。积极开展文化科技领域的核心技术研究，加强文化产业与企业发展战略研究，注重国际交流合作，以提高文化产业领域科技创新能力。另外，我国许多产业领域的生产型设备落后于世界顶尖水平，数字创意领域也不例外。在网络基础设施建设等多个领域，我们需要加大科技成果研发与转化力度，缩小与世界领先水平的差距。

二是加大新兴文化产业基地的构建与完善，搭建高效的文化产业技术转移转化和新型文化科技企业孵化机制，加强文化科技创新成果的转化应用。要针对新型文化产业模式，不断加强对各类文化科技企业孵化器的政策扶持力度。引导大型企业通过项目孵化等方式，寻找新的增长点。政府部门在产业发展扶持基金政策中加强对文化科技关键技术研发的支持，并引导促进新兴文化企业的技术协同、技术合作、技术转移与成果转化。

2. 推动文化科技融合企业的发展模式创新

一是推动文化科技融合企业的集群发展。引导文化科技融合企业的集群式发展，为企业纵深发展提供链条支撑、发展空间以及高质量、系统化服务，提升产业链整体创新实力。首先，依托国家认定的相关产业基地发展，积极助推文化科技融合产业的进一步聚集、提升。依托北京中关村国家级文化和科技融合示范基地，促进海淀园、雍和园、德胜园、石景山园、朝阳园 5 个分基地形成数字内容、动漫游戏、艺术品交易、设计创意、文化传媒等特色鲜明的产业集群。其次，推动国家部委认定的其他文创产业类国家级基地、园区建设工作，加快海淀区“全国重点文物保护装备基地”建设。最后，积极开展市级文化科技融合示范基地认定。鼓励和支持各基地间建立交流合作机制，联合举办推介活动、参加国际会展等，发掘一批高成长性的企业和项目，推动人才、技术、项目、金融等产业高端要素集聚发展。

二是支持并积极引导文化企业的多元化发展。在经营模式上，积极探索跨界经营产业发展模式，推动文化与数字技术、信息技术、旅游、休闲生态农业等多领域跨界融合，实现优势互补，强强联合。在科技研发上，构建一个政、产、学、研、用的协同创新机制，积极探索融合创新模式，满足市场多元化需求。

3. 打造文化知名品牌提升文化发展内涵

一是打造知名文化产品品牌，培育知名新兴文化企业。持续开展新兴文化精品的创新研发，在动漫游戏、数字出版、影视制作、虚拟技术、文化旅游等领域依托现有品牌基础，加强知名文化产品和服务的品牌塑造，以知名产品带动企业甚至行业的整体发展。对知名的新兴文化企业主体加大培育和支持力度。进一步强化龙头企业的行业主导地位，发挥显著的示范带动作用。通过税收优惠、政府采购、信贷支持等多种形式扶持文化企业发展，加大对中小文化企业的扶持力度。

二是支持大型文化活动，给予文化科技融合产品在重大事件中的显示度。支持“中国创新设计红星奖”、北京国际设计周、“动漫北京”活动、电子竞技赛事等活动的举办。举办文化产业相关国际论坛。借助国内外有影响力的文化活动平台，积极推介北京文化科技融合产品和服务。充分借势“一带一路”建设契机，积极推动文化科技融合产品与运营活动融入孔子学院、中国文化中心等常态化运营的文化交流平台；加强与丝绸之路（敦煌）国际文化博览会、丝绸之路国际电影节等专业会展联系。充分发挥虚拟现实、人工智能、云平台等现代科技手段优势让冬奥会成为展示北京文化品牌形象和承办理念重要窗口。融入 2022 冬奥会、通州城市副中心环球影城建设等，推介北京文化产品及企业，充分宣传展示北京传统文化底蕴及创新文化精神，提升北京地区文化科技融合的影响力和品牌效应。

4. 完善有利于文化科技创新的资金多元投入机制

综合运用财政、税收、金融等多种手段，引导各类资本、资金等健康、有序地进入文化科技融合产业与企业。

一是多层面构建文化科技融合企业资金投入机制。针对国有大型文化科技融合企业，探索建立资本金年度补充和注入机制，增加文化科技融合企业资本投入，推动形成龙头企业，提升文化科技融合企业核心竞争力。针对中小型科技创新型文化科技融合企业，通过鼓励支持企业 A 股上市、新三板上市、并购重组、再融资、企业管理重组等，提升企业实力，推动企业升级发展。

二是搭建知识产权可质押融资规范路径。文化科技融合产业仍然属于轻资产产业。探索实现知识产权的可质押融资，是目前银行贷款制度下拓展文化科技融合企业融资渠道的最直接、最有效的办法之一。

三是在政策设计上，在关键技术领域、关键人才以及小微企业特殊发展时期等方面提供资金支持。及时把握产业发展前沿技术领域，在关键技术攻关与研发中给予资金支持。及时把握新兴产业发展动态，对产业发展前沿领域适度加以支持。探索建立规范、长效机制，在企业升级关键期、战略转型期人才引进或疫情等特殊时期，给予小微企业项目性或基金性资金支持，帮助企业渡过发展瓶颈期。

5. 注重知识互联环境下的知识产权保护与人才培养

一是加强在文化科技融合产业领域的知识产权保护。知识与创意是文化科技产业发展的核心与基础。产业发展初期的模仿有助于快速进入该领域成为创意与技术的追随者，但是当发展到一定程度，模仿、盗版等行为将不利于自主创新与核心竞争力的培育，会对文化科技创新与发展产生极大的破坏力。目前在数字音乐等产业领域的知识产权问题已经极大影响了产业盈利能力。因此急需培育有利于创新的知识产权文化，不断提升知识产权创造、运用、保护和管理能力。同时，政府相关部门也应该加强相关知识产权工作，创新工作模式，通过加强与民间维权组织合作、建立长效治理机制等措施，进一步遏制侵权行为，为文化科技创新提供一个良好的发展环境。

二是强化与优化文化科技融合人才培养机制。文化产业是一门跨界综合性产业，需要跨学科、跨领域的专门技术人才，因此对从业人员的素质要求非常高。目前急需加强对内容创意人才、文化科技人才、文化经纪人才等各类人才的培养与引进。对这类跨学科、高素质、高流动性人才的培养，仅靠市场力量无法实现，必须在人才培养上构建政产学研多方联合，政府牵头，将人才培养贯穿于学习、科研、生产实践的社会系统合作中。同时，辅以海

外人才引进、企校共建人才培养基地等措施建立有利于文化科技复合型人才培养与成长的社会系统培养机制。

6. 加强相关政策与行政管理的顶层设计

一是理顺促进文化与科技融合的管理组织体系。进一步理顺政府、市场和社会之间的关系。遵循顶层设计、统筹领导、协调管理、跨界联动的组织原则，进一步深化文化与科技主管部门之间的协调与互动，积极探索跨部门、跨区域、跨领域、跨行业、跨所有制的文化科技合作新机制，形成有利于文化科技融合发展的工作机制。

二是加强文化与科技部门之间的协调沟通，促进政策资源的合理配置。针对当前文化与科技管理中的多头管理、权责交叉等现象，加强文化与科技部门的协调沟通，积极探索文化与科技跨部门之间的协调机制，形成一整套适用于文化与科技部门之间相互协调的体系，形成文化与科技优势资源的科学配置和合理流动，促进文化科技深度融合。

三是给予系统政策支持。文化产业新业态处于产业生命周期的发轫期，产品创新速度快、市场拓展艰难、吸引投融资困难、技术风险高。在充分发挥市场配置资源的基础性作用、充分利用市场机遇的同时，更需要政府的相关政策支持。（1）对文化科技融合新业态以及重点支持业态实施政策倾斜。（2）在综合人才培育、文化科技创新创业扶持、支持小微企业发展等方面，适度加大支持力度。（3）综合运用财政、税收、金融等手段，为各种资本有序进入和产业健康发展提供资金保障。

参考文献

发展壮大文化创意产业政策研究课题组：《推进文化创意与科技深度融合，培育壮大文化产业新业态》，《广东经济》2015 年第 4 期。

李凤亮、宗祖盼：《科技背景下文化产业业态裂变与跨界融合》，《学术研究》2015 年第 1 期。

熊澄宇、孔少华：《数字内容产业的发展趋势与动力分析》，《全球传媒学刊》2015

年第 2 期。

杨恒智:《论推进文化科技融合创新加快文化产业发展》,《创新科技》2016 年3 月。

尹宏:《文化科技融合促进文化产业发展研究》,《江西社会科学》2015 年第 4 期。

尹宏:《我国文化产业转型的困境、路径和对策研究——基于文化和科技融合的视角》,《学术论坛》2014 年第 2 期。

案 例 篇

Case Study

B.5
国内外文化科技融合典型案例分析

沈晓平　肖丽妮　魏永莲　吴素研　许玥姮　刘　兵*

摘　要： 文化企业利用现代科技手段发掘文化资源，打造并不断强化品牌IP，为企业创造了巨大的商业价值，为文博机构带来了更好的公共文化服务。在文化遗产领域，数字技术通过对历史遗迹进行数字模拟还原、对历史文物进行修复和保护、为历史文化遗产价值赋能等方式激活文化遗产。在文化休闲旅游领域，数字技术通过重塑商业模式和商业生态、激发新的发展动能、改变消费行为和体验认知等方式赋予了文化休闲旅游新动能。在动漫内容创作领域，企业运用数字技术提高

* 沈晓平，北京市科学技术情报研究所副研究员，文化创意产业标准化研究北京市重点实验室副主任；肖丽妮，北京城市系统工程研究中心副研究员；魏永莲，北京市科学技术研究院宣传处副处长；吴素研，北京市科学技术情报研究所副研究员；许玥姮，北京市科学技术情报研究所助理研究员；刘兵，国家文化科技创新服务联盟秘书长。何雪萍、王竞然、周佳伦、萧文宏、葛瑶瑶在典型案例收集整理工作上对本报告亦有贡献。

了动漫创作技能，拓宽了动漫产品的传播渠道，增强了动漫创作与动漫受众之间的联系，形成了以文化作品为中心的文化科技融合发展模式。在设计服务领域，企业通过新材料的研发使用和时尚产业智能化发展，助推着设计服务的高端化发展。在文化演艺和影视领域，企业通过运用现代科技，为文化演艺带来了全新的表达方式，助力挖掘展演中国传统文化，帮助塑造了影视演出的深度空间，为传统音乐创造了更广阔的利润空间，扩展了大众的文化消费空间。

关键词： 文化科技融合　文化遗产　文化休闲旅游　设计服务　文化演艺

当前，以数字技术、虚拟现实、人工智能等为代表的新一代信息技术与文化产业正在加速融合，一些文化企业、机构抓住了历史机遇，通过加速布局新技术，获得了迅速发展，开辟了更广阔的发展空间。本报告从文化与科技融合的实践出发，通过对部分企业、机构具体案例的深入分析，揭示文化科技融合的宝贵经验，为文化科技融合发展提供启示借鉴。

一　数字技术激活文化遗产

文化遗产作为记录人类文明记忆的载体，特别是文化遗址作为人类文明的策源地，它们联结着历史与现代，拥有强大的社会价值，是一个城市之所以成为城市的“灵魂”所在，是构建一座城甚至一个国家文化形象的重要标志物。民众通过共同的文化遗产，产生强烈的集体认同，并对国家和地域产生归属感。

在人类文明发展的进程中，留下了很多承载着悠久而珍贵的人类记忆的文化遗产。因受到自然灾害、战火、意外等破坏和损毁，这些文化的瑰宝不复当年风采，这是文化传承的断层，也是人类文明的遗憾。随着科技的进步，计算机技术的快速发展和虚拟现实技术的逐渐成熟，令断层得以修复，遗憾得以弥补，可以说，数字技术的发展为文化遗产的保护和重现提供了弥足珍贵的现实技术支撑。

此外，在“互联网 +”时代，文物数字化、遗址数字化、博物馆数字化的建设，可以改变文化遗产的传播理念，开辟和提升文化遗产新的发展空间。新理念、新方法可以有效整合文化遗产资源，使沉寂在历史遗迹中的文化、文物活起来，使文化遗产在提升民族文化自信、提高人民群众文化素养方面发挥更大的作用。

（一）对历史遗迹进行数字模拟还原

典型案例1：意大利圣玛丽亚帕加尼卡教堂的虚拟修复与重建

圣玛丽亚帕加尼卡教堂是意大利拉奎拉（L’Aquila）地区最重要的纪念建筑之一，呈现多种建筑风格，可能与几个世纪间城市多次遭遇的地震及修复重建有关。如 2009 年的地震破坏了建筑的结构稳定，造成了屋顶、侧墙和立面的倒塌。

为了最大可能地对教堂进行修复重建，同时避免修复工作对遗迹造成意外的二次伤害，政府最后决定由拉奎拉大学负责组织对教堂进行虚拟重建。由于城市中心受地震毁坏较为严重，在建立虚拟教堂模型之前，拉奎拉大学收集了大量文献资料、地震前后的影像材料，还通过采访当地居民、牧师来记录和了解历史。对震后的教堂建筑进行全站仪、近景摄影测量、激光扫描和变形监测，使用可以远程操控、具有高飞行灵敏度的微型无人机对受损建筑物进行全面、准确的三维摄影测量和激光扫描，较为准确全面快速地完成数据记录。对所有回收的材料进行分析，通过数字摄影测量、三维建模、渲染和装配等方法和技术集成到数字编辑器中，来虚拟重建和记录在地震中幸存的建筑遗迹。最后阶段，进一步形成可视化的教堂模型，构建一个虚拟的拉奎拉地标建筑。

经验解读：虚拟现实技术对文化遗产传承的作用和意义

利用虚拟现实技术实现圣玛丽亚帕加尼卡教堂重建的数字技术研究成果，不仅能够在一定程度上实现教堂室内历史环境的数字化保护，降低由意外导致的原始信息数据的破坏与流失，同时也能克服地域限制，实现实体建筑跨地域保护，具有划时代的意义。

虚拟现实技术实现了三维仿真环境漫游，突破了古建筑文物数字化、虚拟复原、场景还原、场景生成、真实再现等技术瓶颈，有效提升了遗址遗存的文化价值。①

将先进的数字技术广泛地运用到灾后的文化遗址重建以及保护过程中的文化遗产，可以快速、安全、准确地收集文化遗产信息，记录建筑遗产的每个时间段的历史信息，形成更全面更具体的数字资料，一方面可以预防未来灾害事件后遗产损失严重的后果，另一方面可以形成文化遗产的3D数据，可以通过其运用来增强文物遗产的文化和教育价值。

通过意大利圣玛丽亚帕加尼卡教堂的虚拟修复与重建的案例，我们可以解读到，虚拟现实技术能够较真实地实现对人文历史和建筑遗产等场景的虚拟漫游体验，其在研究、保护、宣传人文历史和建筑遗产等领域的作用不可小觑。

启示借鉴：数字技术实现了历史遗址的虚拟重建和虚拟展示

我国有着源远流长的历史文化，其中各式各样的历史遗址、古建筑都是悠久历史的证明。受时间、战争和自然灾害等因素影响，很多古迹遭受了不同程度的破坏，甚至消失。虚拟现实技术是数字图像处理计算机图形学、计算机视觉、人机交互等多项技术的综合应用。虚拟现实技术的发展与成熟在历史遗址的复原方面提供了很多新的可能。运用虚拟现实技术将遗址、古建筑通过三维模型数字化的形式得以虚拟重建和虚拟展示，既能更好地保存历史遗址的数据化信息、有效地复原和再现古建筑的原貌、更好地保护和修复

---

① 董金慧：《虚拟现实技术在教堂建筑室内历史环境保护中的应用研究》，北京工业大学硕士学位论文，2018。

历史遗迹，又能够使人们身临其境地观赏已经残缺或不复存在的文化遗址，从而更好地学习、感受和传承历史文化。虚拟现实技术的研究思路和应用技术也可适配于很多文化遗产保护项目，为文化遗产保护提供新的路径，其经济价值和社会价值不可忽视。

典型案例2：圆明园数字化复原中的文化遗产传承与发扬

圆明园是清代最重要的一座离宫型皇家御苑，是清代建筑艺术和中国传统皇家园林艺术集大成者，历史上曾承担着与紫禁城并重的国家政治中心的功能。圆明园面积5200余亩，150余景，建筑面积达16万平方米，有“万园之园”之称。可是百余年前的一场劫难让这座世界园林史上的瑰宝付之一炬，其后的战乱年代更使圆明园遗址不断毁坏，园林建筑和山形水系消失殆尽。圆明园见证了中华民族的历史伤痕。

从1999年起，建筑大师梁思成的学生、清华大学建筑学院郭黛姮教授，就带领团队开展了关于圆明园的一系列基础性研究，他们结合文献记载和地形图，系统地了解圆明园山形、水系在全园的变化状况。80余位专业人员、10000余件历史档案、4000幅复原设计图纸、2000座数字建筑模型、6段历史分期中的120组时空单元……[①]2017年，跨越了310年的时光，圆明园这座“万园之园”，终于通过严谨精确的数字化技术，再现了原貌。

经验解读：突破传统视野藩篱，数字化技术疗愈圆明园历史之殇

一直以来，圆明园仿佛一道美丽而残缺的历史伤疤，人们对于圆明园认识和探索的渴求从未停止过。这是一个民族的客观现实需求，是“恍若仙境”的存在与现实断壁残垣之间的本质对立。如今，数字化技术的发展，终于让这一历史之殇有得以疗愈的可能。

在数字化复原圆明园的过程中，一直将科学性、真实性作为首要原则。复原团队对圆明园遗址开展了一系列基础性研究，从历史、人文、建筑技

① 陈彬：《让“万园之园”在虚拟中重生》，《中国科学报》2017年4月25日。

术、园林种植等多方面深入挖掘史料，重新发现圆明园的造园特点，并将其放入中国古代建筑与园林史的大背景中来审视，解读园中不同景区的构成。以建筑内部结构为例，每栋建筑的柱、梁、斗栱、椽子、门窗、瓦件、吻兽等都经过三维建模，彩画按照不同的时代风格绘制，并体现出时代风格和场景的变化。复原团队还研究了个体建筑与山水、花木之间的关系，乃至对一块匾的名称、字体、颜色都一一进行推敲，并采用烘焙技术诠释更加真实的光影效果。每复原一个景区就有十多道程序，综合运用三维激光扫描、近景摄像测量、无损探伤、遥感等技术，对遗址信息进行精确采集与记录，同时还涉及文献资料精细研读、样式房建造技术分析、残损构件的虚拟拼接等。在此基础上，复原团队查找了圆明园山形、水系在全园的变化状况，并对园中每栋建筑的造型特点、景区空间构成进行分析，发掘出了一些特殊造型建筑的结构特点及山石、花木的配置手段。[①]

区别于国内不少数字修复主要靠贴图形式进行“装裱”，圆明园的数字复原采用现代科技手段，把研究对象以三维形象生动立体地呈现，数字建模后，与史料做比对。一般来讲，3000 到 20000 个画面能还原一座房子，但圆明园数字修复需要用到 2 万到 15 万个画面。[②]

复原团队把圆明园研究从平面引向立体，揭示了不同功能景区的不同尺度关系，园林空间的连续转换，以及景点之间的对景、呼应关系，将圆明园从静止切面引向三维时空。这样的复原是圆明园的另一种重生，它不仅解决了遗产保护与遗产重生的矛盾，还满足了公众的需求和认知。[③]

启示借鉴：数字化技术引领城市文化空间拓展

圆明园作为首批国家考古遗址公园，在文化遗址的数字传播与城市文化空间拓展等方面具有很强的代表性。在文物数字化保护技术的应用下，北京乃至全国园林及著名景区通过信息汇集、古建信息整理研究、精品文物赏析

---

① 陈彬：《让“万园之园”在虚拟中重生》，《中国科学报》2017 年 4 月 25 日。

② Re-relic 编委会编《数字化视野下的圆明园——研究与保护国际论坛 · 论文集》，中西书局，2010。

③ 陈彬：《让“万园之园”在虚拟中重生》，《中国科学报》2017 年 4 月 25 日。

及原状陈列殿堂体验等方式，文物、古建筑将会活灵活现地展现在观众面前，不但能够真实了解历史原貌，近距离接触原物，也能和广大爱好者共同交流，开启更加多元的文化体验方式。

数字化复原圆明园不仅具有巨大的学术价值，还具有极大的文化传播价值。数字时代，文化遗址传播需要进行“当代性”转化，将传统文化遗产的保护传承与当代科技创新等命题融为一体，涵盖了优秀传统文化的传承、当代的文化创造以及民族文化走出去，现实意义明显。文化遗址的复原再现也是对城市文化空间的追溯与拓展，将促进一个城市乃至国家形象的塑造与城市品牌的提升。

（二）对历史文物进行修复和保护

典型案例3：故宫博物院文保科技部的文物修复工作

故宫博物院文保科技部，也称故宫文物医院，是负责院藏一百八十余万件（套）各类可移动文物的保护、修复和研究的重要业务部门，拥有百余位从事各类文物保护修复的专业技术人员。文保科技部以传统修复技艺与现代科技手段相结合，对各类文物进行保护修复和科学研究。

目前，文保科技部拥有以古字画装裱修复技艺、古书画临摹复制技艺、青铜器修复及复制技艺和古钟表修复技艺四项国家级非物质文化遗产为代表的十余个门类的专业修护队伍，每年修护文物数百件，是中国最大的文物保护机构。同时，文保科技部还拥有中国最大的文物科技实验室，配备近百台处于行业内领先水平的各类分析检测设备，承担文物保护技术研究、文物预防性保护研究和各类材质文物检测分析的工作。

故宫文保科技部的文物科技实验室承担故宫博物院的文物分析检测、文物科技保护和文物预防性保护工作。通过对文物本体包括文物材质和制作工艺的分析检测研究、文物保存环境的研究、文物霉菌虫害的鉴定与防治研究、文物防震研究、文物劣化产物及其形成机理的研究、有机质文物保护研究、无机质文物保护研究、古建科技保护研究等工作，解决故宫博物院可移动与不可移动文物保护过程中的预防性保护、文物分析检测和科技保护处理的问题。①

历史悠久的传统文物修复技艺，加上先进的现代科学技术，“古法”和“今术”的结合使文保科技部成为一所名副其实的具备现代科学理念与架构的文物综合性医院。

经验解读：文物数字化是实现文物修复和保护的必要手段

利用科技化手段对文物进行分析检测是文物修复工作中必不可少的一环，利用数字科技手段实现文物数字化也是文物保护的必要手段。对文物进行分析检测可以为了解文物材质、工艺和病害等工作提供科技支撑。目前，故宫文物科技实验室配置的种类丰富的文物分析检测设备，利用数字技术对文物的材质包括元素成分、分子结构及晶体结构、色谱－质谱等，以及文物的制作工艺、病害产物鉴别和文物劣化机理研究提供科技支撑。

由于文物藏品本身独特的稀缺性和不可再生性，如果没有对其进行精确、完整、原始的数据信息采集，一旦遭遇某些意外或灾难时，比如水患、火灾、盗窃，甚至于地震，文物藏品难免会发生被损毁或灭失的情况。没有精确的信息记录，对文物藏品进行修复或还原将会非常艰难。如 2018 年 9 月 2 日巴西国家博物馆因一场大火，无数价值连城的文物遭受毁灭，其损失难以衡量。可以说，文物保护工作是与时间赛跑的工作，文物数字化有助于我们记录更多的信息。

传统的文物保护手段通常以手工操作为主，并使用拍照、拓片等辅助技术手段，这些方法难免会遗漏诸多信息，有的还需要直接接触文物，对文物造成了一定程度的损害。文物数字化可以使文物在数字领域中无限接近文物当时的准确信息，既真实、直观又不会对文物造成损伤。同时还可以提高人们对现存文物的关注度，并激发人们的文物保护意识。

建立文物数字化档案可以在文物修复和保护上发挥多方面的作用。第一，为文化遗产、文物藏品建立准确、完整、原始的信息数据库档案。第二，利用文物数字化记录的原始数据，为文物藏品保护工作提供检测、分析

① 资料来源于故宫文保科技部（故宫文物医院）。

和修复依据，然后在构建的数字模型的基础上重建已经被损坏甚至被毁坏的文物藏品。第三，根据已经建立的文物藏品数字模型，利用现代数控技术和3D打印，可以制作出尽可能接近文物藏品原貌的复制品和文物文化创意产品，同时为降低和延缓文物藏品损耗，对于一些珍贵稀有，因某些因素需要特别保护而不适合进行原物展陈的文物藏品，可以用高度精准的复制品来替代展陈，以使公众能够欣赏到珍贵的文物藏品资源。[①]

启示借鉴：科技全方位、全程助力文化遗产文物修复和保护

文物保护修复工作具有很强的科学性，是多学科交叉渗透形成的一门科学，包含人文社会科学、自然科学和工程技术三大领域。故宫博物院引入了大量的现代数字化分析检测技术和设备，借鉴和融合当今数字技术手段建立和完善文物保护和修复的理论构架体系。

因此，博物馆要对文物进行保护和修复，必须要借助当今数字技术手段全面了解文物相关的各项信息，准确地判断文物的状况，包括文物的病害情况。借助各种高科技仪器设备和数字技术，对文物的材质、结构、工艺、老化程度等进行分析检测，获得与文物相关的各种数据信息，为文物保护修复方案的制定与实施提供科学依据。

伴随着科技的发展，数字技术在文物修复工作中发挥了越来越重要的辅助作用，可以说在文化遗产文物的修复工作中贯穿了全程，覆盖了全方位。文物数字化修复已经成为文物修复行业发展的新趋势。只有新兴技术手段与传统工艺相结合，才能让更多的文物遗产得以更好地修复和流传后世。

（三）为历史文化遗产价值赋能

典型案例4：英国大英博物馆的“世界博物馆”之路

英国国家博物馆收藏了世界各地的众多文物和图书珍品，藏品之丰富、种类之繁多为全世界博物馆所罕见，堪称是世界上历史最悠久、规模最宏伟的综合性博物馆。

---

① 张宝圣：《数字化技术在博物馆文物保护工作中的思考》，《文物世界》2019年第6期。

早在2011年，著名的科技公司谷歌就推出了谷歌艺术文化项目（Google Arts & Culture），与世界各地博物馆、美术馆、图书馆合作，将谷歌的数据库与领先的街景技术应用于博物馆、美术馆、图书馆。谷歌用自己研发的街景技术拍摄博物馆内部实景，并且以超高像素拍摄馆内历史名画，提供基于虚拟现实技术的网络游览（VR浏览）服务。

2015年，谷歌协助大英博物馆完成了线上博物馆的建设，实现了近五千件展品的数字化。大英博物馆实现了文物保护与展览的数字化和国际化，使世界各地的人都能通过互联网进入远在英国伦敦的博物馆并赏鉴里面丰富的馆藏品。大英博物馆与谷歌的数字展览不仅包括了大量的展品信息，还植入了多种插件来提升网页的交互功能和游览体验。数字展览以时间、空间两个维度纵横排布，参观者可以点击感兴趣的时间段、地区进行选择性参观，展品条目不仅包含展品图文信息还有语音讲解，并配合谷歌地图定位出土地点，为网络参观者提供全面丰富的展品信息。大英博物馆的在线展览意在将展品开放给世界各地的人，在某种程度上其便利性与互动性甚至比实地游览更强，比如参观者不用沿着特定的参观路线，可以自由寻找想看的藏品，并且可以避免因藏品过多、陈列过于复杂而错过感兴趣的文物。

2017年11月16日，大英博物馆在Facebook News Feed中发布了该馆的交互式360度游览测试（需使用VR耳机、网络、移动设备）。这是第一次在社交平台Facebook中测试在线虚拟现实。参观者可以通过移动鼠标来确定方向，并通过点击选择前进路线，可以点击了解展品的详细信息，也可以放大或缩小图片，享受游览全程配备的语音讲解服务。

经验解读：互联网科技的进步助力大英博物馆成为“世界博物馆”

互联网科技的进步使得大英博物馆的“世界博物馆”之路走向了成功。大英博物馆与互联网科技公司谷歌合作，开发了“VR游览”功能，这个功能可以在网络上逼真地呈现艺术品与博物馆之间的空间关系，使得单一的、割裂的文化艺术品在线上也能在某种特定的布局中呈现。互联网技术，为人类追求的“平行空间”提供了某种可能，虚拟化的博物馆，尽管依然存在大量的局限，但它可以一定程度上让硬核的文化粉丝撇开实体博物馆之中他者因素的干扰，在纯粹的艺术空间中与作品直接对话，回归文物鉴赏本身。因此可以说，大英博物馆成为“世界博物馆”是与互联网科技的进步密不可分的，也正是由于互联网科技的重要助力作用，大英博物馆才能被全世界人民看到。

启示借鉴：博物馆与科技龙头企业合作的数字博物馆建设模式

大英博物馆作为世界级文物保护单位和英国重要的 IP 输出单位，其与科技公司的合作建设为世界博物馆的发展提供了借鉴案例。一方面，科技龙头企业谷歌利用其先进科学技术将大英博物馆里的藏品公之于众，使博物馆实现了虚拟化、交互式游览，让世界上因各种原因不能实地参观的人员只要通过网络就可以体验到参观大英博物馆的感觉；另一方面，谷歌利用大英博物馆的丰富藏品，推出其新研发的 VR 技术。两者的合作不仅使谷歌公司获得了利润，也促使了大英博物馆成为“世界博物馆”。这一做法值得其他博物馆学习。

典型案例5：文化科技破壁融合之“数字故宫”和故宫文化传播

近年来，随着国内社交媒体平台呈现爆发式增长，北京故宫博物院和公众之间的关系已由以往的单向输出转变为双向沟通。自 1998 年起，北京故宫博物院就着手建设数字博物馆项目“数字故宫”。经过多年的建设和发展，如今的“数字故宫”已经成为一个文化资源与服务形态多样的资源平台。观众可以在线上获得资讯、藏品、导览等相关信息，并直接体验学术研讨、展览、文创等相关数字文化服务。不仅博物馆馆体建设逐步实现数字化，博物馆展品、展览方式等均呈现数字化趋势。

故宫的文化推广真正做到了文化与科技的破壁交融。故宫博物院作为我国博物馆事业的先行者与领头羊，其与公众之间的链接模式正在不断地突破馆舍空间和文物藏品的局限性，运用互联网新媒体等多元化渠道及各种新型科技手段，共同构建起由无形和有形形态链接相互组合的整体性信息传播框架。

高科技艺术互动展演、纪录片模式的视听传播有益探索、移动客户端应用等新链接模式，极大地冲破了故宫博物院原有的单一陈列语言和静态展陈模式的束缚，使得文物背后的时代记忆和历史信息的传播，不再以实体文物作为唯一载体。

故宫博物院以馆藏文物《清明上河图》长卷为蓝本设计的高科技互动艺术展演，由巨幅互动长卷、孙羊店沉浸剧场、虹桥球幕影院、宋代人文空间四个部分组成，多维度营造出沉浸式的历史文化信息空间，具有极高的交互性和穿透力。观众与文物和博物馆的链接，不再是空阔的馆舍建筑或实体文物展品，而变成了全息立体展演。“由文物起，在数字中，到观众去”这种数字展览的新模式是对文化信息因素的提取与再创造，创新性地将信息作为组织陈列的基础，融合多种高科技手段与光电技术，构筑出极具互动性的、实虚交织的沉浸式互动新体验。“清明上河图 3.0”高科技艺术互动展演不仅在很大程度上解决了故宫博物院文物保护与陈列的固有矛盾，更是一种十分符合时代特点、广受好评的高质量新型展陈模式。这一刻，文物展品已然成为一个丰富的多维的信息单元。

故宫博物馆联合中央电视台共同制作了纪录片《我在故宫修文物》，通过讲解故宫博物院所藏各类文物的专业化修复过程以及“故宫人”的生活故事，极大地拉近了社会公众与馆藏文物的距离，实现了“匠人精神”与“文物对话”的结合。文物修缮与文物保护是专业的课题，也是社会的课题，要面向行业，也要面向公众。在开放性的博物馆思维的指导下，通过纪录片《我在故宫修文物》这一链接手段，大大降低了“紫禁城”在社会公众心目中的神秘感与陌生感，在一定程度上形成了正向的社会舆论，同时许多珍贵的专业影像资料得以留存。在更广阔的时空范围内，扩大了故宫博物院的文化影响能力和文化传播范围。故宫在大量开发文创产品、拓展传播路径的同时，也在通过科技手段做着文化创新的尝试。①

在继承发扬传统文化所承载的历史内涵和文化担当基础上，故宫博物院

① 王喆羽：《故宫博物院公众链接新模式研究》，《文物世界》2020 年第 2 期。

综合性运用新媒体和商业化手段进行全方位的培育和运营。故宫 IP 的成长历程，经历了从文化形象的塑造到创意衍生品的打造，从实体产品的创作到影游文化内容的发掘，从线上营销到全线体验购买，以及从行业内到行业之间的跨界融合，不断探索和敢于利用多样化、综合性的手段，对故宫文化进行全方位地宣传和多角度地渗透。推出具有教育娱乐功能的 App，开放数字馆，建立微信公众号“故宫淘宝”，以及拍摄广受好评的影视剧作品等，无不为故宫具有鲜活时代性 IP 品牌形象筑基。通过这些现代的科技传播方式，故宫馆藏的优秀传统文化资源得以活化，文物背后的艺术价值、人文情怀和时代精神，也得以广泛根植在社会公众心中。①

经验解读：洞悉文化市场的独特规律，科技让文化价值赋能倍增

让优秀传统文化活起来，使之获得新的生命力，既是当代中国文化发展的历史使命，也是一个需要不断深入探索的基本文化命题。故宫博物院主动与现代生活相融合，在数字博物馆、文创的内容、形式和渠道等方面大胆创新，取得了非常好的效果。

故宫文化走出紫禁城的红墙、走出博物馆的馆舍，走到大千世界，科技的作用无法取代。每一项科技的发展都深入挖掘博物馆资源，全面对接和融合文化遗产。数字故宫作为全世界最强大的博物馆数字化平台之一，它的功能涵盖了参观导览、资讯传播、文化展示、社交广场、公众教育、学术交流、电子商务等越来越多的领域。故宫 IP 走的是一条从产品开发，到媒体矩阵宣传 + 线上线下互动，再到产品推广、流量落地，最终实现文化创意与各产业相融合的路径。曾经高高在上、颇具神秘感的宫廷文化，正以崭新的姿态走入公众视野，它既展现了古典宫廷的审美元素，又体现了当代青年大众的个性喜好、生活方式，兼有“高大上”和亲和力，通过当代青年对宫廷文化的娱乐亲近和自我表达，缔造了一种具有中国文化内涵的美学生活方式。

北京故宫博物院原院长单霁翔在《关于新时期博物馆功能与职能的思

① 郭万超、程慧波：《原来你是这样的故宫》，《前线》2019 年第 6 期。

考》一文中引用了曹兵武《关于博物馆的核心价值》中的一段话：“现代意义上的博物馆从其诞生起就肩负了很重的社会责任。如果说博物馆从‘贵族化’到‘平民化’用了200年的时间，那么随着世界上全球化、社区化、信息化、网络化、数字化和个性化特点的显现，博物馆正在与时俱进，走上现代化的探寻之路，其中最主要的莫过于博物馆文化的创新和发展。”① 博物馆文化的创新与发展集中体现在博物馆主体从对其藏品“物”的呈现转向对其受众“人”的感知，以用户为核心的设计和良好的用户体验更好地提炼文化遗产的精髓，体现博物馆的学术与研究价值。

启示借鉴：文化遗产的挖掘与提炼＋数字科技的植入与融合＝文化遗产的重构、再造与传播

“文化＋科技”的故宫，是文化自信不断增强的故宫，是创新驱动发展、开放跨界融合的故宫。故宫在秉承人文精神的同时，坚持自主创新，不断强化内容原创和技术研发，推动数字文化产业内容、技术、模式和业态创新。

在超级IP、网红故宫之外，我们也要看到分散于北京乃至全国各地的更为丰富的文化资源还大有开发的空间。如何让文化传播价值通过互联网技术、虚拟现实技术、5G技术等进一步提升，利用IP与社交平台运筹帷幄，从品牌营销、场景创新、服务体系升级、新媒体传播、流量投放、大数据分析等多个方面，根据受众需求进行精细化、深入化、个性化、创意化传播，而不止步于文化元素在大众休闲生活中的推广，才能有助于打开文化产业的全新局面。

伴随着社会主义文化事业的蓬勃发展，在“让文物活起来”的博物馆新时代大背景下，社会公众更多地走入博物馆，以期满足自身获取文化知识、感受文化熏陶抑或休闲娱乐的目的。而随着公众需求的日益多样化与个性化，如今的公众学习过程也早已呈现由单向的“灌入信息”模式向双向甚至多向的“获取信息”模式的转变。如今公众的文化需求所呈现的自

① 单霁翔：《关于新时期博物馆功能与职能的思考》，《中国博物馆》2010年第4期。

主性和多向性的发展趋势使得社会公众对于博物馆作用的发挥有着新的期待。

与此同时，当代博物馆的定义也不应该仅仅是记录过去、留存记忆，而更应该成为开放的、动态的、多元的社会公共平台。通过重新审视其传统使命，不断拓展刻板界限，创新社会关联模式，寻找博物馆与文物、公众三者的有效结合点，拓宽信息交流与传播的空间，与公众形成自由的、多向的、互动的链接模式。高效利用自身资源，为文化传播提供有益支持，展现可持续发展的未来。①

（四）传承历史悠久却濒临灭绝的传统游戏项目

典型案例6：传统文化新载体——中国传媒大学 VR 游戏作品《弧》

2017 年，故宫博物院举办了“传统文化 × 未来想象”数字文化艺术展，其中“跨界 · Mix or More”主题展区的最大亮点是在传统文化中融入了 VR、AR、激光扫描、摄影测量、全息投影等科学技术，完全创新或对艺术作品二次创作，通过视频、音乐、图片、游戏、互动场景等媒介载体，对传统文化做出全新的演绎。VR 游戏作品《弧》就是该展区的互动项目，由中国传媒大学游戏设计专业学生设计。

《弧》的创作原型为中国传统民间宴饮游戏“投壶”。投壶是中国古代的一个传统游戏，起源于先秦时代，逐渐消亡于清末，共延续了两千多年。在很多古代美术作品和文学作品中都出现过投壶的身影。它起源于射礼，贵族们经常在宴饮的场合来行礼。后来由于空间不够、有人不会射箭等原因，逐渐用投壶代替了射礼。最初投壶被称为投壶礼，是一种礼节，一般伴随着饮酒赋诗等活动，流行于贵族中。随着时代的发展，投壶逐渐成为文人墨客的一种消遣方式，渐渐在民间流行起来。

经验解读：VR/AR 赋予传统游戏“投壶”新的生命力

为了保护这项历史悠久却濒临灭绝的民间传统游戏。《弧》的创作

---

① 王喆羽：《故宫博物院公众链接新模式研究》，《文物世界》2020 年第 2 期。

者运用现代 VR 科技对传统“投壶”游戏进行电子化的还原、移植，并在一定范围内进行创新性开发，以达到对传统“投壶”游戏发扬和保护的目的。学生们用最新的 VR 技术，在 HTC VIVE 平台下，利用 VR 沉浸感极强的天然优势，通过挥动、按动等手势操纵手柄及扳机，还原了传统投壶游戏中抓取、投掷箭矢的核心玩法。传承历史与科技相结合，让当代年轻人更容易参与进来，成为传统游戏的参与者和继承者。

通过传统游戏传达我们中华民族文化精髓多样性、包容性、团结有爱、公平竞争等价值理念，有助于逻辑思考、数学教育和公民教育，能够在老一代人和对文化认知及代际学习起关键作用的年轻人之间搭建起桥梁。同时，还有助于促进不同群体、不同国家间的相互理解和包容，促进文化和谐。但是很多塑造人们身份认同的传统运动与游戏、本土知识表达以及生活方式已经消失，现存的也因面临着来自全球化、人口迁移和人口结构变化的冲击而濒临消失。联合国教科文组织甚至因此创建了一个开放获取的数字化图书馆作为传统游戏素材库，运用信息通信技术进行数字化保护以及运用大众知识促进教育、科学和文化发展。

大部分 VR 游戏厂商为追求逼真的沉浸式效果，往往会在内容素材制作与 VR 硬件设备上投入大量成本，游戏质量的确得到了提升，但也提高了玩家入手的门槛。《弧》研究游戏玩法并赋予游戏文化内涵，形成独特的游戏风格，可谓另辟蹊径，一样可以赢得玩家的青睐。因此从美术设计与玩法上规避硬件性能不足或解决 VR 游戏硬件门槛过高的问题，正在成为 VR 游戏开发的一个新趋势，好的玩法与美学设计都可以从传统文化中获得灵感，中国传媒大学做出了一次成功的尝试。

启示借鉴：VR/AR 技术为我国传统文化提供了新的载体

VR/AR 技术为我国传统文化提供了新的载体。游戏一直作为传统文化的重要载体从古至今一路走来，随着时代的变化、科技的发展，游戏的形式也在不断地演进，传统文化可以为游戏提供丰富的资源与素材，游戏也通过 VR、AR、全息投影等技术手段为传统文化的传播提供新的媒介。

二　数字技术赋予文化休闲旅游新动能

随着信息新技术在文化休闲旅游行业的不断创新，旅游数字化、网络化、智能化取得新的进展，信息化引领旅游业转型升级、激发新的发展动能、带来新的体验认知，文化休闲旅游迎来新的发展机遇。

（一）重塑商业模式和商业生态

“互联网 +”“旅游 +”“5G”等概念的提出，以技术手段促进文化旅游产业进一步创新，催生出新的文化休闲旅游商业模式和商业生态。

典型案例7：美国迪士尼乐园打造一体化文娱产业链

主题公园是一个复杂的系统工程，涉及创、研、产、销四个方面，也就是在文化创意设计、科技研发、生产施工到最后的市场运营几个环节都需要大量高精尖人才，而且涉及学科门类繁多，包括文化创意、乐园规划、建筑设计、园林设计、体验项目的创意设计、自动控制、人工智能、计算机图形图像、大型机械、机电一体化、特种影视、舞台技术、机器人、乐园运营等。

迪士尼乐园作为世界上最大的主题公园，在重塑商业模式和商业生态上最具典型性。日前，迪士尼原 CEO 罗伯特·艾格在接受 CNN 记者采访时说，无论这个市场的竞争有多激烈，迪士尼上海乐园都有强烈的信心认为其在上海的投资会在未来带来不错的回报。而迪士尼具有这个信心，主要是因为迪士尼有很强的互联网思维，已形成了“IP + 媒介 + 内容 + 主题公园 + 科技”的生态圈，IP 即原点、用户核心需求，媒介即延伸、行动，内容即传播，主题公园即体验，科技即驱动力。①

经验解读：借助高科技打造真实场景，构建增值生态版图

迪士尼公司拥有完整文娱产业链，赚钱的不仅是迪士尼 IP 产品本身，

① 王方：《迪士尼思维：打造“IP + 媒介 + 内容 + 主题公园 + 科技”的生态圈》，《界面》2016 年 9 月 8 日。

更是迪士尼公园O2O的媒介生态。迪士尼乐园的成功之处在于不断地革新，在新媒体时代下，迪士尼乐园借助高科技打造真实场景，借助媒体平台打造高价值品牌形象。迪士尼最为中国电影业及娱乐业所艳羡的恐怕就是其完备的产业链布局——媒体网络、主题公园及度假村、影视娱乐、消费品、互动娱乐五大业务板块，为迪士尼的IP构建了可以流转、增值的生态版图。

启示借鉴：数字技术催生全新文化旅游形式

近年来，虚拟现实、增强现实、5G等数字技术已经广泛应用于文化和旅游行业。各种传统文化资源和旅游资源与数字技术有效融合，催生了虚拟现实景区、虚拟现实娱乐和数字博物馆等全新的文化旅游形式。随着数字技术的进一步渗透，数字化将不断为文化旅游产业创造新的资源，促进形成数字文化旅游新生态和新数字供应链，从而改造文化旅游产业发展的基础设施，改变文化旅游产业发展的商业模式，提高文化旅游产业的有效供给水平，为文化旅游产业的发展开辟新的空间。

（二）激发新的发展动能

文化科技的融合已经成为旅游项目开发和市场运营的一个重要手段，以文化旅游为代表的精神消费形式正在不断扩展，借助5G、AR、大数据、物联网等数字技术实现流量和内容的融合、科技和互联网的融合、全域旅游和产业链模式的融合，通过人工智能识别、推送形成全场景闭环，能有效把游客的兴趣点和产品开发、赢利结合起来，做大做强文旅产业。

典型案例8：成都江安河都市文化休闲街区“水韵天府”

江安河是都江堰流经成都的四条干渠之一，自然禀赋滋养着成都千年的文脉，使其具有丰富的人文与资源积累，2015年，武侯区政府启动金花镇映月街的拆迁筹备工作，对金花桥街道城中村片区沿江安河1.7千米、650亩土地，实施“水韵天府”都市文化休闲街区项目。项目面临诸多难题：项目地属成都市环城生态圈的绿地用地和限建区，规划受限；现有建筑风貌、结构、尺度杂乱，利用率低；现有公共空间功能不完善，公共设施不齐备；水质污染较严重，水利建设整治周期较长；鞋业厂区、低端餐饮农家乐、茶楼等业态杂乱；没有住宅房地产反哺，政府的拆迁改造投入需要寻求稳健的回报路径。如何在江安河的文化历史、环境生态、商业业态中找到平衡，为成都打造世界旅游目的地，并与“宽窄巷子”“太古里”“锦里”形成差异化，成为此次旧城改造项目破题的关键。

经验解读：借助数字技术激发新民生产业

项目策划团队挖掘了蜀水文化、南丝路文化及成都休闲文化等一系列当地文化，将视听技术与当地文化相结合，通过创新的展示、创新的演绎，打造出一系列具有文化内涵的体验产品与场景，建立起以创新展演为核心的引爆业态；将特色餐饮、娱乐社交、亲子教育、运动康养等业态进行合理布局，建立起以“城市记忆”“音乐大观”“养生酒店”“亲子互动”“国学展厅”“书吧”“信息服务”“生活美学”“手工艺创客”“农耕文化体验”“成都民俗非遗文化”“新派川菜”“丝文化”“鞋文化”等一系列新兴消费业态为代表的支撑业态与延伸业态；将空间的创意与业态的创新相结合，打通了公共聚集空间、文化体验空间、旅游休闲空间、商业消费空间四个产业要素，探索出一条文化科技一体化、业态空间强体验化、现金流最大化的集成创新产业路径，形成了成都文化的强体验。通过“文化 + 科技 + 生态”的发展思路，文态、业态、形态和生态四位一体，策划、规划、设计、运营一体化，通过去房地产背景下的新业态定制和运营，实现了政府收益、企业效益和公众利益的完美平衡。

启示借鉴：文化与科技融合打开旧城改造新局面

随着城市的发展，政府对于土地资源的使用与把控更加严谨，去房地产化成为旧城改造与城市升级的新趋势。通过文化空间营建，运用当代设计，让现代与经典和谐共存，让时尚与传统相映生辉。为新一轮城市化背景下的旧城改造探索了一个践行创新、协调、绿色、开放、共享的新模式。将视听技术与当地文化相结合，通过创新的展示、创新的演绎，打造出一系列具有文化内涵的体验产品与场景，探索出一条文化科技一体化、业态空间强体验化、现金流最大化的集成创新产业路径。兼顾游客短期与市民长期需求，文化、科技、商业、旅游并重，成为游客与市民共同消费目的地。

典型案例9：北京文化旅游新地标——古北水镇

古北水镇位于北京密云司马台长城脚下，总占地9平方千米，是京郊大型观光度假型目的地，下辖古北水镇和司马台长城两个游览区，恰好处于北京－承德这一经典旅游线路的中间位置。功能结构方面，设有古北水镇旅游专属区和司马台长城保护专属区，两者游线串联，通过游线策略形成旅游度假集合体，相互提升。空间布局方面，除进口处的民国街区，景区核心部分分为水街风情区、卧龙堡民俗文化区、汤河古寨区三大部分。市场效益方面，目前古北水镇客单价在200元以上，收入分布与乌镇类似，门票收入预计占比约50%，其余包括酒店、餐饮、游船、商品销售等，已经成为京郊旅游的新地标。

经验解读：应用科技手段驱动产业升级

自2014年1月试营业开始，随着游客数量的激增，文化消费需求的增长，景区在不断完善基础配套服务的同时，着重以“水文化”及“长城文化”作为品牌运作的根基，不断运用“文化＋科技”的手段丰富旅游产品内涵，将AR、VR及人工智能技术与景区“水文化”“长城文化”相结合，在创新场景中体验古镇文化，在业态布局中实现人流与现金流的最大化。在资金保障方面，前期引入战略投资者，同时联合品牌房企进行旅游开发，承载部分游客住宿功能，后期通过丰富的业态布局与创新的旅游产品形成经营的资金平衡。景区的定位也逐渐从观光度假向文化体验转变，通过创新的业态布局、震撼的视听场景（水舞秀、灯光秀等），打造特色住宿、商务会议、日常配套等丰富业态和文化旅游新体验。

启示借鉴：结合数字技术打造特色小镇等文旅产业形式

文化旅游是北京的核心旅游产品，也是北京旅游业可持续发展的根本所在。随着科技的发展，游客文化消费体验方式的需求也随之提高，将先进的视听技术与精炼的文化内核相融合，成为文化表达的新趋势。无论自然景观类的景区，还是人文景观类的景区，都面临着旅游产品迭代升级与开拓创新的挑战，传统的观光游览已无法满足新一代游客群体的游玩需要，深度沉浸式的体验正在成为文化旅游的核心。北京拥有丰富的文化底蕴，也具备先进的科技资源，以古北水镇为代表的传统景区，应尽早应用科技手段驱动产业升级，为北京文化旅游增添新的活力。

（三）改变消费行为和体验认知

依托5G 等信息技术的深度运用，文化休闲旅游产业不仅催生出更多新模式、新技术，提升产业效率，同时，也为用户生活消费习惯带来新的改变。

典型案例10：主题公园数字技术的全方位应用

近五年来，虚拟现实和增强现实技术在主题公园行业实现了跨越式发展。迪士尼乐园推出了多项 VR 和 AR 体验项目，参与者从基于位置的娱乐场景转移到互动式电影场景中，完全沉浸在故事中。海洋世界也推出新 VR 体验，游客借助 VR 设备探索海洋深处的秘密，能够感受到在海中与杀人鲸同游的不可轻易复制的体验。VR 和 AR 技术也被应用于黑暗游乐项目，增强了游客参与感，如英国索普主题乐园的“达伦布朗的幽灵火车”，通过应用 VR 和 AR 技术，充分地呈现了恐怖元素。微型乐园和游乐室的出现也影响了 VR 和 AR 体验的地点与方式。① 多种技术创新的组合被用于创建互动游乐设施，游客可以自主控制体验的结果或路径。在体验过程中时，Picsolve 的面部识别软件可自动识别不同游乐区域的游客，并为游客创建个性化相册。② 同时，服务型机器人将大幅应用于主题乐园的人机交互场景中，为游客提供更有效的娱乐服务。2018 年，各大主题乐园的项目都用到了智能语音。海德公园冬日嘉年华在圣诞景点设置了谷歌语音助手，提升欢

① Dan Maunde, “Theme Park of the Future: A Look at Technology Trends Driving the Industry to New Heights,” Jun. 22, 2017, https://attractionsmagazine.com/theme-park-future-trends-driving-industry-new-heights/.

② “6 Attraction Technology Trends to Watch in 2018,” Jan. 2, 2018, https://blooloop.com/features/attractions-technology-trends-2018/.

乐圣诞气氛，加上谷歌智能语音设备后，乘坐摩天轮更有感觉了，当游客乘坐摩天轮旋转至空中或碰到有趣的事物时，可以选听喜爱的圣诞背景音乐。即使在排队时也可与谷歌智能助手互动，游客还可以向小精灵索取免费的热巧克力，也可以在自拍时让精灵制造雪景。

经验解读：借助数字技术满足游客新体验和新需求

随着数字化在文化旅游行业的加速应用，游客的行为和体验认知悄然发生变化，游客文化消费体验方式的需求也随之提高，深度沉浸式的体验正在成为文化旅游的核心，将先进的视听技术与精炼的文化内核相融合，成为文化表达的新趋势，这就需要推动数字化在各个环节的应用，以满足游客在数字化时代的新体验和新需求。这些数字技术的应用，将不断拓展游客的体验内容、体验模式，进一步改变游客的行为和体验认知，激发游客兴趣、增强游客黏性、提升旅游质量。

启示借鉴：深挖文化元素，通过科技表达提升游客体验质量

中国优秀的文化资源比比皆是，在主题公园开发方面也对国内的文化资源进行了相关探索，例如伴随着互联网时代诞生和发展的方特主题公园，已成为当今世界规模最大的第四代主题公园之一，方特以中国神话传说、民间故事为内核，通过高新科技结合文化打造主题公园，如东方神画主题中有浪漫且凄美的牛郎织女的爱情故事，还有弘扬华夏文化的九州神韵等项目；梦幻王国主题中有以《白蛇传》为背景的水漫金山，还有惊险刺激的秦岭历险等项目。可以说方特主题公园是把文化与主题公园结合得比较好的“东方梦幻王国”，但仍需深挖中国文化元素，通过科技表达与游客的情感共鸣，提升游客旅游体验，明确自身鲜明的特色。

当前，我国文化和旅游产业正在迈入创新文化传承、重视游客体验度、文化与旅游并重的新阶段，尤其是在文旅产业消费升级和供给侧结构性改革背景下，更多的新技术正在加快涌入文化产业，技术创新将发挥媒介和催化剂的作用，文化休闲旅游产业将在与科技的融合中迸发出更惊人的活力。

三　数字技术是动漫内容创作的生命力

随着以数字信息技术为核心的计算机技术飞速发展，不仅提高了动漫本身的艺术价值，为动漫创作者提供了一个全新的数字化平台，也为动漫的传播提供了新的渠道。

（一）提高动漫创作技能

虚拟现实技术利用计算机模拟的环境增强了用户的沉浸感受，通过互联网技术，能让多人在同一套虚拟环境中共同进行交互式体验，使得虚拟世界和真实世界差异不大。增强现实能让计算机产生的虚拟世界与现实中真实世界进行交互和结合，给用户更加真实的体验感受。

典型案例11：日本动漫 IP 与 VR/AR 技术应对市场需求的发展

日本一向以创新性的技术而闻名，日本动漫是日本极富影响力的超级 IP 输出领域，是代表着日本国家文化的一个重要符号。随着日本动漫的盈利和在海外的成功，其文化作品的受众范围越来越广，市场需求变得多样化、科技化。动漫作品仅在数字技术 2D 层面的发展已经无法满足受众对动漫文化和顶级 IP 的狂热需求，关于动漫周边产品的衍生产业链一直在壮大，观众对动漫及衍生物的产品形态提出了更高的要求。观众已经不满足于“观赏”动画，更希望能沉浸其中，于是日本在科技与创新方面不断反思，为产业发展设置新课题。动漫 IP 与 VR/AR 技术相结合的成果极大满足了这种需求。日本动漫 IP 与 VR/AR 技术相结合的成果也愈加丰富。

在动漫中，人们利用 VR 技术获得身临其境的体验感和更直观的视觉感，可以从主观角度体验作品的故事世界，也可以自由改变视角（相机）加深对作品的理解。比如《大雄与梦幻三剑士》《加速世界》《. hack》《乌龙派出所 -079 - 超乌龙的新发明》《家庭教师 - 120 - 假想空间》《名侦探柯南：贝克街的亡灵》《钢弹创斗者潜网大战》等作品。

日本游戏巨头任天堂在其掌机任天堂 3DS 系列中加入了对增强现实的

支持，其中游戏机自带一款以增强现实为主要玩法的游戏。由轻小说《刀剑神域》改编的剧场版，就是以 AR 设备为主轴开始的故事。动漫《游戏王》中也应用了 AR 技术来现实各种游戏效果。2016 年推出的《精灵宝可梦》（Pokemon GO）为当前最热门的 AR 手机游戏，其最大的游戏中心就在东京。富士急乐园推出了日本动漫与 VR/AR 的娱乐成果，如“进击的巨人”项目。起源于好莱坞的环球影城，如今已经发展成了全球性的游乐乐园。2019 年 5 月，在大阪环球影城推出的“哥斯拉对战 EVA”项目，很好地呈现了日本动漫和 AR/VR 技术的结合与应用。

经验解读：VR/AR 增强了用户的沉浸性，提高了动漫作品与用户之间的交互性

沉浸性是虚拟现实技术最主要的特征。虚拟现实技术让用户成为并感受到自己是计算机系统所创造环境中的一部分，通过在虚拟世界中刺激人的感知系统，让人思维共鸣、心理沉浸，分不清虚拟世界和现实世界，增强了虚拟世界的真实感。

交互性在提高动漫和游戏真实性方面起到很大作用。VR/AR 技术在给用户建立虚拟世界的同时，还能通过相关技术，让人们能进行虚拟世界和现实世界的交互，比如用户移动身体，则在虚拟世界中也发生了位置的变化；击打某个物体，能够看到这个物体的变形等。

启示借鉴：利用 VR/AR 技术提高我国动漫水平

动漫是一种有独特艺术表现的特殊文化形式，数字技术的加入，能为它带来新的生命力，利用 VR/AR 技术可以实现以前很多无法完成的动画设计与视觉影像。我们将 VR/AR 技术注入动漫中，有助于我国传统动漫技术升级、重新演绎，提高受众的沉浸式和交互式体验，拓展我国动漫的表现空间。

（二）拓宽动漫产品的传播渠道

典型案例12：北京光线传媒推动国漫崛起——《哪吒》爆燃

如果说 2015 年《大圣归来》给国产动画电影带来了信心，成为国漫崛

起的开端，《大鱼海棠》《风语咒》《大护法》《白蛇缘起》等进一步推动了动画产业的发展，随着北京光线传媒参与制作的《哪吒之魔童降世》的口碑和票房双爆表，标志着国产动漫电影已经进入了第二阶段。

在导演饺子和制作团队确立了《哪吒之魔童降世》的大制作、大投入的方针后，经过2年的剧本打磨，《哪吒之魔童降世》集合了国内动画产业近一半的力量，历时3年制作，动用了60多家制作团队，20多家视效团队，近1600名工作人员才堪堪赶上档期。2019年7月26日，影片在全国范围内上映，89分钟后宣布破亿，刷新了国产动画单日票房破亿的最快纪录。3日破7亿，5日破10亿，打破了《大圣归来》创造的国产动画电影票房纪录，票房最终突破50亿，创造了国产动画的最佳纪录。《哪吒之魔童降世》也获得2020年第92届奥斯卡最佳外语片的参选资格。

经验解读：充分利用互联网平台，采取多种方式进行产品宣传

《哪吒之魔童降世》的宣发团队光线传媒在吸收《大圣归来》《大鱼海棠》《你的名字》《千与千寻》等动画电影的宣发经验后，进行了长线的宣发路程，采用的是口碑发酵、内容发酵、行业联动、洐生品众筹等方式。

在口碑发酵方面，《哪吒之魔童降世》在上映前，已经获得了充分的口碑，据影视工业网的娱乐硬糖号数据，在影片上映第二天，光是在微博上#哪吒之魔童降世#话题已经有了2.5亿的阅读量和超过18万的讨论次数，猫眼App上有5.4万人想看，同时有2700多万人看过，超110万人打出了9.3的高分。

在粉丝运营上，《哪吒之魔童降世》充分发挥了粉丝的热情，推出了许多互动活动，如海报征集、同人CP话题等，点燃了粉丝的热情，并将其顺利推广到更多人群。

在内容发酵方面，热度极高的微博话题基本都是哪吒与敖丙的CP同人，娱乐硬糖号将其归纳为“同人CP内容发酵的前置化”，促进了《哪吒之魔童降世》的热度与传播度同时也推动了这部电影的出圈。这些不仅为《哪吒之魔童降世》获得了高口碑，也打下了庞大的观影基础。

在宣传物料上，制作团队与宣发团队掌握节奏，依次发布了宣传预告

片、海报等线上线下宣传物料，给予了充分的影片曝光度。

在行业联动方面，《哪吒之魔童降世》的镜头是国内其他动画片的3倍，其中特效镜头达1318个，堪称国内历史上的动画片之最。它也是参与人数最多的项目，仅在电影片尾提到的公司就有几十家。《哪吒之魔童降世》发动了国产动画产业近半数公司与团队，不仅是一次产业合作，也是产业共同突破技术难题、促进动画产业工业化的一次良好合作。

《哪吒之魔童降世》在电影大卖时，便推出了众筹手办，获得了巨大的关注量，在2019年8月30日，其手办制作公司摩点众筹的官方微博发布消息称《哪吒》衍生品众筹创下了中国影史的新纪录——1467.8万元，登顶中国电影衍生品众筹数额榜。

启示借鉴：利用互联网技术，提高国产动漫生产技术拓宽传播渠道

一方面，利用互联网技术，加强社交网站监测，及时发现侵权问题，加强知识产权保护，维护版权方和合法购买版权进行IP开发的商家的权益；另一方面，还需要加强AI技术研发与应用，为动画行业带来新的契机，AI线稿上色、神经网络自动补帧、文本生成动画等AI技术在动漫领域的应用亟待加强。此外，利用互联网技术拓展动漫产品的多方宣传渠道，加大产品宣传的信息量和曝光度，激发人们的热情，并将其推广到更多人群。

（三）增强动漫创作与动漫受众之间的联系

典型案例13：在英国全民参与中诞生的儿童动画《小猪佩奇》

英国拥有悠久的历史，将历史遗产和当代文化结合起来，造就了文化和旅游的双重大国。同时英国全民积极参与文化遗产的保护、活化与开发也是英国文化与科技发展的一大特色。

经验解读：全民文化参与，打造满足不同群体需求的儿童动画《小猪佩奇》

英国对于全民文化参与十分重视。创意企业发展的重要责任之一就是满足不同群体的需要，尤其是动画产业的发展，更是需要从全民参与的角度出发。在《小猪佩奇》诞生之前，英国的儿童动画市场一片空白，但是在市

场需求方面民众特别需要较为简洁的动画类型。动画片《小猪佩奇》不仅画风简单可爱，而且三观导向正确，填补了英国国内长期以来的2D动画荒。

《小猪佩奇》于2004年由伦敦动画工作室Astley Baker Davies出品。2015年，Astley Baker Davies被加拿大跨国大众媒体和娱乐公司Entertainment One收购，成为其子公司。Entertainment One将“小猪佩奇”打造成价值10亿美元的全球电视特许经营品牌，动画片《小猪佩奇》现已销售至世界180个国家和地区，在众多视频平台播放。2015年，“小猪佩奇”品牌在全球范围内创造了约100万美元的零售额。2017～2018财年，“小猪佩奇”品牌助力母公司Entertainment One实现税前利润翻倍，截至2018年3月底，其税前利润达到7760万英镑。“小猪佩奇”不仅具有巨大的影响力和经济价值，在世界范围内，它还成为了继“哈利·波特”之后的英国文化软实力的强大证明。

启示借鉴：充分了解群体需求，填补市场空白

《小猪佩琦》的成功除了其精良的设计制作之外，还在于其对市场空白的填补，找准受众是文化产品策划的第一步。同时，《小猪佩琦》还体现了文化企业对于社会文化的责任贡献，设计者突破了其他动画片对女孩子的“刻板印象”，为女孩子树立了自信、乐观的榜样，继《哈利·波特》之后，《小猪佩琦》掀起了新一轮由英国引领的世界文创潮流。另外《小猪佩奇》的故事里没有鲜明的故事情节和反派角色，只有人们最渴望的理想家庭相处方式，从不用说教的方式强行植入价值观。一切都是发生在邻居家的小故事，平淡朴素却温馨动人，传递爱与包容的力量。这启示国内同行需要充分了解不同群体的需求，利用互联网技术增强动漫创作与动漫受众之间的联系，打造满足不同群体需求的动漫作品。

（四）形成以文化作品为中心的文化科技融合发展模式

典型案例14：日本文化产业牵引下的实物“高达”机器人

日本动漫（ANIME）是日本动画和日本漫画的合称，其在日本文化产

业中占有很大的比例。在日本，以精神文化为内涵的动漫周边深受喜爱。一个出名的动漫可以有相当多的周边产品，比如书（包括杂志、各种的画册、乐谱）、游戏、CD、音乐、电视剧、电影、漫画、小说、展览等。1979 年出产的《机动战士高达》是日本动画作品中最经典和盈利最多的系列之一，其周边和展览之多，使得其已成为日本动漫文化的一个里程碑，也是日本的动漫产业积极对应市场需求和边界创新的结果，即将动漫与最新科技融合并推广到其他产业（包括统一范畴的游戏娱乐产业，也包括实体化经济类型的产品周边制造产业）当中。典型的成功例子就是实物高达机器人的项目。

经验解读：科技文化结合，全尺寸的高达机器人获得成功

第一个全尺寸的高达机器人在 2009 年被制造出来，它是高达第一部电视剧《机动战士高达》里的主角“RX－78－2 高达”，完全根据动漫里的设定 1∶1 制作而成，高度约 18 米（相当于 3 层地上建筑），每隔 30 分钟左右会出现脸转向左右或从嘴里喷出干冰等动漫里出现的动作。当时超过 400 万人前去参观。第二个高达机器人于 2012 年展出。这次是有了磁铁涂层的高达，展出时间长达 5 年之久。第三个成果便是还原了 2016 年动画片《机动战士高达 UC》的主人公独角兽高达机器人。这个高达于 2017 年展出，高 19.7 米，且相比前两个机器人它最大的特征和进步就是拥有了变形功能。作为原作中独角兽高达机体的特征，独角兽高达的变形是可以变速进行的。盔甲装扮的独角兽机器人不仅在显眼的外部设备上还原了动作的变化，而且在变形时有隐藏的面部表情，可供参观者体验动漫的情节感。有了这样的动作设计和变形过程，高达机器人在相当程度上被还原了动漫角色的设定，其震撼效果非同凡响。

高达机器人项目的主要目的之一是要对临海市中心的区域活性化做出贡献，而这个目的显然已经成功达到了。外表 1∶1 且能还原作品操作的台场高达机器人，更让全世界的动漫迷感受到人物从作品走入现实，宛如梦想实现般的冲击。日本的动漫产业已经成功地让科技发展为其“服务”，形成了以文化作品为中心的文化科技融合发展模式。

启示借鉴：科技文化结合，积极应对市场需求和边界创新

日本的动漫产业的成功很大一部分原因就如前文所述，是积极应对市场需求和边界创新的结果，将动漫与最新科技融合并推广到其他产业当中，其他产业包括统一范畴的游戏娱乐产业，也包括实体化经济类型的产品周边制造产业。通过前面的案例可知，这样的结合所带来的效益也不仅是对文化与科技的相互促进，还有对更多产业的带动增长，例如旅游业、局部地区的商业化发展等。以我国近年对科技开发的强大投入，技术方面必然有很多可以开发、利用到文化产业当中的项目和元素，这一发展方向的效果毋庸置疑是值得期待的。

四　科技助推设计服务高端化

（一）推动新材料的研发和使用

典型案例15：Orange Fiber 公司和 Vegea 公司

因意识到意大利每年都会产生超过 70 万吨的柑橘类垃圾，联合创始人 Enrica Arena 和 Adriana Santanocito 便创立了 Orange Fiber 公司，她们专门利用柑橘副产品和废料来制造可持续面料，从柑橘废料中萃取出黏浆状物质之后，将纤维素物质植入可持续面料中。其制造出的面料不仅手感柔软丝滑，具有面料的高品质特性，还有另一个创新点是蕴含天然的柑橘油脂，其中的维生素 A、维生素 C 和维生素 E 成分可以通过皮肤被人体吸收，可以作为一种补充人体对于维生素的日常需求的新型服装面料。这项技术在米兰理工大学进行了可行性和工业化研究，并在意大利提交专利，将其推广到国际 PCT（Patent Cooperation Treaty，专利合作条约）。奢侈品牌菲拉格慕特别为 Orange Fiber 打造了胶囊系列，彰显了服装设计从新型材料获取的多重灵感和跨界雄心。

同类型的新植物材料公司还有成立于 2016 年的 Vegea，这家公司致力于将葡萄酒生产过程中获得的葡萄皮、种子和植物的茎开发成可以用于时

装、配饰和家具设计领域的材料（Wine Leather），且减少了酒业副产品有害燃烧对环境的负面影响。Wine Leather 在 2017 年获得了 H&M 全球变革大奖基金，H&M 还为这一材料倾心设计了一系列以自然为主题的鞋履包袋产品。

经验解读：新材料的研发与使用拓宽了设计领域的边界

在全球各领域不断响应环保、可持续的号召下，时尚行业也开始寻找并探索更为环保且不伤害动物的材质替代品，而解决方法之一，就在于食品废料的再利用。数据表明，为消费而生产的水果最终有 45% 的废料会被扔掉，这一问题引起了时尚界的高度关注，服装、鞋包、配饰生产商便开始探索如何将水果废料变为可再生原材料。从生产商到消费市场都能看到这一趋势的新发展，可持续、零废料、植物原料变废为宝在未来十分具有商业可行性。新植物材料的研发和使用展现出可持续发展及可再生资源研究所蕴含的相关社会价值，意义重大。Orange Fiber 公司开发创新的柑橘纱线富含维生素，这个可持续的时尚项目对食物废料的再利用有十分积极的影响。意大利 Vegea 公司利用葡萄酒生产废料开发的替代性皮革对环境更加友好，也解决了传统皮革在生产过程中会对环境造成污染的问题。

启示借鉴：科技带来的材料革新为产业开拓应用场景

设计的基本原则无外乎实用、美观，科技发展使得设计理念发生变化，可持续等新理念在越来越多的设计中体现。新的设计理念得到推广，设计素材也变得更为丰富，具备新特性的新材料的出现为设计提供了更为广阔的发挥舞台。新材料所具有的新特性拓宽了设计所能触及的范围，突破了传统设计的边界，催生出新的应用场景。新材料除了应用于服装设计与家具设计，更使建筑设计、工业设计、艺术设计等行业如虎添翼，例如超轻型可再生建材、可用于修补古建筑的绝缘凝胶等。推动材料科技与设计融合发展，培育设计领域的新材料应用场景是提升设计产业核心竞争力的有效途径。

柑橘类水果是世界上最受欢迎的水果之一，这类水果健康、美味并且富有营养。越来越多的科学家和经济学家开始发现被丢弃的果皮的价值，对柑橘类水果果皮的综合利用比较成熟的用途有提取香精油、生产果胶、食品调料等。美国有利用果汁废料制造可用于烘焙及糖果生产的柑橘粉的专利，柑橘粉的使用不仅可以提高营养价值，还能改进味道和香气，延长保鲜期限。日本则利用干燥果皮生产调味料。柑橘纤维还可以用于肉类替代品的黏合凝胶，令产品更接近真正肉类的质感和多汁性。柑橘类提取物还有驱虫功效，将其使用于棉花叶上，对草地贪地蛾（伪粘虫）和棉铃虫有拒食作用。

我国是农业大国，秸秆处理是个亟待解决的问题。每年收获季节之后，秸秆焚烧或下河现象四处可见，或产生大量烟雾，或使河水发臭，对环境造成污染。然而，秸秆中含有大量营养成分，如果得到充分利用将产生巨大经济价值。可以通过技术解决方案以植物性废料为原料或添加少量其他辅料，制成食用药品，变废为宝，增加社会财富，既有经济效益，又有社会效益。这些农副产品的加工转化，与意大利的新植物材料研发和使用有异曲同工之妙。新植物材料研发和使用既解决了植物废料的处理难题，又创造出具有经济价值的产品，一举两得。

（二）推动时尚产业智能化发展

典型案例16：EB HITECH FASHION 公司

2007 年建立于 Valle d'Aosta 大区的 EB HITECH FASHION 创造了世界上第一个也是目前唯一一个能够产生热量的意大利智能服装系列。Valle d'Aosta 大区在意大利最北部，位于欧洲最高的四座山峰之间，每年有超过 10 个月的大风和雨雪冰冻等恶劣天气。EB HITECH FASHION 的服饰支持 App 温度调节及热监控，并能实现对身体机能的实时记录，通过供热部件将衣服调至理想的温度，更能进一步将用户数据进行健康状况分析。该系列服装不仅是提供热调节的产品，还结合了防御极端天气的意大利传统工艺做法。例如该系列的 EB CLOUD 女士加热羽绒服，不仅能抵御严寒，还能展现女性的柔美和优雅——精致的手工缝线与水钻和珍珠贴花相得益彰，颈部由可拆卸的狐狸衣领组成。穿着 EB CLOUD 女士加热羽绒服走在寒冷的城市中，技术与美感的结合得到了充分的展现。该公司研发的智能鞋垫不仅实现了温度可控，更直接将服装变成与用户互动的设备。用户通过网站或 App

登录，可以追踪步数、卡路里消耗等数据。每个用户都有一个个人账户，用来记录相关的身体数据，以评估他们的身体机能。智能鞋垫内包含着压力传感器和运动传感器，它们通过蓝牙与手机应用程序连接，根据采集的用户行走和跑步的数据可以进行步态分析，步态分析可以对足踝类疾病的日常分析、诊断提供帮助。在康复领域可以用于康复器械使用效果的量化验证、患者的康复训练，在运动领域用于专业运动损伤风险评估、定量训练与指导等。传感器会在穿戴者跑步的时候发挥作用，在穿戴者跑步的时候，会把你跑步时每一步的数据收集起来，然后对数据进行智能分析，可以找出使用者跑步技巧上的不足，从而帮助使用者找出最好的跑步姿势。它通过数据分析结果指导使用者如何更好地发力以弥补不足，帮助使用者跑得更快、更久、更健康。

经验解读：科技重新定义了用户在设计过程中的位置

感应技术与分析技术的发展，推动智能设计的新理念更加深入人心。通过利用智能技术解决保暖需求，EB HITECH FASHION 的服饰可以设计得更为优雅，人们穿上这一系列衣服后可以免遭寒冷，也不会因为衣服太多而感到臃肿。EB HITECH FASHION 为解决生活在该地区的人们的保暖需求提供了一个有效、智能、优雅的解决方案。设计、创新、人工智能技术成为 EB HITECH FASHION 的核心优势。EB HITECH FASHION 的智能技术使服装设计突破了仅仅作为服装的界限，用户可以与产品进行交互，从而使其更适合用户的个性化要求。EB HITECH FASHION 智能服装的用户不仅能对服装的温度进行控制，还能从服装获得自身身体机能相关的数据，用户成为服装性能的主动控制方。以往专业的步态分析往往要在医疗机构中使用大型的步态分析设备，而现在只需要一双 EB HITECH FASHION 智能鞋垫就可以完成。EB HITECH 的项目创新具有典型的意大利时尚产业的创新特点，即基于对当地用户需求的了解，尝试通过人工智能和网络信息技术的运用予以解决，从而满足当地用户的使用需求。

科技正在改变意大利的传统制造业。根据意大利《国家工业 4.0 计划》，为了进行产业指导、业务培训以及产业研究和实验，意大利将要创建

8个技术中心。技术中心涉及不同的工业类别，其中与文化创新产业息息相关的是由米兰理工大学领导的“意大利制造4.0”（Made in Italy 4.0）技术中心，专注于4.0工厂的技术。8个技术中心的重点是专注大数据创新和研究的BI－REX技术中心，这个中心是由博洛尼亚大学主导，摩德纳大学、雷焦艾米利亚大学、帕尔马大学和费拉拉大学提供支持。还有“Artes 4.0”是由比萨圣安娜高级研究学院领导，同时汇集比萨大学、佛罗伦萨大学、欧洲非线性光谱实验室等35个高校、机构和公司的资源，共同研究高级机器人技术以及数字化技术。这些政策的实施推动了意大利时尚设计产业转型升级，实现了2008年金融危机之后的全面复苏。

启示借鉴：科技使设计更加贴近实际需求

科技延伸了设计链条，设计需求模拟分析、用户参与设计等环节得到实现，科技也为设计提供了更多可能性，甚至重塑了设计过程，数字模型构建、用户反馈自适应等在以往的设计中不曾占据重要地位的环节变得越来越常见。海量数据的存在使设计需求的模拟分析成为现实，而潜在用户的反馈也随着互联网的普及变得越来越容易。数据的覆盖面越来越广，例如产品的使用环境数据、用户行为数据等，都可以导入设计模型，经过多次反馈和迭代之后，系统性的量化评估将筛选出在主要需求权衡间表现最佳的一系列模型选项，从而让设计从一开始就更贴近实际需求。

科技发展对设计产业的影响深远，从政策支持、区域协同、技术创新、可持续发展等方面改变了设计产业的面貌。从微观上看，要发展设计产业必须增强企业的创新能力，从而提高企业竞争力。从宏观来看，设计产业发展水平不仅是文化实力和文化意识的体现，更是经济实力和综合国力的体现。改革开放四十年，我国政府通过不断完善顶层设计、加强政策引导促进了设计产业的发展。近年来，政府对设计产业的支持更注重人才的引进培养与营商环境的优化，助推设计产业从“低档仿制”向“高档创新”转变。目前我国正处于加快建设创新型国家的历史时期，应抓住历史机遇，坚定文化自信，推动文化繁荣，进一步推动中国的时尚产业蓬勃发展。

五 科技拓展文化演艺和影视的发展空间

（一）为文化演艺带来全新的表达方式

近年来，虚拟仿真技术加快向文化演艺领域渗透，文化演艺也一直在紧跟技术进步，科技与演艺的融合为文化演艺行业带来全新的表达方式，使文化演艺无论是内容创作还是表现形式都有了更广阔的选择空间。

典型案例17：平昌冬奥会“北京8分钟”

2018 年 2 月 26 日，韩国平昌冬奥会闭幕，在闭幕式演出环节中，北京冬奥团队惊艳的“北京 8 分钟”表演，标志着冬奥会正式进入“北京时间”，北京冬奥团队用最炫酷的方式接过了历史的接力棒，既展现了中国承办冬奥会的信心与实力，又用充满中国元素的“科技味”向全球彰显了中国的进步与富强。相较于北京奥运会的接棒方式，此次冬奥会接棒方式摒弃了人海战术，注重于用科技手段展现“中国智慧”“中国文化”和“中国制造”，让世界领略了中国的创新魅力。

“北京 8 分钟”文艺演出使用地屏投影技术和自动冰屏，24 名轮滑少年和大熊猫形象互动配合，美不胜收，惊艳世界。短短的 8 分钟，来自中国的表演团队不仅综合运用了轮滑演员、地面投影、动态视频和玩偶等表演元素，还首次使用了 24 个隐形机器人参与表演，以此展现出冰雪运动和中国文化的特点，完美地诠释了 2022 年北京冬奥会“人文奥运”和“科技奥运”的精神。

经验解读：用充满中国元素的科技展现中国承办冬奥的信心与实力

这精彩的 8 分钟背后，不仅有导演的艺术创作，还运用了大量的科技手段与创新尝试，以北京理工大学的科技团队为代表的众多科技企业、科研院所为本次表演提供了科技保障。

2017 年 6 月，北京理工大学软件学院受北京冬奥组委会委托，组建虚拟仿真团队，为“北京 8 分钟”表演提供创意编排和仿真技术保障。[①] “北

① 《冬奥“北京 8 分钟”里的科技揭秘——北理工虚拟视觉团队提供技术支持》，2018 年 3 月 5 日，http：//zqb. cyol. com/html/2018 －03/05/nw. D110000zgqnb_ 20180305_ 3 －12. htm。

京8分钟”具有参演要素多、创意过程复杂、排练关联度高等特点，需要北理工虚拟视觉团队利用影视虚拟制作技术和数字表演与仿真技术，专门创新研发文艺表演预演系统、训练彩排与数字验证系统。

以文艺表演预演系统为例，系统以可视化的界面和图纸、视频等多种数据输出载体将各种待选表演方案的真实效果进行呈现，帮助导演把控、决策及完善表演方案，从而确定最终方案。大大缩减了创作彩排的时间，降低了物料、人力成本，通过科技的手段提高创作效率，并为最终决策提供选择方案。

训练彩排与数字验证系统可以将创意数据转化为执行数据，指导表演要素进行排练，并保证数据在时间、空间上的一致性与准确性。同时，系统将执行中修改的执行数据在表演要素中同步，帮助导演实时观察到演员和道具的队形状态以及演员的姿态，演员也能迅速直观地了解自身和理想运动轨迹的偏差并纠正，实时、快速地熟悉表演方案。

启示借鉴：文化产业的发展与技术的研发应用密不可分

文化产业的发展与技术的研发应用密不可分。技术创新的火种往往从实验室中来，北京拥有丰富优质的科技服务资源，同北京理工大学科技团队一样，众多科研院所都在不断地探索与创新，扶持创新技术走出实验室，服务于文化项目、文化产业。政府不断完善和强化科技服务体系的建设，支持科技服务业新业态的发展，推动科技人才的培养和流动，加强创业孵化体系建设等措施，都将大大促进文化与科技的融合发展。

（二）助力挖掘展演中国传统文化

中华文化博大精深，可挖掘的文化资源取之不竭，但囿于传统舞台展演方式的限制，能够搬上传统舞台表演的文化资源十分有限。随着现代科技的发展，尤其是多媒体舞台技术的发展，演艺形式不再受舞台的局限，大大丰富了传统文化的表现方式，催生了一批批传统文化资源与现代科技融合的文艺演出项目。

典型案例18：贵州茅台镇——大型新媒体视觉空间体验秀《天酿》

《天酿》是仁怀市委市政府为实现贵州省委省政府提出的把茅台镇打造成为“贵州第一、全国一流、世界知名”特色小镇的要求，按照PPP相关政策与法规，联合2008年北京奥运会开闭幕式核心制作团队——利亚德集团励丰文化进行创意策划和投资运营，邀请著名视觉艺术家韩立勋、上海戏剧学院创意学院导演刘志新等组成新媒体演艺创作团队，在文化旅游演艺4.0时代，采用先进的AR/VR等增强现实、虚拟现实技术，在国酒酒源地的山水空间中，将酱香酒独特的酿酒工艺与人们深度品鉴国酒文化内涵的震撼体验相融，打造的国内第一个重度沉浸和虚实相生的、极具创新性的文化旅游演艺作品。

经验解读：利用当代科技手段创新传统文化资源的开发方式和表演形式

《天酿》项目依据剧本建设非常规的剧院，并在表演空间设计和演出设备应用方面进行创新，设计有6大沉浸式观演区，每个厅的转场都由演员近距离带领，观众在不同观演位置观赏，演出时长约60分钟，每个故事既独立成章又环环相扣。该项目成功创新了重度沉浸式体验，利用当代科技手段创新传统文化资源的开发方式、表演形式和沉浸式的观演方式，增加体验感。同时，全息技术、AR/VR的大量采用，大大压缩了演员数量并缩减相应人工成本，解决了旅游演艺淡旺季不均衡的问题。

启示借鉴：利用当代科技丰富传统文化的表现方式

大型新媒体视觉剧《天酿》是一次对千年酒文化的创意展演，通过“文化+科技+展演融合”，深入挖掘国酒文化内涵并借助现代科技进行全新展现。多媒体舞台空间舞美与酱香酒独特的酿酒工艺、国酒文化内涵相结合，让观众在沉浸式观影环境中领略千年酱香型白酒的酿造工艺，文化朝圣般的感觉油然而生。

《天酿》既是仁怀市为打造“贵州第一、全国一流、世界知名”特色小镇而推出的一部文化旅游演艺作品，更是文化旅游创新展演的一次引领与突破。《天酿》是我国文化科技含量最高的展演节目之一，AR/VR、全息等大量新科技的采用，不仅大大提高了现场的体验，同时也通过集成创新，在商业模式上取得了突破。“文化＋科技”，不仅推动文化体验的提升，更是商业成功的必然要求。

（三）帮助塑造影视演出的空间深度

人们生活的世界是有深度的，而影视屏幕是平面的。传统的影视作品要通过画面构图、场面调度等方式让二维屏幕获得一些深度感，如今数字立体显示技术能够拓展影像的空间深度，在更加真实的空间密度中开启叙事。

典型案例19：加拿大 Lemieux-Pilon 4D 艺术展的纵深发展

Lemieux－Pilon 4D Art 将人们引入四维立体空间，Lemieux-Pilon 4D Art① 于 1983～1984 年在蒙特利尔成立，是一家拥有 30 多种原创作品的多学科公司。Michel Lemieux 和 Victor Pilon 因其迷人的舞蹈、戏剧、音乐、视觉艺术和电影融合而享誉国际，是创造独特混合制作的动态二人组，将真实与虚拟、表演艺术和多媒体融为一体，让人们真正地走进了 4D 世界，感受到科技给影业带来的奇妙体验。

经验分析：科技创新支持4D 锐意发展

4D 影院在传统的 3D 影院基础上发展而来，相比较于其他类型影院，具有主题突出、科技含量高、效果逼真、画面冲击性强等特点和优势。4D 影院根据影片的情景精心设计出烟雾、雨、光电、气泡、气味等效果，形成了一种独特的体验。

在技术的不断创新下，4D 锐意发展，让人身临其境。Michel Lemieux 和 Victor Pilon 还合作开展过其他类型的表演、展览和特别活动。过去的项目合作伙伴包括 Rio Tino 天文馆、太阳马戏团、蒙特利尔和魁北克城歌剧公司、蒙特利尔国际爵士音乐节、蒙特利尔 350 周年庆典、魁北克市圣母大教堂、拉瓦尔宇宙美体馆和加拿大移民博物馆。他们的两部合作作品《谵妄》（*Delirium*）和《午夜太阳》（*Midnight Sun*）被蒙特利尔市最受欢迎的日报《蒙特利尔报》（*Journal de Montréal*）选为十年最令人难忘的十大节目之一。

---

① 资料来源于 Official Website：https：//4dart. com/en。

Michel Lemieux 和 Victor Pilon 还领衔参与制作了《城市记忆》（*CitéMémoire*），这是集画作、视频和剪影于一体的大型艺术作品，投影于蒙特利尔老城区的墙上、路面、树丛中，向人们再现了蒙特利尔自 1642 年建城以来的历史片段，让人们在 4D 场景中回归到以前的情景之中，充分感受到电影的奇妙历程。

启示借鉴：信息化时代4D 技术将给电影业带来颠覆性的变革

随着三维软件在国内越来越广泛的应用，3D 立体电教、计算机辅助教学、网络远程在线教学等也得到了飞速的发展，并向个性化、网络化、数字化方向发展。在 3D 电影基础上加上环境特效、模拟仿真而组成的新型 4D 电影技术是视觉影像技术的革命性产品。除了具备 3D 电影模拟出真实场景外，通过 4D 电影增强临场感，给观众以电影内容联动的物理刺激，让观众在观影过程中身临其境。在未来信息化的时代，引进 4D 电影技术将在电影制作方式、制作工艺方面带来颠覆性的变革。

（四）为音乐创造更广阔的利润空间

音乐产业是中国文化产业的核心领域，数字音乐产业是音乐产业的主要收入来源。近年来，国内音乐产业发展跃入新阶段。行业发展不断带动音乐社交、音乐直播等音乐生态快速发展，音乐原创力持续提升，市场规模进一步扩大，数字音乐市场将迎来更大机遇。

典型案例20：从腾讯音乐的发展看文化艺术与科技的融合

根据 QuestMobile 数据，截至 2018 年 3 月，在线音乐应用行业月活用户（MAU）规模已经稳定在 6.02 亿以上，依据 CNNIC 的数据，截至 2017 年 12 月中国互联网的普及率达到 55.8%，在线音乐应用行业用户的增长已经进入了一个瓶颈期，市场开始从增量市场变为存量市场。[①] 从增量到存量，转变的不仅是市场类型，更是竞争格局。随着用户增长的放缓，在线音乐 App 向头部应用集中，一系列的并购融资行为，使得国内在线音乐市场寡头

---

① 《腾讯音乐：另类商业化与音乐付费的未来》，2019 年 12 月 24 日，https：//dy.163.com/article/E3PPPCPP0519AT9B.html；NTESwebSI = 05543C090BCADAAB2F2BE87A68A5DC33.hz - subscribe - web - docker - cm - online - rpqqn - 8gfzd - rivim - 6668fc85wdc - 8081。

化趋势愈加明显。

而在寡头趋势明显的背景下，腾讯音乐独占鳌头。前瞻产业研究院数据显示，酷狗音乐和QQ音乐MAU超过2亿，酷我音乐和网易云音乐在1亿左右，与其他App逐步拉大差距。腾讯音乐旗下3大平台——QQ音乐、酷狗音乐、酷我音乐综合性较强，注重多元化发展，提供多种特色服务：QQ音乐旨在打造综合性音乐生态，是最早进行正版化音乐布局的，也是第一个宣布盈利的音乐平台；而酷狗和酷我音乐则大力发展直播业务，通过直播业务提高用户黏性和参与度。

经验分析：依托音乐流媒体平台拓宽盈利模式，拓展数字音乐产业链

腾讯音乐作为音乐流媒体平台的领头羊，不断拓宽自身营利模式，并且不断拓展数字音乐产业的产业链。在传统音乐产业链中，内容端和发行端都被唱片公司、经纪公司所把持，而消费端的消费形式十分单一，除演唱会、商演、代言、影视这四大板块外几乎没有别的业务。但数字音乐产业链的消费端有了很大的变化。通过音乐平台、视频网站、社交平台等传播渠道，除了传统的音乐消费种类，还拓展了直播、网络综艺、IP产业、音乐社交等新的消费增长点，数字音乐产业链得到延伸。通过产业链的向下延伸，一方面数字音乐平台可以分担其上游版权的成本，提高音乐作品的利用率，一首作品可以在直播、视频等多方面应用，有效缓解了版权负担；另一方面下游业务的创新直接带来了优质内容。于是，数字音乐平台成为产业链中的关键一环，它作为上下产业链的连接，起到资源整合创新的作用，也直接推动数字音乐产业链的延伸，创造了更大的利润空间。

启示借鉴：发展特色化数字音乐平台

建议北京市支持、鼓励小型特色数字音乐平台的发展。腾讯音乐的一家独大让在线音乐市场再没有悬念，然而网易云音乐仍然凭借着音乐社区、UGC歌单和古风、民谣、二次元等“长尾音乐”的扶持，赢得了大量追求特立独行的年轻人的喜爱，用户并不会因为在平台上听不到某位歌手的歌就把它从手机上卸载。由此可见，尽管版权问题是关键，但特色数字音乐平台

仍然大有可为。如豆瓣 FM 就是国内最早采用个性化推荐算法的流媒体平台，其歌单生产能力也极强，聚集了大批文艺青年用户。因此，如果想直接发展数字音乐平台产业，从特色小平台入局，不做“大而全”，专攻“小而精”，形成特色用户群体是较好的方案。

（五）扩展大众文化消费空间

以“初音未来”和“洛天依”为代表的依托计算机技术诞生的虚拟音乐偶像，已经开始占领部分音乐市场，融入人们的日常娱乐生活，牵动着人们的情感抒发。计算机技术正在以新的形式创新人们对音乐的认知。

典型案例21：虚拟偶像演绎“初音未来”

初音未来是第一个获得了世界范围内成功的虚拟偶像，也是第一个使用全息投影技术举办演唱会的虚拟偶像，其本质上是以日本雅马哈公司的语音合成引擎 Vocaloid 为声音库，由世界范围内的粉丝参与创作的虚拟人物。初音未来的发展历史要追溯到 2004 年雅马哈公司推出的英语版语音合成引擎 Vocaloid 1.0，其实现了电脑合成人声并应用在歌唱上。

2007 年，语音合成引擎 Vocaloid 2.0 发布，与 1.0 版本相比更加自然，更像真人演唱。CRYPTON FUTURE MEDIA 公司（以下简称 CRYPTON）采用该技术开发出了名为“初音未来”的音乐制作软件，迅速占领了市场，CRYPTON 公司市场占有率在一个月内由 6% 剧增至 33%，“初音未来”这套软件 3 个月内就卖出了 2.5 万套。“初音未来”在 Niconico2、Youtube 等网络平台上迅速走红，并激发了粉丝创作个人“初音未来”音乐作品的热情，为其注入了永久的活力。

经验分析：依托虚拟偶像，“初音未来”形成了初音家族

12 年来，“初音未来”已经成为具有世界影响力的虚拟偶像，在世界范围内举办了多场全息演唱会，还形成了初音家族，在商业领域上，演唱会、唱片、周边、代言等方面都与普通明星没有区别。CRYPTON 公司也从一家专注虚拟乐器开发软件的公司转变为以“初音未来”为中心的集版权交易、定制服务、社群交流、网络音乐销售为一体的平台型公司，还推出了音乐游

戏《“初音未来” - Project Diva》等拓展性内容。

启示借鉴：调动粉丝积极参与虚拟偶像的“调教”，发挥虚拟偶像的正面引导作用

虚拟偶像实质上是一个“众包形象”设计，粉丝们将自己喜爱的形象、能力等投射到偶像上，并为此实现个人电子音乐制作。粉丝投入了自己的时间精力，形成了一股青年亚文化潮流。如何调动粉丝更加积极地参与虚拟偶像的“调教”成为从业者与政策制定者需要考虑的问题。

由于虚拟偶像的主要受众为青少年，而他们的世界观、人生观和价值观还在形成之中，极易受到外界影响，如何发挥虚拟偶像的正面引导作用，避免其导致青少年沉迷虚拟世界等负面影响，也是我们需要重点关注的问题。

典型案例22：虚拟偶像演绎“洛天依”

洛天依是世界上第一个中文 V 家（Vocaloid）虚拟歌手，在 2012 年 7 月出道，使用的是日本雅马哈公司开发的语音合成引擎软件 Vocaloid 3.0。哔哩哔哩弹幕视频网站上有洛天依的专栏，每天都有粉丝自发制作歌曲发布。目前洛天依官方微博粉丝数量已达 308 万。洛天依的成名作之一《权御天下》在 B 站上播放量最高的 MV 播放次数已达 500 万次，相关二次创作视频超过 1000 个。①

2017 年在上海梅赛德斯—奔驰文化中心上演的 Vsinger Live 洛天依全息演唱会最为瞩目。别具特色的演唱会吸引了国内许多年轻人的目光。此前，演唱会的首批 500 张 SVIP 席 1280 元限量特典版门票 3 分钟内全部售罄。在国内首家弹幕视频网 AcFun 进行的演唱会，独家 AR 直播收看人数超过百万，创下惊人的纪录。同时，Vsinger 的首个演唱会成为歌迷们心目中的重大话题和 2017 年夏天的最大期待。

经验分析：细分受众市场

根据洛天依制作方上海禾念的数据，洛天依等虚拟歌手的粉丝群体集中

① 《洛天依是谁？流量经济背后矗立着“粉丝帝国”》，2019 年 4 月 26 日，http://news.sina.com.cn/gov/2019-04-26/doc-ihvhiqax5128103.shtml。

在15～25岁的青少年，分为两种类型：第一是同人创作群体，自身拥有音乐、技术、创作等方面能力，他们也是洛天依原创歌曲的主要贡献者；第二种属于虚拟歌手粉丝，关注、支持自己喜欢的虚拟歌手及其作品。

启示借鉴：国内虚拟歌手的商业模式市场潜力巨大

综合国内外Vocaloid虚拟歌手发展可见，国内虚拟偶像尚处在初期发展阶段，市场的商业模式及产业规模还未成熟。洛天依与初音未来相比，虽然两者的底层技术相同，但由于创作团体的不同，导致她们的市场也有较大不同。初音未来的粉丝群体早已超越日本本土，几乎覆盖了世界各地，全球范围内的创作团队也为初音未来带来了全球流行基因，更容易获得世界范围内的粉丝认同与喜爱。与之相比，洛天依主要针对中国粉丝。中国的虚拟歌手产业化还处于起步阶段，市场潜力巨大。

参考文献

编文：《演艺技术纵横演绎平昌“北京8分钟”》，《演艺科技》2018年第3期。

郭万超、程慧波：《原来你是这样的故宫》，《前线》2019年第6期。

附　录　篇

Appendix Report

B.6 2018~2019年北京文化科技融合发展大事记

江光华　纪玉伟*

2018年

1月

1月10日　由北京作协、纵横文学、阿里巴巴文学主办的网络文学新时代巅峰论坛在北京市文联举行。本次论坛以“北京网络文学助力全国文化中心建设”为主题，旨在进一步明确网络文学社会担当、引导网络文学新环境、唱响网络文化主旋律。北京市委宣传部出版处处长郑俊斌、北京市

* 江光华，博士，北京科学学研究中心副研究员，研究方向为文化科技融合、文化产业、科技政策；纪玉伟，北京科学学研究中心助理研究员，研究方向为科技管理。

新闻出版广电局数字出版处处长马德献、北京作家协会秘书长王升山、纵横文学 CEO 张云帆、阿里文学 CEO 宇乾、北京大学中文系副教授邵燕君等参加论坛。

1 月 11 日 为深入贯彻党的十九大精神，落实 1 月 2 日国务院副总理张高丽主持召开的京津冀协同发展工作推进会要求，北京市新闻出版广电局和天津市文化广播影视局、河北省新闻出版广电局在北京联合召开京津冀广电科技协同发展项目推进会。会上，京津冀三局签订了《京津冀广电科技协同发展项目合作协议》，这是三地落实京津冀协同发展战略的一项重要举措。

1 月 19 日 北京市新闻出版广电局副局长王野霏组织召开北京联合出版公司出版工作座谈会。北京市新闻出版广电局规划发展处、出版管理处、版权管理处、版权保护中心及北京联合出版公司负责同志和相关人员参加座谈会。北京联合出版公司总经理张金龙简要汇报了 2017 年公司出版情况及存在的主要问题，会议主要围绕联合出版公司 2018 年工作重点、主要方向、保障措施等工作进行了座谈。

1 月 31 日 北京文化产业投融资协会成立大会暨第一次会员大会在京召开。成立大会审议通过了《协会章程》《选举办法》《会费管理办法》，选举了第一届理事会和会长、监事长、秘书长。理事会和监事会召开了第一次大会。北京市文化投资发展集团董事长周茂非被选举为第一任会长，华录百纳董事会秘书李倩被选举为第一任监事长。北京市委宣传部副部长余俊生、北京市国有文化资产监督管理办公室副主任董殿毅出席大会。

2月

2 月 1 日 北京市文联、杭州市文联郑重发布《关于携手助推大运河文化带建设的共同倡议》，倡议两市文艺家携起手来，共同讲好大运河故事，共同传播大运河文化，共同奏响助推大运河文化带建设的大合唱。

2 月 1 日 世界设计周（World Design Weeks，WDW）城市网络主席科里·科可曼拜访北京市国有资产监督管理办公室（以下简称文资办），与北京市文资办领导开展座谈交流。

2月7日 北京市新闻出版广电局召开北京影视出版创作基金2018年第一次新闻发布会，会议由北京市新闻出版广电局副局长王野霏主持。北京市新闻出版广电总局规划发展处、宣传管理处、电影管理处、网络视听节目管理处相关负责人及博纳影视、开心麻花等15家获得基金扶持的影视公司、网络视听机构代表，以及中国新闻出版广电报、中国文化报、新华网、北京日报、北京电视台、北京电台、北京青年报、新京报、北京商报、新浪网、网易网等中央、市属媒体记者参加新闻发布会。

3月

3月7日 北京市委常委会审议通过《北京市大运河文化带保护建设规划》。目前，北京市正在抓紧推进大运河文化带相关建设工作。

3月9日 经北京市文化改革和发展领导小组办公室批准，北京市文资办出台了《出资人监管事项权力清单和责任清单》，旨在规范国有文化资产监管机构依法履行出资人职责，有效保障企业经营自主权。

3月15日 北京市新闻出版广电局党组书记、局长杨烁率队一行到北京光线传媒股份有限公司就影视精品创作“北京模式”开展调研。北京市新闻出版广电局办公室和电影管理处有关负责同志参加调研。

3月23日 为深入贯彻落实十九大精神，积极响应习近平主席提出的“一带一路”倡议，广泛开展广播影视领域内的合作，促进国际交流，北京市新闻出版广电局联合国家广播电视总局广播科学研究院举办“一带一路”广播影视科技发展论坛。论坛邀请国家发改委社会发展司、国家广播电视总局国际合作司、商务部“一带一路”企业服务中心等单位与会领导介绍了“一带一路”倡议下的相关政策和新闻媒体产业合作情况。丝路沿线国家哈萨克斯坦信息与通信部、波兰电子通信业商会、新加坡亚广联等代表介绍了所在国家和地区广电发展趋势及需求。北京市广播影视科技企业代表分享了近年来在“一带一路”倡议下与“一带一路”沿线国家项目合作情况和“走出去”经验。

3月26日 被誉为影视行业“风向标”的北京电视节目交易会（春季）伴随着温暖的春风，在北京会议中心盛大开幕。来自全国广电行业的近4000人参加会议，仅开幕式现场就有超过500人参加，既为入春的北京带来了温暖，也为繁荣的影视行业带来了新的交易盛宴。

3月29日 科技部、中宣部、中央网信办、文化和旅游部、国家广播电视总局印发关于《国家文化和科技融合示范基地认定管理办法（试行）》的通知。

4月

4月10日 丹麦首都哥本哈根市文化与休闲部所属的增长、国际化与市民服务中心主任阿灏妮·雅各布森女士和数字化和创新中心主任塞西拉·克里斯滕森女士等一行五人拜访市文资办，与市文资办开展座谈交流。北京动漫游戏产业协会、北京歌华文化发展集团、央视动画等文创机构和企业代表参加座谈。

4月15日 中央广播电视总台、北京市人民政府共同举办的第八届北京国际电影节在北京雁栖湖国际会展中心开幕。本届电影节以“砥砺·使命”为主题，共吸引了50多个国家和地区的300家中外电影机构15000名嘉宾参与。

4月16日 文创板联合北京市文化科技融资担保有限公司（以下简称“文担公司”）在北京文化创意产业展示中心举办“文创保”入驻文创板新系统暨助力文创产业发展系列项目签约仪式。北京市文资办主任赵磊出席并致辞，北京市文资办副主任董殿毅，北京市文投集团董事长周茂非，北京市东城区委常委、宣传部部长周家雷，中国融资担保业协会党委书记、专职副会长任彦祥，北文中心董事长杨云岗、文担公司董事长邢洪旺以及北京各区文促中心、银行、担保公司、股权投资机构及媒体代表等200余人出席活动。

4月18日 为深入学习贯彻习近平新时代中国特色社会主义思想特别是习近平文艺思想，尽快形成具有较强传播力影响力的现代传媒体系、规模庞大的内容制作生产体系、覆盖广泛的现代传输发行覆盖体系、结构完善的产业体系，努力推动我国从影视大国向影视强国迈进，北京国际电影节召开北京影视政策解读发布会，由北京市新闻出版广电局、北京市国有文化资产监督管理办公室、北京银行等集中解读北京影视政策并回答了记者提问。电影节合作媒体及北京影视企业代表300余人参加发布会活动。

4月19日 财政部、国家税务总局发布《关于延续动漫产业增值税政策的通知》，促进动漫产业发展。

4月24日 由驻北京市文资办纪检监察组组长贾利亚带队，赴北京演艺集团二级企业中国评剧院开展工作调研，演艺集团党委副书记、纪委书记杨洪义陪同调研。

5月

5月3日 北京市国有文化资产监督管理办公室印发《北京市国有文化企业改制工作指引》。

5月7日 北京市人大常委会北京市政府召开“聚焦‘一核一城三带两区’，推进全国文化中心建设”议案办理启动会。北京市人大常委会主任党组书记李伟出席并讲话。

5月15日 中国台北市原副市长、台湾文化创意产业联盟协会荣誉理事长李永萍，台湾文化创意产业联盟协会理事长邱正生等一行5人到北京市文资办访问座谈，交流不同地区利用老旧厂房建设文创园区的经验和做法，并就在京合作建设台湾文创示范园区事宜进行洽商。北京市文资办副主任李小明接待并参加座谈。

5月17日至20日 第二十一届中国北京国际科技产业博览会举办，由北京市文资办主办的2018年“首都文化科技融合发展成果展”在一号馆亮相。

5月18日 2018年北京文化创意大赛启动，由中共北京市委宣传部、北京市国有文化资产监督管理办公室、北京市互联网信息办公室指导，北京市文化创意产业促进中心主办，大赛主题为“走进新时代创意赢未来”。

5月19至26日 在全国科技活动周暨北京科技周主场活动新型农业版块“科学互动体验”展区里，利用虚拟现实技术研发的大运河虚拟航行系统，受到了市民的关注，优美的河岸景观，沉淀的历史文化，不仅深受众多青少年的欢迎，老年人对这项科技成果也充满了喜爱。

5 月 31 日 北京市文资办副主任董殿毅带队赴北京工美集团调研，同工美集团主要负责人就推动创新发展等问题进行了座谈。

6月

6 月 4 日 北京市人大常委会副主任闫傲霜一行到北京市文资办调研。调研组参观了北京市文化创意产业展示中心和文化创新工场，现场调研了北京动信通、柠檬微趣等两家文化科技融合企业，听取了北京市文资办关于推进全国文化中心建设产业组工作汇报。闫傲霜高度肯定了北京市文资办的工作，并提出要在找准文创企业需求督促打通政策落地最后一公里、创新文化财政政策加大支持文化内容生产、推进政府优先采购促进文化消费、加快文创产业促进立法、制定符合文创特点的外贸政策推动首都文创国际化发展五个方面加大工作指导和协调督促，合力推动首都文创高质量发展和全国文化中心建设。北京市人大常委会教育科技文化卫生体育办公室刘玉芳、高健红等参加调研，北京市文资办赵磊、郭小明，北京市文投集团戴自更等陪同，北京市文资办贾利亚、董殿毅等参加座谈。

6 月 5 日 北京市文化局发布《关于推动北京市文化文物单位文化创意产品开发试点工作的实施意见》。

6 月 13 日 北京市下发组织申报 2018 年国家文化和科技融合示范基地的通知。

6 月 20 日 中共北京市委宣传部、北京市人民政府新闻办公室正式发布《北京市文化创意产业园区认定及规范管理办法（试行）》和《关于加快市级文化创意产业示范园区建设发展的意见》，并启动首批北京市文化创意产业园区认定工作。

6 月 21 日 中共北京市委、北京市人民政府印发《关于推进文化创意产业创新发展的意见》，《意见》为文创产业发展明确方向目标、提出任务措施，为首都文创构建高精尖产业结构提供了一份发展“路书”。

6 月 21 日 北京市文资办副主任李小明带领监事会工作处和产权管理

处相关工作人员，赴北京发行集团调研，就集团董事会建设、出资人变更、全民所有制企业改制、压缩管理层级减少法人户数、房产土地历史遗留问题处置等工作进行交流座谈，提出对策建议，建立对接服务机制。北京发行集团党委副书记、总经理龙晓雯，北京发行集团副总经理石鸿印参加座谈。

6月26日 由中国国家广播电视总局主办、北京市新闻出版广电局承办的第四届中非媒体合作论坛在北京举行。来自45个国家和地区的460余位代表参加了论坛及相关活动。中非代表本着平等互信、合作共赢的原则，就中非媒体政策、中非媒体话语权建设、中非媒体数字化和内容产业发展等议题进行深入研讨和广泛交流。

7月

7月6日 按照北京市文资办“弘扬正能量，树立新形象”活动安排，北京市文资办“周五业务大讲坛”隆重开讲。北京市文资办党组书记赵磊及领导班子全体成员出席了活动，办机关及所属事业单位100余人参加了业务大讲坛活动。

7月20日 北京市科委文化科技发展处会同北京生产力促进中心组织召开北京国家文化和科技融合示范基地建设工作沟通会。中关村科技园区海淀园管委会、朝阳区科委、东城园管委会、西城园管委会、石景山区科委5家分基地建设管理单位及相关支撑服务机构参加会议。

8月

8月9日 第七届“动漫北京”活动在北京国家会议中心开幕，来自美、日、韩等全球30余个国家和地区的国际知名动漫游戏企业齐聚北京。本届活动中设有动漫游戏互动体验展、高峰论坛、金翼奖评选、动漫游戏嘉年华四大板块。

8月16日 由北京市文资办主办，娱乐资本论和北京文化产业投融资协会承办，巅峰智业和北京文化创新工场协办的新文旅50人论坛首届创投峰会暨首都文创产业投融资项目推介会在北京文化创意产业展示中心举行。

8月20日 北京市新闻出版广电局党组书记、局长杨烁率队一行到北京字节跳动科技有限公司调研。

8月24日 作为第六届北京惠民文化消费季重点品牌活动，2018年北京国际文创产品交易会在全国农业展览馆开幕。北京市文资办巡视员郭小明、北京市文物局副局长向德春等领导及相关处室负责人和山东、江苏、河北等地文化企业代表、在京新闻媒体等200余人参加了启动仪式。

8月24日 北京市新闻出版广电局与BIRTV组委会在中国国际展览中心合作举办“广播电视融合媒体发展专题报告会”，邀请北京电视台、行业知名企业专家专题介绍融合新闻业务系统建设、融合媒体云平台建设、4K传输及融媒体业务应用、广电融媒体网络安全防护等业务内容，并安排朝阳区、海淀区和昌平区的融媒体中心重点分享交流广电、纸媒、网站和两微一端等媒体融合建设管理经验。同时在报告会后组织参会人员统一参观2018年BIRTV展览会。来自北京广播电视台、歌华传媒集团、16个区融媒体中心以及北京市广播电视监测中心等全市广播电视系统单位近百人参加报告会和展览。

8月30日 作为第六届北京惠民文化消费季“书香艺韵”板块重要活动，第21届北京艺术博览会在中国国际展览中心开幕。北京市文化投资发展集团有限公司党委书记、董事长周茂非，北京市国有文化资产监督管理办公室巡视员郭小明等领导，北京石齐画院院长、北京国际艺术博览会基金会副理事长、著名艺术家石齐，中国华夏文化遗产基金会秘书长德央，乌拉圭驻华大使文化参赞阿古斯蒂娜·卡萨瓦勒，美国著名艺术家玛丽亚·罗曼露等国内外文化艺术界代表出席开幕式。

8月31日 为推动4K/8K技术协作和相关产业发展，北京市广播电视局副局长杨培丽与中国超高清产业联盟副秘书长、超高清视频（北京）制作技术协同中心主任张宏一行进行交流座谈。

9月

9月5日 按照“不忘初心、牢记使命”主题教育安排，北京市广播电视局党组书记、局长杨烁带队到北京腾讯影业有限公司开展专题调研。北京市广播电视局党组成员、副局长张苏，北京市广播电视局副局长别必亮，北京市广播电视局办公室、规划发展处、宣传管理处、电视剧管理处、网络视听节目管理处、融媒体管理处负责同志陪同调研。

9月14日 第二届中国“网络文学+”大会开幕式暨中国网络文学高峰论坛在北京亦创国际会议中心举行，本届大会以“网络正能量，文学新高峰”为主题。中宣部出版局副局长冯士新，全国政协委员、中国音像与数字出版协会理事长、国家新闻出版广电总局原副局长孙寿山，中国作协党组成员、副主席、书记处书记李敬泽，北京市委宣传部常务副部长赵卫东等出席论坛并讲话。北京市新闻出版广电局党组书记、局长杨烁主持开幕式。相关专家学者、知名网络文学企业及相关文化企业负责人和网络文学作者1000余人参加会议。

9月22日 由文化和旅游部、北京市人民政府共同主办，以“致敬生活”为主题的2018年北京国际设计周在北京中华世纪坛拉开了帷幕。文化和旅游部党组成员杜江、北京市副市长王宁等出席了开幕活动并为2018年经典设计奖获奖代表颁奖。本届设计周延续至10月15日，由开幕活动、主题展览、主宾城市等10个板块组成，共设置49个分会场，举办上千项设计活动，展览及活动面积达到100万平方米，带动社会资源投入3.5亿元，来自30多个国家和地区的万余名设计师及设计机构代表参与了本届活动，吸引现场观众超过800万人次。

9月25日 北京市广播电视局党组书记、局长杨烁带队到中文在线数字出版集团股份有限公司调研，北京市广播电视局副局长张苏，北京市广播电视局局办公室、数字出版处相关同志陪同调研。杨烁一行参观了中文在线数字出版集团股份有限公司北京总部展厅，集团董事长兼总裁童之磊率领集团部分高管汇报了公司大众文娱、文化中国及公司发展等方面的情况。

10月

10月12~14日 “中华文化世界行·感知北京”系列活动走进日本东京市。该活动由北京市文资办、日本中国文化交流协会、东京设计周联合主办。此次“中华文化世界行·感知北京”活动包含北京文创精品展、文创产业推介洽谈会和企业交流三个板块。

10月19日 北京市台办、北京市发展改革委研究出台了《关于深化京台经济文化交流合作的若干措施》，经北京市委市政府批准同意，自公布之日起施行。

10月23日 由北京市委宣传部指导，中共北京市门头沟区委宣传部、北京市门头沟区文委主办，北京广播电视台承办的“永定河文化之旅”大型融媒体新闻行动在门头沟永定河畔正式启动，北京电视台副总编辑艾冬云，中共北京市门头沟区委常委、宣传部部长张金玲出席启动仪式。

10月25日 由北京市新闻出版广电局党组成员、副局长戴维率队一行到北京字节跳动科技有限公司调研，北京市新闻出版广电局网络视听节目管理处有关同志参加调研。

10月25~28日 第十三届中国北京国际文化创意产业展览会在中国国际展览中心举办。本届北京文博会以“引领文化产业高质量发展　助推全国文化中心建设”为主题，举办综合活动、展览展示、推介交易、论坛会议、创意活动、分会场六大系列百余场活动。

11月

11月13日 文化和旅游部、财政部联合印发了《关于在文化领域推广政府和社会资本合作模式的指导意见》（文旅产业发〔2018〕96号），引导社会资本积极参与文化领域PPP项目。

11月16日 按照北京市委市政府统一安排，北京市文化和旅游局举行挂牌仪式。北京市委常委、宣传部部长杜飞进，北京市副市长王宁出席了挂牌仪式。

11月23~25日 北京市文化和旅游局组织专家及相关人员赴北京市南水北调对口支援地区三门峡市开展旅游产业发展交流活动。

11月23日 北京市广播电视局组织召开北京市广电科技产业发展政策宣贯推进会，为北京市广电领域企业送上量身定制的“政策服务包”。北京市广播电视局党组成员、副局长戴维出席并讲话。来自中科大洋、四达时代、京东方、字节跳动、暴风影音等北京市广播电视、网络视听领域60余家科技文化企业近80名代表参加了会议。

11月24日 北京—三门峡旅游产业发展座谈会在三门峡国际文博城崤函厅召开。

11月26日 北京文化创意产业展示中心与北京工业大学经济与管理学院签订《校外实习基地协议书》，双方拟从教学课程设计、校外实践教学、选派优秀学生实习以及共同推进文化产业课题研究等角度开展合作，引导学生了解并深入产业，为未来从事文化产业相关工作打好基础。

12月

12月5日 为弘扬中华传统文化，使青少年学生了解传统文化的历史影响和重要意义，体会传统艺术魅力，北京科学技术开发交流中心联合大通广昌艺术品经纪人股份有限公司在北京市第十二中学开展了一场中国当代著名书画家校园行活动。北京市第十二中学校长李有毅，中国著名当代艺术家焦秉义，著名书法家崔承顺，著名画家李雪禅、李启旺等二十多位领导和书画大师出席了本次活动。

12月6日 以"开放与融合——文化金融发展新机遇"为主题的"2018中国文化金融峰会暨首都文化产业投融资年会"召开。近千名来自政府、高校及文化、金融机构的代表参会。文化和旅游部产业发展司巡视员高政，北京市委宣传部副部长、北京市国有文化资产监督管理办公室党组书记、主任赵磊，北京市东城区委副书记、代区长金晖，清华大学五道口金融学院党委书记顾良飞出席峰会并讲话。

12月7日 北京市文资办印发《北京市国有文化企业资产评估报告评审管理暂行办法》（京文资发〔2018〕16号），旨在规范北京市国有文化企业资产评估行为，完善资产评估管理工作体系，提高资产评估项目核准和备案水平，维护国有出资人合法权益。

12月25日 国务院办公厅印发《国务院办公厅关于印发文化体制改革

中经营性文化事业单位转制为企业和进一步支持文化企业发展两个规定的通知》（国办发〔2018〕124 号）。

2019年

1月

1 月 19 日 香港特别行政区政府驻北京办事处主任梁志仁一行 7 人到访北京市文资办，先后参观了北京文化创意产业展示中心、北京文化创新工场、北京文投国际控股有限公司，全面了解了北京市文化创意产业发展情况、产业政策、规划布局、发展趋势，以及“投贷奖”联动平台、老旧厂房保护利用、文创园区运营管理、国家对外文化贸易基地（北京）建设发展等整体情况，梁志仁主任表示北京文创资源丰富、产业发展迅速，为全国文创产业发展提供了典型经验和有益参考，希望今后双方能进一步加强交流合作，共同推动两地文创产业高质量发展。

1 月 20 日 北京市第十五届人民代表大会第二次会议通过并公布《北京市非物质文化遗产条例》，条例自 2019 年 6 月 1 日起施行。

2月

2 月 13 日 北京市广播电视局科技处组织召开《北京市有线电视 2017 ~ 2035 年基础设施专项规划方案（征求意见稿）》专家评审会，邀请国家广播电视总局科技委、中国广播电视网络有限公司、广播电视科学研究院、广播电视规划院和中广电广播电影电视设计研究院有关专家对《北京市有线电视 2017 ~ 2035 年基础设施专项规划方案》进行评审。

2 月 15 日 北京市广播电视局规划发展处、科技处和财务处共同召开促进智慧广电发展行动方案座谈会，讨论《北京市广播电视局关于促进智慧广电发展行动方案（征求意见稿）》，围绕智慧广电发展目标、重点工作和保障措施等逐项展开深入讨论，推动促进智慧广电发展行动方案尽快出台。

2月16日 北京市文化和旅游局在印尼雅加达举办“激情冰雪，魅力北京”文化旅游图片展及公众日活动。本次图片展包括激情冰雪、文化遗产、时尚现代、古都风韵四个主题，展出了50余幅北京文化旅游摄影图片，向印尼民众展示了东方古韵与时尚现代交汇融合的新北京、新风貌。

2月22日 北京市广播电视局党组成员、副局长戴维带队赴第一视频集团开展调研活动，与第一视频负责人就强化沟通交流、推动务实合作等方面进行了深入探讨。

2月21日至23日 北京市文化和旅游局组织企业参加了2019广州国际旅游展览会会奖旅游专区展览。这是北京市文化和旅游局继续2018年之后第二次参加会奖旅游专区展，展会邀请了境内外会议及奖励旅游公司、世界百强企业等领域的采购决策者作为大会的特邀买家，并通过一系列的社交联谊活动、现场会晤、买家之夜等活动，进一步推动参展商与买家之间的交流与互动。

3月

3月15日 故宫博物院和华为在故宫签署战略合作协议，在打造5G应用示范、建设故宫智慧院区、举办人工智能大赛等方面开展合作，共同推动故宫博物院的数字化、信息化、智慧化建设。

3月21日 由国家广播电视总局国际合作司指导，北京市广播电视局与广播电视科学研究院联合主办的第二届“一带一路”广播电视科技发展论坛在京顺利召开。

3月27日 “快手非遗带头人计划”发布会在北京召开，该计划主要分为“教育+加速器+社区模块”三个部分，拟借助快手的科技力量和平台优势，赋能更多非物质文化遗产传承者，让更多普通用户加入传承队伍中来，全方面开发与挖掘非物质文化遗产的文化和市场价值。

4月

4月8日至11日（美国当地时间） 中国（北京）广播电视科技创新

展成功参展美国广播电视展览会（NAB2019），并在展区举办了多场国际推广与交流活动。

4月11日 北京市文资办副主任李小明带领产权管理处和北京市文投集团投融资部相关工作人员赴国投创新投资管理有限公司调研，双方就基金公司的国有资本监管、内部机构设置、基金投向、人员激励约束机制、基金退出、利润分配等情况进行了深入座谈交流。国投创新总经理白国光参加了座谈。

4月12日 北京市文化和旅游局印发《北京市老年人文化旅游奖励资金管理办法（试行）》。

4月15日 科技部、中央宣传部、中央网信办、文化和旅游部、国家广播电视总局公布国家文化和科技融合示范基地名单，北京四达时代软件技术股份有限公司、利亚德光电股份有限公司、掌阅科技股份有限公司、北京蓝色光标数据科技股份有限公司北京地区四家公司被认定为单体类国家文化和科技融合示范基地。

4月25日 联合国教科文组织国际创意与可持续发展中心（以下简称“创意中心”）第一届咨询委员会在京成立，并召开了第一次会议。北京市科学技术委员会主任、创意中心主任许强，北京市科学技术委员会副巡视员王建新，前联合国教科文组织战略规划助理总干事汉斯·道维勒出席并致辞。来自德国、法国、韩国、中国的10余位从事城市发展、产业规划、人工智能等领域的咨询委员会委员出席了成立仪式。会议由创意中心执行主任陈冬亮主持。

5月

5月6日 北京市文化和旅游局发布关于印发《2019年北京市文化和旅游促消费措施十二条》的通知。

5月16日 “亚洲文明对话大会”系列活动之一“亚洲数字艺术展”在北京开幕。此次展览由主题展、视听艺术展、文化+科技展三部分组成，来自12个国家和地区的30位艺术家的数字艺术作品同时亮相。

5月21日 北京市文资办副主任董殿毅、巡视员郭小明，带领规划发展处、产权管理处等相关处室负责同志赴歌华传媒集团调研。双方就集团治理结构、产权管理、薪酬改革、产业投融资、科技创新等方面进行了深入沟通交流。歌华传媒集团党委书记、总经理戴维，党委副书记左亦，副总经理周宇清、罗晓军以及集团下属企业主要负责同志参加了调研。

5月28日 2019中国国际服务贸易交易会国际文化贸易发展论坛在北京国际会议中心举办。本次论坛由北京市文资办主办、首都文化产业协会协办，以“开放合作交流”为主题，聚焦中国文化“走出去”，促进对外文化贸易交流，展现首都文化产业发展成就。

5月29日至6月1日 第十四届中国北京国际文化创意产业博览会在中国国际展览中心举办。由北京市科学技术委员会主办、北京工业设计促进中心承办的设计创意展位于1号馆二层，展区以“科文融合，创意惠民”为主题，展区分为一个主形象区和两个企业展区。其中，主形象区集中发布北京市科学技术委员会首都设计提升计划、北京市设计创新中心、红星奖等科技文化融合产业成果，展示科技与体育、影视、动漫、旅游、休闲娱乐等产业融合发展的创新图景。

6月

6月13日 由北京市文资办起草的《关于进一步建立健全市属国有文化企业法人治理结构的实施意见》，由市文化改革和发展领导小组办公室印发。

6月28日（阿根廷当地时间） “中华文化世界行·感知北京·文化企业交流对接活动”之阿根廷站2019北京－布宜诺斯艾利斯“创意互鉴·对话合作”交流活动在阿根廷布宜诺斯艾利斯市举办。活动由北京市国有文化资产监督管理办公室和布宜诺斯艾利斯市政府经济财政局联合主办、北京国际设计周有限公司承办，旨在基于两国文化合作思路以及北京、布市务实合作基础，进一步延展、深化两市在文化产业领域的交流与合作。

6月28日至7月28日 文化和旅游部在官方网站公布《文化产业促进法（草案征求意见稿）》，在法律层面打通文化产业、文化事业及相关产业融合之路。其中，文旅融合是重要内容之一，草案主要从提升旅游的文化内涵、拓宽文化的传播途径两方面做出规定，为文化产业发展保驾护航。

7月

7月13日 北京市文资办印发《北京市实施文化创意产业“投贷奖”联动 推动文化金融融合发展管理办法（试行）》。

7月31日 第七届北京惠民文化消费季暨2019北京文创产品交易会在751D·PARK北京时尚广场拉开帷幕。中共北京市委宣传部副部长赵磊、北京市文资办副主任董殿毅、北京市文化和旅游局副局长关宇、北京市文物局副局长向德春出席活动。

8月

8月2日 以“文物·创意·生活”为主题的2019北京文化创意大赛文博创意设计赛区决赛在751D·PARK北京时尚设计广场举办。

8月8日 “2019雁栖湖论坛·文旅融合与科技赋能”在北京怀柔中建雁栖湖景酒店举办，此次论坛由北京市文化和旅游局、天津市文化和旅游局、河北省文化和旅游厅、怀柔区人民政府共同主办，怀柔区文化和旅游局承办。

8月20日 “第七届京津冀文化创意产业合作及项目推介会”天津主宾城区专场活动在天津河东区举办，京津冀三地的12个最具代表性的文创项目参与推介展示，来自京津冀三地的相关政府部门负责人及文化企业界人士共80余人参加了会议。

8月26日 科技部、中央宣传部、中央网信办、财政部、文化和旅游部、国家广播电视总局共同研究制定发布《关于促进文化和科技深度融合的指导意见》。

8月28日 第92期首都文化产业投融资沙龙暨2019首届临空经济时代新文旅产业投资峰会在北京大兴成功举行，来自政府、投资机构、文化企业、媒体代表约300余人参会。

9月

9月5日 2019北京国际设计周在京开幕，并持续至10月7日。北京国际设计周由文化和旅游部与北京市人民政府联合主办，精心策划了庆祝中华人民共和国成立70周年主题的相关展览和活动，从创意设计的角度描述和分享中华人民共和国成立以来“壮丽70年、奋进新时代”的宏伟画卷。本届设计周包括开幕活动、主题展览、主宾城市、北京设计博览会、北京设计奖、北京设计论坛、文博·非遗设计、创新设计服务、设计之旅、时尚北京等多项活动。

9月5日 首都文化产业投融资项目推介会暨北京5G文化产业投资峰会举行。本次项目推介会以“5G时代北京文化产业发展新机遇”为主题，由北京市文资中心、海淀区委宣传部、北京银行联合主办，麻辣娱投承办，文心空间执行，海淀区文化创意产业协会、清华科技园、中关村数字电视产业园、中关村东升科技园、768创意产业园协办，北京市文资办副主任董殿毅、中国网络视听协会秘书长周结、北京银行中关村分行行长徐中兴等领导出席活动，来自媒体、投资机构及路演企业代表300余人参与了本次活动。

9月14日（荷兰当地时间） 中国（北京）广播电视科技创新展区系列活动成功举办，举办了中国（北京）广播电视科技新品推介会。参展企业就产品技术、产品优势向现场观众做了详细介绍，并与企业进行互动交流，与国际代理商签署了代理授权协议，并在创新展台举行了签约仪式。

9月18日 由北京市人力社保局和北京市科学技术委支持，北京工业设计促进中心承办的首届北京市设计创新人才高级研修班在设计之都大厦全球创新发布大厅正式开班。来自清华大学建筑设计研究院、北京城建勘测设计研究院、蓝星（北京）化工机械有限公司、北京工美集团、北京智加问道、阿尔特汽车技术股份有限公司、北京航天斯达科技有限公司等35家企业的35名学员参加了为期3天的培训。

9月18日 由北京市文资中心、密云区人民政府、北京银行联合主办，娱乐资本论承办，文心空间、密云区文化和旅游局执行，古北水镇、文创板协办的2019首都文化产业投融资项目推介会暨全国文化中心建设文旅产业投资峰会在古北水镇成功举行，本次项目推介会以“全国文化中心建设文旅产业发展新机遇”为主题，北京市文资办巡视员郭小明、北京市文化和旅游局副局长关宇、北京密云区副区长方建卿等领导出席，来自媒体、投资机构及路演企业代表200余人参与了本次活动。

9月29日 北京市科学技术委员会、北京市委宣传部发布《北京市关于组织申报2019年国家文化和科技融合示范基地的通知》。

9月5日至10月7日 2019北京国际设计周“城市更新”国际论坛暨设计之旅开幕活动在北京前门东区青云胡同23－29号举行。今年，设计之旅活动围绕“设计之都·智慧城市”主题，以科技支撑设计引领产业升级，推动科技成果与创意深入融合。

10月

10月10日 北京市广播电视局党组书记、局长杨烁带队赴柠萌影业开展专题调研。北京市广播电视局党组成员、副局长张苏，北京市广播电视局党组成员、副局长王志，副局长别必亮，办公室、规划发展处、宣传管理处、电视剧管理处、网络视听节目管理处、媒体融合发展处负责同志陪同调研。

10月19日 由北京市委宣传部、北京市文化和旅游局等单位共同主办的2019北京八达岭长城文化节在京启幕，北京、天津、河北等长城沿线省份的代表以及从事长城保护、文化产业代表400余人，相聚在八达岭长城脚下，共议长城保护与长城文化传承。

10月24～27日 第二十二届中国北京科博会在中国国际展览中心举办。此次北京科博会体现了国家政府对人工智能产业的大力支持，新兴产业趋势所向，智能硬件市场巨大，真正服务于消费者的好产品应是每位厂商的最终目标，让更多的产品完美实现并踏实落地，而不仅仅是停留在概念上。

10月24日（以色列当地时间） “感知北京·文化产业交流对接”系列活动在以色列特拉维夫市成功举办。此次活动由北京市国有文化资产管理中心和特拉维夫中国文化中心联合主办，活动内容包括中以文化产业交流对接会和北京文创精品集市。以色列国会外交和国防委员会、以色列交通安全部、以色列地方政府联合会、特拉维夫市政府，以及特拉维夫艺术博物馆等相关文化机构和企业，中国驻以色列大使馆、特拉维夫中国文化中心、北京市委宣传部以及北京市属文化机构、企业等嘉宾出席了本次活动。

10月26日（埃及当地时间） 由北京市国有文化资产管理中心和开罗中国文化中心联合主办的“感知北京·文化产业交流对接”系列活动在埃及开罗成功举办。埃及文化部、埃及博物馆、埃及最高文化委员会，中国驻埃及大使馆等近百家文化机构、企业参加了活动。

10月31日 北京市国有文化资产管理中心挂牌，北京市国有文化资产管理中心部长杜飞进为北京市文资中心揭牌。北京市文资中心是北京市国有文化资产管理中心的简称，由北京市国有文化资产监督管理办公室变更而来。

11月

11月1日 由国家民委文化宣传司和北京市科学技术委员会共同举办的第四期民族地区文化创意与可持续发展专题研讨班在京开班。中央民族干部学院党委书记巴莫阿依、国家民委文化宣传司副司长钟廷雄、北京市科学技术委员会二级巡视员王建新等领导出席开班式。

11月3日 2019中国科幻大会在北京园博园开幕。本次大会主题为“科学梦想、创造未来”，旨在传播科学梦想，繁荣科学文化，提升公民科学素质。北京将以此次大会为契机，探索打造科幻、科普、文创等相关产业聚集区，推动科幻等产业繁荣发展。

11月14日 由北京市文化和旅游局主办，北京动漫游戏产业协会、首创数娱平台承办的2019第八届动漫北京开幕式暨京津冀动漫游戏发展国际论坛在全国农业展览馆隆重举行。本届“动漫北京”结合北京特色文化旅游资源，坚持以文促旅、以旅彰文、和合共生的理念，设置了动漫IP与衍生品推广工程、动漫游戏互动体验展、高端主题论坛活动、2019金翼奖及双创大赛评选、动漫游戏嘉年华五大主题板块。

11月14日 第七届京津冀文化创意产业合作及项目推介会在京成功举办。本届推介会以“开放·合作·交流·发展”为主题，以搭建京津冀文化产业交流平台为宗旨，以推动京津冀文创项目合作对接为目标，努力促进项目资源、文创技术、人才培训等方面互利共享。

11 月 21 日 2019 中国世界遗产旅游推广联盟大运河（北京段）专题研讨活动在京召开。本次会议旨在希望通过此次专题研讨会，加强大运河沿线八省市的诸多运河遗产单位通力合作，共同讲好大运河故事，推动大运河文化走出去，阐释中国精神，增进世界认同，促进大运河成为中华文化传播的符号和载体。

11 月 22 日 “世界 5G 大会——5G + 超高清视频高峰论坛”在北京成功举办，论坛由北京市广播电视局发起，国家广播电视总局广播电视科学研究院、中国电子学会广播电视技术分会、超高清视频（北京）制作技术协同中心承办。相关院校专家学者和公司负责人、特邀演讲嘉宾、企业代表以及专业观众 200 余人参加了此次论坛。

11 月 26 日 由中国科学技术部和意大利教育大学科研部共同主办的第十届中意创新合作周在北京开幕。中国科技部部长王志刚，中国国家文物局局长刘玉珠，北京市副市长隋振江，意大利教育、大学科研部部长洛伦佐·菲奥拉蒙蒂，意大利科学城主席维拉里出席开幕式并致辞。开幕式由北京市科学技术委员会主任许强主持。

11 月 27 日 第二届中国非遗发展大会北京论坛暨中国非遗资源管理学术年会在京召开。原国务委员、第十一届全国人大常委会副委员长、中国老科学技术工作者协会会长陈至立出席会议。论坛开幕式发布两项涉及中国非物质文化遗产传承、保护、利用、发展等方面的重要成果和一项健康惠民活动。

11 月 27 日 由北京市文化和旅游局、中国投资协会项目投融资专业委员会支持，世界旅游城市联合会、首旅集团指导，北京市旅游行业协会主办，劲旅集团承办的第三届紫禁城巅峰文旅论坛，在北京皇家菜博物馆隆重举行。

12月

12 月 5 日 由北京市广播电视局主办、阿里文娱优酷承办的北京网络视听研究院成立仪式暨2019年北京优秀网络视听节目发布活动在京成功举办。国家广播电视总局网络视听节目管理司司长魏党军，北京市广播电视局党组书记、局长杨烁，北京市广播电视局副局长孔建华出席活动并致辞。

12月11日 北京市政府新闻办公室、北京市文化和旅游局在京联合举行新闻发布会。经北京市委全面深化改革委员会第七次会议审议通过，北京市文化改革和发展领导小组印发的《关于推进北京市文化和旅游融合发展的意见》，是全国首次在省级层面出台推进文旅融合的规范性文件。

12月11日 2019中国设计红星奖颁奖活动在北京天桥艺术中心举行，北京市委常委、宣传部部长杜飞进出席活动。

12月16日 第七届北京惠民文化消费季总结会暨2019北京文化消费品牌榜发布活动在首都博物馆举行。北京市委宣传部副部长赵磊、北京市国有文化资产管理中心主任刘绍坚，以及北京市相关单位、十六区有关负责同志，2019文化消费品牌榜上榜品牌代表、第七届北京惠民文化消费季参与机构等200余人参加了发布活动。

12月18日 为切实打通北京市保护利用老旧厂房拓展文化空间的“最后一公里”，有效推动疏解腾退空间服务全国文化中心建设，保护利用老旧厂房拓展文化空间政策培训会在北京文化创意产业展示中心召开。北京市发展改革委、北京规划自然资源委、北京住房城乡建设委、市应急管理局、市场监管局、文物局、消防救援总队、文资中心等单位围绕《保护利用老旧厂房拓展文化空间项目管理办法（试行）》及相关手续办理进行了政策解读和咨询答疑，200余名来自各区有关部门、试点项目单位的代表参加培训。北京市文资中心一级巡视员郭小明、北京市委宣传部相关处室负责同志出席了培训会。

12月26日 北京市广播电视局党组书记、局长杨烁主持召开“北京云·融媒体”运营工作专题会，听取歌华传媒集团有关工作情况汇报，总结梳理前一阶段工作，研究部署下一步工作安排。北京市广播电视局副局长杨培丽、孔建华，歌华传媒集团总经理戴维，副总经理郭章鹏等同志及机关相关处室负责人与会。

Abstract

The integration of culture and technology can help enhance cultural soft power. It is an important facilitator for the development of scientific and technological innovation, and a key approach for healthy development of the cultural industry.

At present, "internet +" is transforming China's cultural industry in all aspects. Network technology has been put in extensive use in cultural protection and management, production and innovation, dissemination and inheritance, display and experience, consumption and services.

Among representative industries, cultural tourism generally delivers a high-speed development trend propelled by scenario innovation, taking IP development of cultural tourism as the core, following immersive industry as the guide, setting developing industrial clusters as the goal and relying on the internet + industrial ecology; with cultural creativity as the core, digital creative industry depends on digital technology for production, dissemination and services. Currently, it is enjoying the golden development with strengths in technology, policy and market; with sustained development of virtual reality, Internet of Things (IoT), big data, artificial intelligence (AI) and the dawn of the 5G era, in the industry of radio, television, film, the whole process of content production and dissemination takes on a new trend of technical assistance, content innovation and dissemination innovation; in the culture and art industry, technology has become an essential "catalyst" to facilitate artistic innovation, which has expanded consumption choices in the art market, altered the way of artistic creation, and fostered communications between artistic appreciation and creation.

As a national cultural center and technological innovation center, Beijing enjoys unique and comprehensive advantages in the integration of culture and technology as it boasts the best innovation resources in China and unique cultural resources as the capital of the country. It also shoulders the mission of leading the culture and technology integrated development. In recent years, the scale of Beijing's cultural industry has continued to grow, and its industrial structure is getting increasingly high-end and creative. It has given full play to the strengths of network information technology and a number of leading enterprises in the field of culture and technology have surfaced, such as iQiyi, Zhangyue Technology, Leyard, Winshare and China Film Group Corporation, which have promoted innovative growth of Beijing's cultural industry. From the culture and technology integrated development index, the overall development of Beijing's culture and technology integrated development has improved from 2014 to 2017, both in terms of the scale index and the speed index of integrated development, demonstrating an upward trend, especially in integrated output. In 2017, through comparative analysis of culture and technology integrated development among Beijing, Shanghai, Tianjin, Guangdong, Zhejiang and Sichuan, it can be noted that Beijing enjoys significant advantages in culture and technology integrated development. Though there's still room for improvement in its integration, such as the institutional mechanism of the integration needs to be improved, the supporting role of technology has not been fully performed, innovation capacity of enterprises is lacking on the whole, policy support needs to be strengthened, and the ecological environment of culture and technology integration needs further optimization.

In the future, Beijing still needs fully tap its culture and technology resource advantages, strive to enhance the creativity of cultural industry's technological innovation, promote development model innovation of enterprises of culture and technology integration, build well-known cultural brands to enhance cultural development, improve the diversified investment mechanism of funds conducive to culture and technology innovation, highlight intellectual property protection and personnel training against the knowledge interconnection environment, and strengthen the top-level design of relevant policies and administrative management, so as to build a sound ecological environment for culture and technology integration and improve the supporting role of technology in the cultural industry.

Keywords: Culture and Technology Integration; Culture Industry; Digital Creative Industry; Digital Technology; Beijing

Contents

Ⅰ General Report

Abstract: The integration of culture and technology is a process as well as a state in which all elements of culture and technology promote each other and become intertwined and then create greater value. The integration of culture and technology can help enhance cultural soft power. It's an important facilitator for the development of technological innovation, and a key approach for healthy development of the cultural industry. In today's world, internet + is reshaping the cultural industry in all aspects. Immersive experience has increasingly become a trend in the integration of culture and technology. The open sharing of cultural resources has become the theme of the present era, and the pattern of the cultural industry with IP as the core has been gradually taking shape. Beijing boasts the leading scientific and technological resources, profound and diverse cultural resources, which has laid a solid foundation for the integration of culture and technology. In recent years, the scale of Beijing's cultural industry has continued to expand, and its structure is turning high-end and creative. The integration of culture and technology promotes the innovative development of the cultural industry, and the advantages of network information technology in supporting cultural industry are fully demonstrated, and a number of leading enterprises in the field of culture and technology have sprung up. There is, however, room for further improvement. For example, the system and mechanism of the integration of culture and technology needs to be improved, the supporting role of technology is far from being fully exerted, the overall innovation capacity of enterprises is limited, and policies need to provide more support. Taking everything into consideration, Beijing needs to work on the relevant systems and mechanisms and provide innovation impetus to enterprises. Thus, through technological innovation, the ability of inheriting traditional culture, producing cultural products, disseminating cultural information, presenting cultural content can be enhanced. Technology will play a bigger supporting and leading role in the high-quality development of the culture industry.

Keywords: Culture and Technology Integration; Culture Industry; Beijing

Ⅱ Industry Report

Abstract: With a new round of scientific and technological revolution and industrial transformation, high technologies such as 5G, big data, AI, virtual reality, IoT and 3D printing have widely been applied to all levels and links of the creation, production, dissemination and consumption of cultural products and services. Culture and technology are deeply integrated, which promotes continuous emergence of new formats, new products, new models and new consumption, and speeds up the transformation of cultural production and consumption methods and the formation of new industrial ecology. Development of industries such as cultural tourism and digital creativity, driven by the integration of culture and technology, has become a major engine propelling economic development in China in the new era. Beijing, as the capital, has gathered massive cultural resources and scientific and technological resources. It is the city with the most prominent strengths in the development of culture and technology integration in China, and it has a solid foundation and positive posture of the integration and industry development. This paper analyzes the current situation of cultural and technological innovation and industry development, favorable government policies, and new technologies, new formats, and new trends driven by the integration by looking into four key domestic industries, namely, cultural tourism, digital creativity, radio and film & television, culture & art. Given the new demand for sound development in Beijing and the development trend of culture and technology integration, it pinpoints Beijing's advantages and existing problems in related industries. This paper puts forward the path and policy suggestions of Beijing's culture and technology integration and sound development of related industries, which provides inspirations and references for the integration in Beijing and related industry development.

Keywords: Culture and Technology Integration; Cultural Tourism; Digital Creativity; Film and Television; Culture & Art

Ⅲ Evaluation Report

B. 3 Evaluation Report on the Culture and Technology Integrated Development in Beijing in 2020

Wang Haifeng, Jiang Guanghua, Jia Jia and Zhou Congcong / 109

Abstract: This paper constructs an evaluation index system for the integrated development of culture and technology in Beijing, and evaluates the integrated development in Beijing Since 2014 to 2017 from four aspects: integration foundation, integration input, integration output and integration environment, including eight secondary indexes and 21 tertiary indexes. The results show that, taking 2014 as the base of 100. 0, in 2017, the development scale index of Beijing's culture and technology integration is 146. 6, and the development speed index is 141. 2. In terms of fields, the three indexes of culture and technology integration foundation, integration output and integration environment achieved different degrees of growth compared with the previous year, but the input index declined slightly. According to the evaluation results, from 2014 to 2017, Beijing's culture and technology integration has made remarkable achievements in recent years, but there still remain some weak links. First, the overall effect of Beijing's culture and technology integration is remarkable, but there is still great potential for further development. Second, the cultural foundation has declined slightly in scale and speed. Third, the human input in the integration needs to be increased. Fourth, the financial input of the integration has to be accelerated. Fifth, the social environment of the integration calls for further optimization.

Keywords: Culture and Technology Integration; Public Cultural Services; Culture Industry; Beijing

Ⅳ Policy Report

Abstract: The integration of culture and technology has produced many business development models, which are becoming the new direction of cultural industry development and hot spot of industrial competition. They are also what governments focus on when formulating cultural industry policies. Developed countries have introduced relevant policies and measures to promote rapid integration of culture and technology through government guidance and legal support. This paper sorts out relevant policies and measures in promoting the integration of culture and technology in Britain, France, the United States, Japan and some provinces and cities in China, such as Shanghai, Guangdong, Zhejiang, Beijing, etc., systematically analyzes and summarizes their practices, and highlights the successful experience. Through analysis, it's notable that in recent years,

Beijing has introduced a series of policies and measures to promote the development of special industries, such as cultural and creative industries, design industries, animation and games, and has actively pushed forward the integration of culture and technology, tourism, etc. These measures have boosted the prosperity and development of culture and related industries in Beijing, but at the same time, there are still some issues that Beijing's cultural industry are facing, such as the core key technologies of industry development are subject to other countries, leading enterprises are strong in size but not in capacity, and brand products are scarce. This paper tries to put forward a series of measures and suggestions conducive to Beijing's culture and technology integration based on relevant policies and development results of the integration of culture and technology in Beijing in combination with the current demands of the integration in Beijing and relevant policy experience at home and abroad.

Keywords: Culture and Technology Integration; Cultural Industry Policy; Digital Technology; Intellectual Property Protection

V Case Study

B. 5 Analysis Report of Typical Cases of Culture and Technology Integration at Home and Abroad

Shen Xiaoping, Xiao Lini, Wei Yonglian, Wu Suyan, Xu Yueheng and Liu Bing / 194

Abstract: Cultural enterprises use modern scientific and technological means to explore cultural resources, build and constantly strengthen brand IP, producing huge commercial value for enterprises and delivering better public cultural services for cultural institutions. In the field of cultural heritage, digital technology reinvigorates cultural heritage through digital analog restoration of historical relics, restoration and protection of historical relics, and empowerment of historical and cultural heritage value. In the area of cultural leisure tourism, digital technology injects new energy into this industry by reshaping business models and business ecology, stimulating fresh development vitality, altering consumption behavior and experience cognition. In the sector of animation content creation, enterprises use digital technology to improve animation creation skills, broaden the communication channels of animation products, strengthen connections between animation creation and audience, and form a model of culture and technology integration development centered on cultural works. As to design services, enterprises promote high-end development of design services through research and development, use of new materials and the intelligent transformation of fashion industry. In cultural performing arts and film & television, enterprises have created brand-new ways of showcasing cultural performing arts by using modern technology, which helps to explore and perform Chinese traditional culture, bring film and television performances to new levels, create greater profit for traditional music and expand cultural consumption choices of the public.

Keywords: Culture and Technology Integration; Cultural Heritage; Leisure Tourism; Design Services; Cultural Performing Arts

Ⅵ Appendix Report

皮书

智库报告的主要形式
同一主题智库报告的聚合

✤ 皮书定义 ✤

皮书是对中国与世界发展状况和热点问题进行年度监测，以专业的角度、专家的视野和实证研究方法，针对某一领域或区域现状与发展态势展开分析和预测，具备前沿性、原创性、实证性、连续性、时效性等特点的公开出版物，由一系列权威研究报告组成。

✤ 皮书作者 ✤

皮书系列报告作者以国内外一流研究机构、知名高校等重点智库的研究人员为主，多为相关领域一流专家学者，他们的观点代表了当下学界对中国与世界的现实和未来最高水平的解读与分析。截至 2020 年，皮书研创机构有近千家，报告作者累计超过 7 万人。

✤ 皮书荣誉 ✤

皮书系列已成为社会科学文献出版社的著名图书品牌和中国社会科学院的知名学术品牌。2016 年皮书系列正式列入“十三五”国家重点出版规划项目；2013~2020 年，重点皮书列入中国社会科学院承担的国家哲学社会科学创新工程项目。

中国皮书网

（网址：www.pishu.cn）

发布皮书研创资讯，传播皮书精彩内容
引领皮书出版潮流，打造皮书服务平台

栏目设置

◆关于皮书

何谓皮书、皮书分类、皮书大事记、
皮书荣誉、皮书出版第一人、皮书编辑部

◆最新资讯

通知公告、新闻动态、媒体聚焦、
网站专题、视频直播、下载专区

◆皮书研创

皮书规范、皮书选题、皮书出版、
皮书研究、研创团队

◆皮书评奖评价

指标体系、皮书评价、皮书评奖

◆互动专区

皮书说、社科数托邦、皮书微博、留言板

所获荣誉

◆2008 年、2011 年、2014 年，中国皮书网均在全国新闻出版业网站荣誉评选中获得“最具商业价值网站”称号；

◆2012 年，获得“出版业网站百强”称号。

网库合一

2014年，中国皮书网与皮书数据库端口合一，实现资源共享。

权威报告·一手数据·特色资源

皮书数据库

ANNUAL REPORT(YEARBOOK) DATABASE

分析解读当下中国发展变迁的高端智库平台

所获荣誉

- 2019年，入围国家新闻出版署数字出版精品遴选推荐计划项目
- 2016年，入选“‘十三五’国家重点电子出版物出版规划骨干工程”
- 2015年，荣获“搜索中国正能量 点赞2015”“创新中国科技创新奖”
- 2013年，荣获“中国出版政府奖·网络出版物奖”提名奖
- 连续多年荣获中国数字出版博览会“数字出版·优秀品牌”奖

成为会员

通过网址www.pishu.com.cn访问皮书数据库网站或下载皮书数据库APP，进行手机号码验证或邮箱验证即可成为皮书数据库会员。

会员福利

- 已注册用户购书后可免费获赠100元皮书数据库充值卡。刮开充值卡涂层获取充值密码，登录并进入“会员中心”—“在线充值”—“充值卡充值”，充值成功即可购买和查看数据库内容。
- 会员福利最终解释权归社会科学文献出版社所有。

社会科学文献出版社 SOCIAL SCIENCES ACADEMIC PRESS (CHINA) 皮书系列
卡号：899947847148
密码：

数据库服务热线：400-008-6695
数据库服务QQ：2475522410
数据库服务邮箱：database@ssap.cn
图书销售热线：010-59367070/7028
图书服务QQ：1265056568
图书服务邮箱：duzhe@ssap.cn

中国社会发展数据库（下设12个子库）

整合国内外中国社会发展研究成果，汇聚独家统计数据、深度分析报告，涉及社会、人口、政治、教育、法律等12个领域，为了解中国社会发展动态、跟踪社会核心热点、分析社会发展趋势提供一站式资源搜索和数据服务。

中国经济发展数据库（下设12个子库）

围绕国内外中国经济发展主题研究报告、学术资讯、基础数据等资料构建，内容涵盖宏观经济、农业经济、工业经济、产业经济等12个重点经济领域，为实时掌控经济运行态势、把握经济发展规律、洞察经济形势、进行经济决策提供参考和依据。

中国行业发展数据库（下设17个子库）

以中国国民经济行业分类为依据，覆盖金融业、旅游、医疗卫生、交通运输、能源矿产等100多个行业，跟踪分析国民经济相关行业市场运行状况和政策导向，汇集行业发展前沿资讯，为投资、从业及各种经济决策提供理论基础和实践指导。

中国区域发展数据库（下设6个子库）

对中国特定区域内的经济、社会、文化等领域现状与发展情况进行深度分析和预测，研究层级至县及县以下行政区，涉及地区、区域经济体、城市、农村等不同维度，为地方经济社会宏观态势研究、发展经验研究、案例分析提供数据服务。

中国文化传媒数据库（下设18个子库）

汇聚文化传媒领域专家观点、热点资讯，梳理国内外中国文化发展相关学术研究成果、一手统计数据，涵盖文化产业、新闻传播、电影娱乐、文学艺术、群众文化等18个重点研究领域。为文化传媒研究提供相关数据、研究报告和综合分析服务。

世界经济与国际关系数据库（下设6个子库）

立足“皮书系列”世界经济、国际关系相关学术资源，整合世界经济、国际政治、世界文化与科技、全球性问题、国际组织与国际法、区域研究6大领域研究成果，为世界经济与国际关系研究提供全方位数据分析，为决策和形势研判提供参考。

法律声明